品牌赋能

国际精品品牌战略

International Luxury Brand Strategy

卢晓 著

中信出版集团 · 北京

图书在版编目（CIP）数据

品牌赋能：国际精品品牌战略 / 卢晓著. -- 北京：
中信出版社，2018.9（2021.4重印）
ISBN 978-7-5086-9139-8

Ⅰ. ①品… Ⅱ. ①卢… Ⅲ. ①品牌战略—研究—中国
Ⅳ. ①F279.23

中国版本图书馆CIP数据核字(2018)第144411号

品牌赋能——国际精品品牌战略

著　　者：卢　晓
出版发行：中信出版集团股份有限公司
（北京市朝阳区惠新东街甲4号富盛大厦2座　邮编　100029）
承 印 者：三河市中晟雅豪印务有限公司

开　　本：880mm×1230mm　1/32　　印　　张：10.75　　字　　数：227千字
版　　次：2018年9月第1版　　印　　次：2021年4月第3次印刷
书　　号：ISBN 978-7-5086-9139-8
定　　价：68.00元

目录

推荐序一

穿越黄金的枷锁

田涛

华为公司高级顾问

卢晓先生《品牌赋能——国际精品品牌战略》的书稿放在我案头月余了，我不时翻翻，却不知从何下笔。无奈，写点略显凝重的感言吧。

我一直认为“人口红利”是个值得商榷的论断。当今世界人均GDP（国内生产总值）超过1万美元的国家和地区有61个，但没有一个国家人口超过4亿，中国以13亿人口的超大规模，在不到40年的时间内，于2016年实现人均GDP 8860美元，这无疑是人类变革史、经济史、商业史上最大的奇迹之一。问题是，假使人口未予控制，会是什么结果？假使人口再少些，又会是什么状况？中国的政治、经济、教育、文化、社会诸领域的一切问题，细究起来无不和“世界第一人口大国”这个前提大有关系。

13亿中国人刚刚经历了“狼吞虎咽”的时代，物质“饥饿感”驱使下的巨大社会活力和追求发展的冲动，绘成了中国历史上前所未有的斑斓画卷。我们崛起为“制造大国”，几亿人从乡村涌入城市，数百万上千万人涌向世界，为财富，为知识，为梦想，为观光，为改变个人命运……如今，我们拥有世界第二多的“世界 500 强”、第二多的百万富翁、亿万富豪……

但是，我们今天缺什么呢？

卢晓这部纵论国际品牌的作品带给我的不只是赏心的美和历史的穿越，还有题外的沉思——书中有数十个世界著名品牌的案例，中国品牌却少之又少。由此我联想到另一道风景，沿北回归线，从欧洲到北美，尤其是日本、韩国，每年去旅游的几千万国人，他们中的大多数人有共有标记：不是摄影迷，就是“购物客”——携大包小包似乎要“买断”世界，当然，“品牌”是他们最看重的……

我们不是“制造大国”吗？很显然，中国经济至少在当下呈现的是“伪衰退”，国民追求生活品质升级的需求正如滚烫的岩浆奔涌而出，但中国制造业的升级步伐却严重迟滞，数百万上千万国内消费者只能“用脚投票”：淘世界去！这同样是人类消费史、贸易史上一大特殊景观，值得国人、企业、企业家和全社会反思。

中国必须从“制造大国”向“制造强国”转型。没有人能够否认过往 30 多年中国经济蓬勃兴起的奇迹，但我们也无法掩饰“萝卜快了不洗泥”的粗放式经济增长所带来的一系列问题，最典型的莫过于无处不在的假货肆虐和环境污染，以及与之相伴的社会问题，比如普遍的金钱焦虑、攀富潮流等等。而“制造强国”“质量大国”的社会文化基座对应的只能是一颗颗安静的心和一张张平静的桌子。所谓

“工匠精神”，本质上是国民心灵的沉实和行为的坚毅。

“制造强国”“品牌中国”的真正实现，根本在人，在于各阶层劳动者整体素质的普遍提升。我国面临的另一艰巨挑战，我认为不是所谓“人口红利”的消失，而是如何从“人口大国”向“人才大国”转型。因此，教育兴国、教育强国是根本。实施精英教育与普及教育并重、基础教育与职业教育并重，尤其是进一步夯实乡村教育，对营建全民族的创造力、创新意识、工匠精神至为重要。

一手举着“刀剑”（物质），一手捧着《圣经》（精神）。仔细体味爱马仕（Hermès）、路易威登（Louis Vuitton，LV）、香奈儿（Chanel）、百达翡丽（Patek Philippe）、迪奥（Dior）……这些历史悠久的大品牌，你无疑会感受到艰辛、征服、冒险与炫目的财富，但你是否也能捕捉到隐约而浓郁的精神色彩——一种执着、虔敬、宛若宗教信仰般的对理想的痴迷？每一款每一件都是温热的生命，都是有灵性的上帝造物啊……物与灵浑然一体，这是我在卢晓大作中对所谓“品牌”的第二重感悟。

“穿越黄金的枷锁。”年初，一位旅欧学者对几位访问剑桥大学的企业家同胞如是言。倘若我们的企业和企业家视市值、个人身价、财富积累为至高目标，视产品仅为追求财富的手段，怎么可能会对产品注入“物灵一体”的神圣意识呢？怎么可能以类宗教的热忱投入产品研发、产品创新和服务创新呢？怎么可能将顾客当作“唯一的上帝”呢？岂不闻居然还有人创造出“粉丝经济”这样反逻辑、反常识的行销模式——企业主刻意让消费者去“粉”自己，企业主成了“上帝”——既然“我就是品牌”，那怎么还会在产品上呕心沥血、厚积薄发、日复一日地精进努力呢？机会主义和投机取巧、一夜暴富与一夜不朽这样的价值观实在有害中国的经济与社会进步。

“穿越黄金的枷锁”，对今天已经富起来的国人，尤其是企业家阶层显得多么重要啊！从“富起来”到“强起来”，我们还有一道最艰巨的坎要跨越——从物质的“饥饿感”到精神文化的“饥饿感”——这是全体国民和整个国家当下和长远最需要思考的命题，当然，这也正是我们民族真正的力量所在。

2018 年 5 月 10 日

推荐序二

国际精品品牌战略——具有中国特色的创新管理思想

李凯城

中国红色管理理论创建者和倡导者

中国管理科学学会副会长

中国军事文化研究会理事

很高兴受邀为这本书写几句作为序言。

这本书是在东方思想体系下，以国际管理和中国传统管理理念为基础，扎根于独立自主的中国红色管理理论，提出的立足国际和具有全球视野的现代管理学理论。

我和卢晓相识于几年前在北京举办的一次对中国独立自主的管理思想体系的讨论。虽然我们在管理学中的具体专业领域和研究方向不同，但是我们对于中国现代管理思想和体系到底是什么这一问题的答案高度相同。那就是以毛泽东思想为理论基础的红色管理为主，中国古代管理智慧为辅的中国现代化管理体系。这一管理体系是东方管理学的主体，与西方管理学相对应，二者体现着东西方不同的文化、哲学和思想体系。

国际精品品牌管理在全球管理界是非常新的概念和研究领域，系统性理论的提出是在2008年左右，主要包括三部重要的国际专著：法国米歇尔·舍瓦利耶和热拉尔德·马扎罗夫的《奢侈品品牌管理》，中国卢晓的《中国精品消费者行为学》，以及法国文森特·巴斯蒂安和让–诺埃尔·卡普费雷尔的《奢侈品战略》。卢晓从2000年左右在巴黎的路威酩轩精品研究中心及法国精品协会开始对国际精品品牌和产业进行深入研究，并因此参与了这一重要理论的创建工作，经过多年潜心研究，提出了精品消费者行为学理论和解决方案，从此专注于区别于大众消费品的精品经济学、管理学思想理论体系的创建和应用工作，取得了一系列的理论创新成果和成功的实践经验。

卢晓这本书，在总结西方国际精品品牌两三百年的发展规律和最新精品管理理论的基础之上，从经济学和管理学两个领域对精品做了详细而准确的定义，揭示了基于大众消费品消费逻辑的传统西方经济学所忽视的精品经济学规律，同时将这一理论体系化，落地到精品品牌的管理之中，为品牌企业从低附加值劳动密集型发展模式向高附加值、高质量商业模式的转型升级提供了具体的解决方案。这本书为中国实体经济转型升级提供了理论基础和实践方案，是一本独立自主、思维创新、深入浅出、理论联系实际的优秀著作。

2018年5月于北京

推荐序三

消费升级后，国际精品品牌战略是企业转型升级的钥匙

芮明杰

产业经济学家

复旦大学管理学院教授

我国正处在消费转型升级的关键时期，因为随着经济的发展，人们收入水平的提高，大家对美好生活的向往自然日益强烈。虽然人们对美好生活的理解不同，但它一定是一个动态的、与时俱进的概念。吃饱穿暖、楼上楼下、电灯电话曾经是20世纪50年代的人们心目中美好生活的标志，今天人们心中美好生活的标志却已经是有机食品、智能家居、全球游览、文化艺术鉴赏。从上述美好生活标志的变化，我们依稀可以看到人们需求的变化，以及由此导致的对供给端要求的变化。

从中长期看，我个人认为未来有三大消费趋势。

第一，精品化消费趋势。所谓精品化消费就是指消费者希望所有消费品品质高、绿色环保、安全。无论是简单的生活用品还是各种

智能化耐用品，无论是文化服务产品还是医疗健康产品，都应该是高质量的精品，都应该是符合消费者个性化消费需求的精品。在获得高品质消费精品的同时，消费者自然会逐步要求消费品获得方式便利、使用方法简便，所需脑力与体力支出、费用与时间支出降低，这也是消费者消费效用最大化的内在要求，是消费者长期追求的一个方面。

第二，集成化消费趋势。集成化消费是指消费者希望不同企业提供的产品与服务能够互相协同，一揽子满足自己的需求。由于分工效率提高，生产与服务的细化日益加强，各类企业提供更为专业化的产品与服务。企业都是在社会化大分工条件下进行协作生产，也正是因为如此，企业提供不同的消费品就需要消费者自己去挑选与购买，需要消费者面对的产品或服务环节也相对增多。对消费者而言，单个需求上的选择过多则需要选择的精力与能力，同时也需要时间与成本，这给消费者带来了相当的不便。因此，消费者越来越希望有这样的消费服务，即能够为其提供消费需求识别，并能够提出一揽子的消费解决方案。这就是集成化消费需求的趋势。

第三，个性化消费趋势。个性化消费是指消费者希望按照自己的需求与消费偏好进行个性化的消费，追求个人消费效用的最大化满足。个性化消费是人类最满意的消费，是人类的最终追求，但它实现的前提是企业有能力提供大规模个性化的产品与服务，消费者有能力购买个性化的产品与服务。在工业化初期，企业只能通过标准化的大规模生产方式与技术来满足大规模的产品与服务需求，同时降低成本、降低价格来满足收入不高的广大消费者的需要。但实际上，个性化产品与服务在工业化初期就有，不过只能小规模供给，因为定制的人工成本很高，也缺乏大规模定制的技术，没有太多的消费者可以购买得起。今天，随着经济发达程度的提高，消费者收入与财富的分化，富裕阶层、中产阶层越来越不满意标准化的产品与服务，他们希望能够在其收入水平条件下尽可能按照自己真实的消费偏好消费，这就是个性化需求，而且是大规模的个性化需求。这就要求企业能在一定的成本与价格条件下，满足消费者的这一需求。

消费需求的中长期变化就要求我国进行供给侧结构改革，作为供给侧一端的主要力量，我国的制造业就需要转型升级。改革开放至今，我国已经成为世界上最大的制造业国家。可是，我国制造业总体上的问题还有很多：一是产品技术含量相对较低导致附加价值低，精品不多，品牌美誉度不高；二是国际市场上竞争力的背后主要是廉价劳动力的支持，而目前廉价劳动力不再；三是技术创新投入不够，创新成果产业化成功的比较少。这些问题决定了我国的制造业发展虽然已经取得巨大成功，但面对未来居民美好生活的需要和全球新技术革命的现状，必须进行转型发展，建立面向未来、面向全球的具有世界竞争力的新型先进制造业体系。

具有世界竞争力的一流制造业，首先是技术含量高，能够生产制造高端产品，如航空发动机、智能装备、高级医疗设备等；其次是生产工艺精致先进，可以生产高品质的绿色、环保、安全的各类消费精品，如服装、住宅、食品、日用品等等，当然，还可以生产高质量的制造原料、材料等精品中间产品等。从我国制造业目前的状况来看，要发展成世界一流的先进制造业应该说还有许多困难，但并非不可能，因为我们的制造业转型发展恰逢伟大的机遇期。第一个机遇就是中国的消费者收入水平提高后开始追求更美好的生活，消费需求正在进行巨大的转型升级，这就给制造业进行产品升级、技术创新、服务提高，从而从价值链低端上升到价值链高端提供了可能，有了成为价值链控制者的发展机遇。第二个机遇是全球新一轮技术革命大规模爆发，智能化、互联网、数字化全面介入制造业转型升级，新产业、新业态、新模式、新动能显现，新的经济形态将全面取代传统工业经济的生产形态。两个机遇碰撞在一起，产生巨大市场潜力，成为制造业发展的巨大动能。

在这个背景下，卢晓博士的这部著作写就出版恰逢其时，因为我国制造业、企业的转型升级，特别需要在国际市场上重塑国际竞争力，而精品战略理论无疑是最佳的指导。卢晓博士是我的同事，毕业于法国高等经济与商业科学学院（ESSEC），是时尚精品专业方向的博士，且长期从事这方面研究，著述甚丰，许多论著在学术界和业界有重要的影响。这本书是其深入研究的新成果，从国际精品品牌的设计、管理、维持、营销、消费者分析等诸多方面进行了系统的论述，既有理论阐述，又有案例分析，创新见解给人以启发。我相信这本书的出版将对我国制造业转型发展、企业进行国际精品生产与品牌发展有重要的贡献。

2018 年 6 月 25 日

推荐序四

为钻研国际精品战略点赞

吴越

路威酩轩（LVMH）集团大中华区总裁

我认识卢晓教授十几年了，赞赏他的专注认真，也关心他不断在研讨的国际精品课题。回顾中国改革开放的历程，最初的生意主要靠政府，所谓B2G（企业对政府）；接着汹涌澎湃的“全民经商”基本是在饭桌上谈判和企业之间的交易，所谓B2B（企业对企业）；直到进入21世纪，经济发展才将目光转移和聚焦到逐渐崛起的个人消费者，所谓B2C（企业对消费者）。近年来，个人消费者的重要性成为一种共识，个人消费已被认为是中国GDP增长的主要驱动力，超过投资和出口的贡献比重。中国游客的海外消费也在世界各地形成“洪水猛兽”之势。得益于B2C的市场导向，优秀的国际精品更显魅力、更受追捧，卢教授的这个专业课题更有市场了，可喜可贺！

站起来、富起来了的中国，正在强起来，我们应该坚决反对消费产品的盗版，需要研究国际精品战略。三四十年的经济高速增长，难免遗留下B2G和B2B的思维惯性，让中国众多的B2C从业者难以摆脱急功近利的心态。中国消费者越来越见多识广，使中国的从业者更有压力和挑战，倒逼着国内的相关企业提升内涵、品质和价值说服力。学习国际精品品牌战略，重在脚踏实地，耐心理解品牌的耕耘，懂得珍惜细节，不能见形不见质。感谢卢晓教授以此著作呵护及启发中国企业的灵魂，为本土品牌的持久性成长助力！

2018 年 6 月

推荐序五

有理论，有方法，才能推动精品行业快速良性发展

曹伟明

爱马仕大中华区总裁

喜闻卢晓教授的新作《品牌赋能——国际精品品牌战略》一书即将出版，实为高兴，原因有三。

第一，这是国际精品行业的幸事。卢教授作为此领域的理论创建者和先驱，默默耕耘近二十年，积累了多年研究成果，他结合实际成功案例，深入浅出，融会贯通，为精品产业界提出思想理论的总结，为这一品质优先的商业模式在经济学界和管理学界开疆拓土，正名扬名。

第二，这是想走精品道路的品牌企业的幸事。精品领域不比大众消费品行业，后者门槛低，可以比较容易地进入，通过吃苦耐劳精神可以发展起来。精品行业规律特殊且复杂，门槛较高。所以在行动之前，需要先搞清楚精品品牌发展的客观规律和实施方法才有可能根据自己企业的产品和资源能力制定出适合自己的稳健的品牌战略和商

业模式。卢教授这本书正逢其时，能够为广大想要转型升级的企业提供先进的思想理论和具体可行的解决方案，使其通过建立国际精品品牌的商业模式迅速发展壮大，为世界人民提供先进、独特、优质的产品和服务。

第三，我和卢教授结识多年，是法国高等经济与商业科学学院的校友，我比他年长几岁也早毕业几年，他在校期间从事的是博士阶段的科学研究。今天他结此硕果，也是校友们的荣耀，实感高兴！

最后，希望这本书能够让更多的人了解精品品牌的发展道路和规律，使更多精品行业从业者有理论基础，并开阔眼界，加深对这一行业的认知；帮助更多想走精品道路的企业少走弯路，迅速发展；让更多对此行业感兴趣的人投身到这一创造高附加值的领域，推动精品行业快速和良性地发展。

2018 年 6 月

写在前面

质次价廉、山寨假货不是互联网思维

> 国际精品品牌战略是中国企业抓住五千年一遇发展机遇的钥匙，是成为世界500强企业的必经之路。

我这么多年一直从事精品品牌战略、管理和实践的相关工作，写了很多相关著作。2008年左右，我和国际上几个学者（舍瓦利耶、卡布费雷尔、马扎罗夫）通过各自独著和合著的著作一起提出了国际精品品牌战略这一理论，之后又在国外和国内的多所大学做这方面的理论推广和实践指导。精品品牌战略这套理论应用范围非常广，不光适用于服装等衣食住行领域，所有的高档、具有高附加值的领域都适用。

国际精品品牌战略之所以具有独特性，是因为它与在大众消费品的消费逻辑基础上建立起来的传统经济学和管理学理论有所区别。其规律与传统理论完全不符，所以多年来受到很多歧视、偏见甚至打压。但是事实胜于雄辩，众多国际精品品牌公司运用这一思想和理论从小到大，从弱到强，迅速成长为全球著名企业，法国有路威酩轩集团、爱马仕集团，意大利有阿玛尼（Armani）集团，瑞士有瑞表（Swatch）集团，特别可贵的是，中国有了华为公司。我希望随着这本书的面世，会有更多的企业建立起品质优先的商业模式，在国际精品品牌战略思想的指导下迅速做强做大。

我今天提出“质次价廉、山寨假货不是互联网思维”的观点，并以此作为这本书的序言，主要要表达三层意思。首先，我们要认清互联网时代的商业特点。其次，我们要认清时尚和精品的本质是什么，也就是说时尚之所以在社会、商业当中存在，肯定是有价值的，那它的价值关键点在哪里？最后，我们来看时尚和精品品牌在互联网这个大环境当中如何迎接挑战和创造价值。

互联网时代的第一个特点是信息的高度对称化和透明化。信息的高度对称化和透明化使消费者获取信息的成本无限度地降低，降低到几乎为零，同时也降低了消费者在购买过程中的成本，也就是说，越信息化、互联网化，我们获得产品的成本越低，这就是互联网对我们的影响。还有一个很重要的现状，市场侧和需求侧的数字化进程已经基本进入相对成熟的状态，比如说这么多App（手机应用程序）、微店的产生，这么多互联网公司，包括云服务公司的发展，都是在市场侧和需求侧发生的。这些服务性公司和实际操作性公司为消费品行业提供了各种各样的可能性，也为消费者提供了非常多的可能性。比如在成本低和传输速度快，且服务更成熟的大环境下，假货和以次充好的产品更加容易销售，互联网思维的特点极大地促进了这种山寨假货和质次价廉产品的泛滥。当然，这种质次价廉的大众消费品模式是有一定存在价值的，能够满足一个市场中大量的低端需求。

第二个问题是时尚和精品的本质是什么。时尚和精品的本质实际上就是通过变化和快速产生，创造出正向的、有吸引力的、新的、好的东西，这些东西具有非常正向的积极意义，让人看了以后心旷神怡。需要强调的是，有吸引力的不一定都是让人愉悦的，也有可能是恶俗的、黑暗的，但是时尚和精品的本质是通过积极的、阳光的、美的内容的创新来吸引人并创造价值。当然，这个过程要强调变化和速度。也就是说，结合前面讲的互联网带来的变革和现状，时尚和精品的速度也加快了。本来时尚的概念就是新、快，现在有了互联网加速，就更快了。另外，时尚和精品的产业是高度集成的，科技帮助推动市场侧的变化，进而推动整个时尚和精品行业生产效率的极大提升，导致生产侧的数字化和信息化。也就是说，需求侧的变化已经产生了，最后影响到生产侧，促使整个时尚和精品行业跟上时代的潮流。市场侧发生了变化，所以生产侧和供给侧的数字化提升是必需的。我们所说的“工业 4.0”，还有“中国制造 2025”，必须建立在精品工业的高度数字化基础之上。

接下来，我们来看互联网时代的时尚和精品品牌的价值创造方式。我总结下来有三种模式。

第一种模式是原创内容的精品模式。更多的时尚精品品牌公司每年在巴黎、纽约、米兰，以及中国的北京、上海举办时装周等活动，发布最有创新意义的内容，通过原创的、有吸引力的时尚和精品内容来创造价值。当然，它在创造原创内容之后，在渠道当中扩散的速度可能比大众消费品快时尚的速度要慢一点。它的销售方式是选择性零售，体系也是全球性的，在全球范围之内都有相应的战略，或者在有极大产出的城市和街区都有精品店，但不是大面积或成百上千地开店来靠量取胜，而是国际化地逐步发展壮大。使用这一模式最著名和最成功的就是法国的路易威登公司。

第二种模式就是复制和快速扩散模式。这种模式适应了快速的数字化过程，最典型的成功案例就是全球范围内的快时尚，其创造价值的方式是对原创信息进行整合复制，并迅速在全球范围内进行倾销。公司本身不是创意的提出者和最原始内容的生产者，但是通过对原始信息的快速获取和消化吸收，在全球范围内建立起非常有效的营销和物流体系，其背后是数字化。在这个过程中，它能比任何一个竞争对手更快速地使最新内容迅速在渠道当中创造经济效益。使用这种模式最著名也最成功的就是西班牙品牌ZARA所属的INDITEX公司。

以上两种模式，第一种品牌本身创造高附加值的产品和服务，也拥有分销和零售网络，虽规模不大，却可以创造高利润率。第二种品牌本身不创造高附加值的产品，只对第一种模式的品牌的产品和服务进行所谓的“微创新”，但通过渠道和零售店面的数量优势，在全球化过程中逐步发展壮大。

第三种模式就是内容和产品开发模式。这种模式可以进行加工延伸拓展，但它主要是靠经济规模来产生价值。这个过程当中，有一些规模比较小的有原创精神的公司，是可以被前面两种模式进行服务的。一种就是设计师品牌，因为很多设计师都为全球性精品品牌公司做设计，帮它们来开发产品，同时也发表自己的品牌。还有一种就是咨询公司，它们的产品开发必须基于已有的原创东西，再逐步进行消化吸收，进而提供给消费者。使用这一模式最著名的案例是德国的徕卡照相机和中国的华为手机的合作。德国设计师品牌具有的高精尖技术，通过合作开发创新的模式，在华为手机这一广大平台上释放能量，一下就把精度和广度结合起来，创造出精品品牌领域的传奇。这是我总结的在新的市场发展形势下创造价值的三种模式。

现在讲了这么多，我们需要思考的是什么？作为一个中国的B2C模式的公司，有这么几种模式和市场定位供我们选择，我们要创造什么样的价值呢？我们要基于独特的文化价值观，不断地推陈出新。比如说我这些年亲自辅导的化妆品领域的伽蓝集团，有大众消费品品牌自然堂，之后又推出的国际精品定位的美素品牌体现的就是东方价值观，投入市场以后大家都非常认可。所以，我们要有自己的文化自信，要有对自己文化价值观的创造力和创新力的自信，也就是说，我们不是要等消费者认可了再做，商家、设计人员、品牌，要首先给消费者和市场展现创造力，之后才有可能被接受。如果一个东西本身还不存在，就不可能要求一个普通消费者来想象它能达到的状态。正确的逻辑关系是首先要在供给侧产生变化，展现出来以后才能影响消费者。

这种思路不仅仅局限在传统的时尚和精品行业，也包括电子产品等，比如现在非常著名的华为手机，就是抓住机遇发展起来的中国公司，它的技术和审美被世界认可，体现了中国的主流价值观和时尚精品理念。我们要思考的是，品牌起什么作用，在互联网的大背景、三种商业模式之下的我们需要做什么工作，中国公司要传递的文化价值观跟品牌有什么关系。品牌的概念就像一个硬币的两面，一面是别人的认知，另外一面是自己是谁，想被别人认知成什么样。我们要想让品牌有影响力、穿透力，能够创造价值，首先就要想清楚自己是谁，自己品牌的文化价值观是什么，要站在什么位置开始创造价值。清楚了这些以后，总结出一个体系，这样呈现出来的产品才能够被市场认知，才能够被渠道认知，最后才能够形成一个正向的循环。再有，品牌不是单一维度的概念，是一个多维度的概念，我会在第三章“国际精品品牌管理”这一部分仔细讲解。

一个能够在互联网时代创造价值的中国消费品公司，要建设的品牌是要有内部结构的，在精神层面和物质层面的价值创造都要有严密的建设过程。在互联网时代，要么我们本身不创造价值而使用扩散模式，拒绝搞山寨和质次价廉之品蒙骗消费者；要么我们有原创的、独特的东西，精益求精。作为精品，一开始可以规模不是很大，但是附加值要高，逐步发展壮大，其速度也是可以很快的。现在对中国精品行业来说，一定要有最能够体现中国价值观又现代化的内容，并形成一个群体，形成一个产业，迅速通过互联网向全球消费者销售真正有吸引力的时尚新品和精益求精的产品。

互联网时代下走精品路线的企业要想迅速获得成功，必须在有独特价值创造的前提下，有清晰的品牌战略，也就是要有体系性思维。大家可能会有疑问，因为已经有一种模式是不用自己原创，只需获取一些灵感后进行无限加工扩展的。但是这种模式的问题在于，像ZARA这类快时尚品牌已经把分销网络和商业模式体系全球化了，即使你想照搬西方文化价值观的某些东西，速度也没有这类公司快，它们的开店速度和在各个市场的发展速度目前没有一家中国的快时尚公司能与之相比。运用这一模式，我亲自辅导过太平鸟集团，但是在全球范围之内，其信息的扩展速度、在渠道当中释放出的能量和规模效应，短期之内是肯定不能跟国际上的这些公司相提并论的。所以我还是建议大家尽量通过自己独特的产品创造价值，只要你是独特的，你在市场上就有价值。如果体现中国价值观，又是现代的、积极的、让人愉悦的独特的东西，那么中国市场的消费者对其的接受速度是非常快的。当然，对纯西方内容的简单复制，也可能在短期之内有一定的受众，但是你面临的是透明化、全球化的竞争。

在互联网时代，要创造价值，不管用哪一种模式，都要有清晰的品牌战略，有一套系统的整体规划，并分期分批实施，逐步接近目标。这本书梳理了国际精品品牌公司两三百年来经历的大浪淘沙的过程，总结出核心规律，通过各个章节理论联系实际地呈现出来。在这个竞争激烈的互联网时代，我们的品牌企业如果不走弯路，我们就赢了！

卢晓

2017 年 11 月 22 日于复旦大学管理学院思源楼

第一章

需要消除的误解：luxury的准确翻译应该是“精品”

精品是人类对美好事物的向往和追求，是人类智慧的结晶。

早在2008年出版的《奢侈品品牌管理》一书的序言中，我就指出了“奢侈品管理”“奢侈品品牌”等名词在使用时的问题：翻译不准，造成误解。luxury的准确翻译应该是“精品”，取“精益求精”之意，而不是“奢侈”。[①]

奢侈品／国际精品品牌战略（luxury brands strategy）是一门新兴的管理科学，同大家望文生义所理解的与“奢侈”两个字相联系的话题有着很大的区别，和时尚媒体所宣传的也相去甚远，以至于有些国内有志于发展和投身这一行业的人士大呼“误会”。造成这种局面的原因是多方面

① 引自舍瓦利耶、马扎罗夫和卢晓著《奢侈品品牌管理》（第二版），格致出版社、上海人民出版社，2015年。

的，其中最重要的一个原因就是对luxury的错误翻译或者说是翻译不当。

首先，我们看看“奢侈”在中国语言文化中的含义。“奢侈”是一个历史悠久的词汇，《国语》中便有“及桓子，骄泰奢侈，贪欲无艺，略则行志”这样的说法，这个词在中文中明显是带有贬义的，一般作“挥霍浪费钱财，过分追求享乐”解释。

英文形容词luxury在《牛津高阶词典》中的注解是“a thing that is expensive and enjoyable but not essential”，在《剑桥高阶词典》中的解释是“something expensive which is pleasant to have but is not necessary”，都是指昂贵而使人愉快但不是必需的东西。也就是说，luxury在英文中没有贬义的感情色彩。因此，把这个词翻译成“奢侈”是不准确的，是把中国传统价值观中否定的一面附加给了它。所以，当luxury products、luxury goods、luxury brands等一系列带有luxury的英文词组随着精品消费和市场营销出现在中国的时候，自然而然地，其中文翻译也就成了“奢侈产品”、“奢侈品”和“奢侈品品牌”，所有这些词也就带有中文中的“挥霍浪费和过分享受”的贬义了。luxury真正准确的翻译应该是“精品”，如“国际精品品牌”“精品产业”。

所以，在研究和讨论国际精品品牌战略的时候，要以一种科学客观的态度对待研究的对象和领域。要把这些贬义的感情色彩抛开，用一种冷静和科学的心态来看待，这样才能更好地建设中国的精品工业和精品产业。

1.1　为什么要走精品品牌发展道路？

2009 年起，中国成为世界上第二大精品消费国，2015 年起，中国又成为世界上最大的精品消费国，而且这一地位在全球经济大衰退的格局下还在进一步加强。万事达卡（Master Card）2015 年发布的消费者信心指数显示，国际平均消费者信心指数从 68.9 下滑至 66.8 的同时，中国消费者信心指数由 82.6 涨至 85.3，达到了 5 年来的最高水平。直接的影响就是出境游持续增长，2014 年下半年，中国的个人出境游消费增长 9%，每人次出境花费 16 905 元人民币，与上半年相比增加了 1400 元。从 2009 年起，中国游客成为法国最大的国外消费人群，这一年消费 158 亿欧元，比上年增长 47%；人均消费 1071 欧元，比上年增长 21%，其中 87%用于购买国际精品。2015 年，中国消费者有 210 亿元人民币的税没有退，原因是觉得太麻烦和不知道怎么退。

媒体有很多报道，一边说中国消费者在国外疯狂采购，一边又说中国精品市场（全球最大的精品消费市场）的寒流来了。这些媒体的主要依据是贝恩公司 2014 年、2015 年两个年度的报告，其结论是中国精品 / 奢侈品市场负增长。

负增长还能疯狂采购？中国精品市场到底怎么了？

回答这些问题首先要搞清楚什么是中国精品市场。

所谓中国精品市场，就是指中国这个市场中对于精品消费的需求总量，也就是这个市场全年对于高端消费品这一品类商品的总需求。

贝恩公司的报告显示，相较2013年，中国的精品市场在2014年下滑了1%，首次出现了负增长。的确，很多国际品牌2014年在中国市场的销售业绩不尽如人意。例如以销售珠宝和手表为主的全球第二大精品集团历峰发布的上半年度财报显示，该集团在中国市场的净收入下跌了4%；意大利精品品牌普拉达（Prada）披露，其上半年业绩净盈利也较去年同期下降了21%；人头马君度（Rémy Cointreau）上半年的营业利润也下降了14.6%，该集团明确表示，利润率下降主要是受到大中华区减少库存的影响。关闭门店的国际精品主要集中在男装品牌，2014年男士服装和腕表销售量持续下降，高价位产品的下降幅度尤为明显。

似乎市场对于高端消费品的需求真的下降了。但作为中国精品消费市场一部分的代购和海外消费却风风火火，持续快速增长，影响了国际精品品牌在中国的销售，可见中国精品消费市场是在正增长的，只不过大家的购买途径多样化了。

消费者选择海外购物的主要原因是价格，也就是说国际精品品牌存在国内外价差问题。

面对更多的产品、更低的价格、更好的服务，消费者自然会做出自己的选择。根据媒体报道，某些品牌的中国消费者海外代购部分甚至达到中国销售总额的四分之一左右，化妆品代购总额更是占到中国门店销售的50%。

那为什么会出现这种现象呢？很多人会归咎于税的问题，其实税不是主要原因，因为税一直都存在，没有太大变化。真正造成价差拉大的原因是最近几年的汇率变化，包括人民币汇率的走高和欧元、日元、美元等货币汇率的走低。

举个例子，当1欧元兑换10元人民币的时候，同样品牌同样款式的产品在巴黎卖100欧元，合人民币是1000元，在北京卖1200元，价差是200元人民币，差20%。今天，1欧元兑换7元人民币了，这一产品在巴黎卖100欧元，合人民币就是700元，在北京卖1200元，价差变成了500元人民币，差了约70%。在这几年间，这款产品在巴黎、北京的零售价没有变，税收也没有变化，但是价差怎么就从20%增加到了70%呢？唯一变化的因素就是汇率，是人民币值钱了啊！

所以，我的观点是不要过度解读中国精品市场负增长，实际需求是正增长的。这是在新常态下的正常现象。

贝恩公司统计中国精品市场的增长出现负数，一个重要的原因是数据来源只局限于传统的国际精品在中国境内的销售，并没有考虑到消费外流，所以数据是片面的，不能客观展现中国精品消费市场的全貌。

中国精品消费市场在稳步增长，消费需求总量既包括境内门店销售，也包括中国消费者在港澳台地区、欧美市场的购买量，以及海外代购的消费量，购买地点呈现多样化趋势。同时，各个产品种类中，大批量的中国精品品牌涌现出来，开始抢占具有巨大活力和体量的中国高端消费市场。部分国际精品品牌在中国市场销售量下滑，主要因素不是市场，而更多是在自身管理上。很多国际品牌的中国境内门店的整体销售业绩这些年一直是正增长的，例如爱马仕集团、瑞表集团、托德斯（Tod’s）集团等。这足以说明这部分品牌清醒地认识到了真正的中国市场，找到了中国市场真正的需求，没有被第三方或咨询机构发布的数据蒙蔽，没有被其观点左右，在中国市场上建立了为客户和消费者服务的真真正正的高端消费品商业模式。这种稳固的商业模式能够抗击经济增长周期的风险，并且在全球市场上给品牌带来丰厚的回报。

其实道理很简单，中国精品行业在今后很长时间都是会稳步增长的，这与整个宏观经济的发展趋势相匹配。只要经济是增长的，这个市场就不可能萎缩，因为经济增长，老百姓的支付能力就会增强，消费需求就会增长，高端消费品市场自然也是持续增长的。

一句话概括就是，中国的消费升级了，中国人有钱可以消费精品了。但是问题又来了，有多少中国精品品牌公司能够吃到这块蛋糕呢？有多少中国公司走了精品品牌发展道路呢？

与宏观政策层面的拉动内需和加快转变经济发展方式，以及消费层面的中国精品消费迅速增长相对应的，是中国精品市场基本上被国际精品品牌垄断的局面。北京五个最高端零售渠道（王府半岛酒店、国贸商城、东方新天地、新光天地、金融街购物中心）中，国际品牌占 98.8%；上海五个最高端零售渠道（恒隆广场、上海国金中心商场、环贸 iamp 商场、芮欧百货、嘉里中心）中，国际品牌占有率更达到 99.3%。国内的精品品牌不但没有受到强大的内需增长和国家宏观政策的鼓励，反而在国内市场运作发展得举步维艰，很多品牌或者昙花一现，或者被迫退出高附加值的高端市场，降低市场定位成为大众化的中低端品牌。

这是因为国际精品品牌战略思想没有得到很好的普及，这些品牌没有从思想和理论上掌握国际精品品牌战略和管理的核心，所以无法从实践上指导品牌的管理和运营。国际精品品牌战略理论不受重视，成功实践经验的缺乏，导致中国在此领域的实践严重落后于国际品牌。所以，在需求已经升级的情况下，企业必须走国际精品品牌的发展道路，才能抓住转型升级的机遇，迅速做强做大。

1.2　国际精品品牌战略的主要内容和基本思路

国际精品品牌战略在国际上是管理学的一个新的研究领域，从2008年开始，少数几位学者通过他们在这一领域的著作首先在国际上提出。我著有《中国精品消费者行为学》（*Elite China：Luxury Consumer Behavior in China*，2008），舍瓦利耶和马扎罗夫著有《奢侈品品牌管理》（*Luxury Brand Management*），巴斯蒂安和卡布费雷尔著《奢侈品战略》（*Luxury Strategy*，2010）。我和舍瓦利耶在2010年合作出版了针对新兴市场的《奢侈中国》（*Luxury China*），把国际精品品牌战略理念直接应用在中国市场上。我在2015年对国际精品品牌战略理论做了重要的整合、补充和强化，与舍瓦利耶、马扎罗夫合作出版了《奢侈品品牌管理》的第二版。2016年，我和舍瓦利耶在巴黎出版了法文版的《中国精品品牌之崛起》（*Quand la Chines'eveille au luxe*）。这些著作提出了独特的国际精品品牌管理理论体系，明确提出了国际精品品牌与传统品牌在运作和管理上的区别，列举了违背公认的营销法则的案例，证明了国际精品品牌在营销领域中是独立而特殊的一个分支。2008 年，我首先在国际上提出了精品消费者行为学理论，并且提出了精品消费者典型分类及其在新兴市场上的应用，并针对中国精品消费者做了深入的聚类分析，将精品品牌管理与之前国内外基于大众消费品提出的一般传统品牌管理理念做了区分。

大多数品牌以传统的品牌管理理论指导实践，导致在运营理念和商业模式上产生偏差，在市场上处于不利境地，无法与国际品牌竞争，造成目前国际品牌几乎垄断中国精品消费市场的局面。

本书出版的目的之一就是想通过系统介绍国际精品品牌战略，指导大量中国企业进行国际精品品牌管理实践，用理论提升国内精品品牌运营模式，加快中国精品产业的迅速壮大和国际化发展。精品产业处于国际产业链中最高端的位置，是轻资产、低污染、低能耗、高品牌价值、高附加值、高回报率的黄金朝阳产业。在国际金融危机中，大批普通大众品牌和低端制造业品牌纷纷倒闭退出市场，但是国际精品品牌价值却迅速上涨，股市表现一枝独秀，这充分体现出了这一产业在抗击风险和稳定一个国家国民经济体系中的重要作用。此产业涉及生活方式的各个方面，是包括纺织、皮革、矿产、冶炼、食品、轻工制造、精密仪器制造、汽车制造、飞机制造、轮船制造、高端农业、高端服务业、金融服务业、旅游、酒店、房地产和商业地产等众多重大产业在内的具有最高附加值的部分，对国民经济的整体提升和转型至关重要。这一产业是法国、德国、瑞士、英国和美国等西方发达国家在经济起飞过程中，进行产业调整、优化和提升时重点发展的产业，是一个大国必须发展的制高点产业。这一产业的发展对一个国家扩大内需、加快转变经济发展方式、战略性调整经济结构具有重大意义。

本书的主要内容包括国际精品品牌战略的八个关键方面：国际精品品牌战略的独特性、国际精品品牌管理、国际精品品牌的消费者管理、国际精品品牌的设计和创意管理、国际精品品牌的国际营销、国际精品品牌的全零售管理、国际精品品牌的服务管理、国际精品品牌的整合营销沟通管理。通过八个章节的系统介绍，同时辅以国内外知名精品品牌的案例，让大家对国际精品品牌战略有比较直观的了解。本书的基本观点是国际精品品牌战略是一个完整的体系，与传统品牌管理理论有着本质的区别，甚至可以说是与传统理论相反的新理论，希望读者抛弃固有的观念，这样才能更好地吸收精品思维。我们需要研究并且建立起独立的理论体系来指导中国品牌的实践。中国品牌不掌握核心技术和理论就无法正确指导实践，不建立起正确的商业模式，必然会造成损失，而且根本无法在国际和国内高端消费市场中进行竞争。

1.3　华为手机的精品之路

很多时候，中国制造的产品在国际上至今还是“质次价廉”的代名词，但是华为公司很早就选择了走精品路线，励志打造品质优先的商业模式，以品牌为核心，以市场和客户为中心，运用国际精品品牌战略思想武装自己，坚定不移地走国际精品道路，获得了迅速的发展，从一家普通的民营企业，一步一步登上国际精品舞台。

华为从1996年就开始“国际化”，把产卖到海外，把员工派到海外。华为手机作为华为公司消费者业务的重要终端业务，让华为有更多的机会了解消费者的行为和需求，这是华为公司在ICT（信息、通信、技术）产业发展中的重要一环。据美国IDC（国际数据公司）统计，2010年第四季度，全球智能手机出货量首次超越个人电脑出货量，标志着人类已经全面进入移动互联网时代，亦标志着个人信息消费平台从个人电脑向手机的转变。在2010年之前，智能手机意味着昂贵，从全球范围来看还只是少数人的选择，但华为注意到，在技术领先国家，运营商纷纷制定战略，力图使智能手机用户占总用户的比例在2015年超过50%，运营商的支持及快速的低成本化将是智能手机大众化的先决条件。

2012年，华为发布了Ascend智能手机，陆续推出多款Ascend系列产品，并由此开启了从传统B2B业务模式向B2C模式的转变，从白牌ODM[①]到华为品牌的转变，从功能手机到重点发力智能手机的转变，产品档位从低端扩展到中高端。

2015年，华为推出了Mate7系列。这款华为决心走品质优先的精品发展道路后推出的第一款手机当即成为中国千万资产人群争相追逐的新宠。华为Mate7也因此登上了胡润百富当年的至尚优品榜单，

① ODM（original design manufacturer）：原始设计制造商，指某制造商设计出某产品后，在某些情况下会被另外一些企业看中，要求配上后者的品牌名称生产，或稍微修改一下设计来生产。

这也标志着拥有极致品牌体验的华为Mate7，一跃成为中国富豪阶层广泛认可的标杆式高端产品。

华为消费者业务的2017年上半年业绩报告显示，华为消费者业务继续保持稳健增长，2017年上半年销售收入为1054亿元人民币，同比增长36.2%，智能手机发货量7301万部，同比增长20.6%。据IDC预测，2017年全球智能手机发货量增长为3%，这意味着华为智能手机发货量增速继续跑赢大市。

随着ICT的加速融合，新的技术创新不仅在全方位地重构CT产业，而且IT和CT产业的融合带来了巨大的商业发展机遇。为适应这一革命性的变化，华为于2014年提出了全新的公司价值主张。公司组织架构也进行了变革和调整。

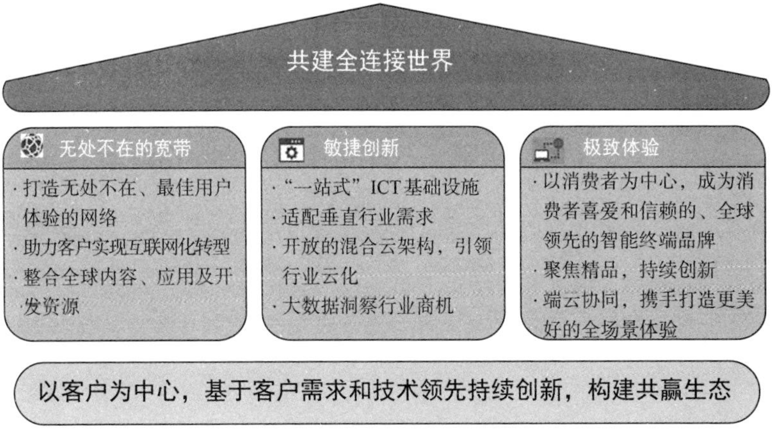

华为公司价值主张

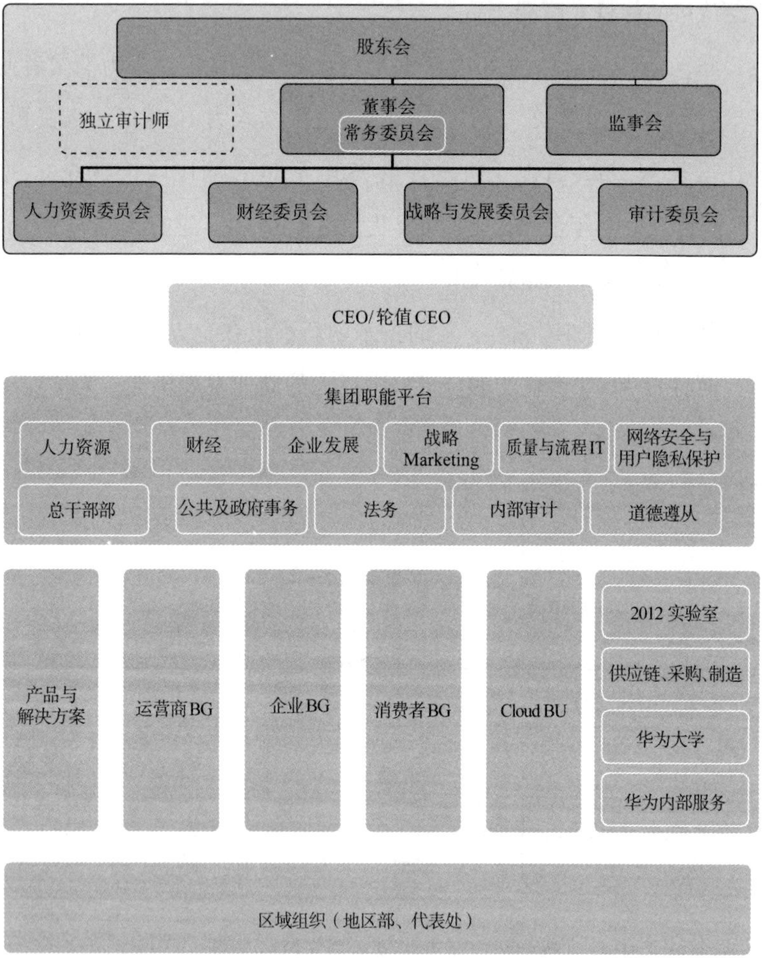

华为公司的组织架构（截至 2017 年 12 月 31 日）

从华为公司的组织架构来看，战略与Marketing（市场洞察）是一把手工程，负责为公司发展方向提供主导性支持，促进客户需求驱动的业务发展，管理公司品牌与传播，监控制订公司业务计划，实现公司的发展目标。

2016年2月，美国知名商业与技术杂志《快公司》（*Fast Company*）发布了2016年全球最具创新力公司的排名，华为位列13。这是华为第三次跻身全球50大最具创新力公司榜单。

1.3.1　品牌发展历程

2012年以前，华为的手机业务主要是OEM[①]和ODM，也就是中国和亚洲很多厂商至今都在做的劳动密集型的B2B模式。从2012年起，华为做了重大的战略决策和转型，为了进一步提升智能终端设备的核心竞争力，推出华为自主品牌的系列产品Ascend P1、Ascend D1四核、荣耀等中高端旗舰产品，在发达国家热销，实现从B2B到B2C、从白牌机供应商到华为品牌智能手机的转型。

2012年1月，华为在美国CES（国际消费类电子产品展览会）发布6.68mm的全球最薄智能手机Ascend P1 S。凭借6.68mm的厚度、业界最领先的1.5GHz德州仪器（TI）OMAP 4460 Cortex-A9双

---

① OEM（original equipment manufacture）：原始设备制造商，指品牌生产者不直接生产产品，而是利用自己掌握的关键核心技术负责设计和开发新产品，控制销售渠道，具体的加工任务通过合同订购的方式委托同类产品的其他厂家生产，之后将所订产品低价买断，并直接贴上自己的品牌商标，俗称代工生产。

核处理器及华为软件优化处理技术，Ascend P1 S再创纪录，一举成为4.3英寸屏智能手机阵营中最紧凑、最快的一款。

2012年3月，华为手机官方电子商城平台“华为商城”正式对外运营。

2012年4月，华为旗舰智能手机Ascend P1在北京全球首发，但不久之后，P1因为大幅降价和放弃系统更新两大问题，打击了用户的信心。

2012年6月，华为智能手机C8812在中国上市60天零售超过100万部。

2013年第三季度，华为手机出货量为1270万部，以4.8%的市场份额排名全球第三。

2014年，Ipsos（益普索集团）的调研数据显示，华为品牌净推荐值上升至43%，位列前三，这表明华为给消费者的品牌体验有了明显提升。与此同时，品牌发展活力方面，华为从众多的第二阵营品牌中脱颖而出，排名跃居全球第三位，在知名品牌咨询公司Interbrand公布的2014年全球最具价值品牌榜TOP100中，华为成为首家上榜的中国企业。

2015年，华为中高端旗舰手机不断突破，Mate 8深受欢迎，智能手机全球销量突破1亿部，在多个国家成功进入智能手机第一阵营。

2015年，华为消费者业务在全球的品牌影响力、渠道和服务建设及产品生态布局上取得了全新的成绩，受到更多消费者的喜爱和更多合作伙伴的青睐，实现销售收入1291.28亿元人民币，同比增长

72.9%。全年智能手机发货量达到 1.08 亿部，成为全球前三的智能手机品牌。

2016 年 11 月，在亚太创新日上，华为公布了与全球学术界合作的创新研究计划最新累计数据：华为创新研究计划已覆盖全球 20 多个国家、300 多所高校，在全球范围内资助超过 1200 个创新研究项目，其中亚太区覆盖澳大利亚、韩国、日本和新加坡等国家。两位诺贝尔奖获得者、100 多位 IEEE（电气和电子工程师协会）和 ACM（国际计算机学会）院士，以及全球数千名专家学者参与该计划，与华为共同实现协同创新，构建开放的产学研生态，实现创新到价值的转换，促进产业发展。

2017 年上半年，华为手机业务部达到了 1300 多亿元的营业额，增长率为 30%。华为智能手机达到了全球第二、中国市场第一的体量。华为成功推出 P10 和 Mate 10 系列手机。

1.3.2　全球业务发展

2008 年，华为终端产品销售网络覆盖 70 多个国家，物流网络覆盖全球市场，能够为客户提供优质快速的服务。当年的华为手机作为手机定制专家，成为 WCDMA（宽带码分多址）手机 ODM 主流厂商，并于当年出货 2000 万部 CDMA（码分多址）手机，成为全球第三大供应商。

2009 年，华为手机产品发货超过 3000 万部，其中 CDMA 手机全球市场份额第三，中国市场份额第二。成功配合移动电话运营商

T-mobile推出了全球首款基于Android（安卓）平台的预付费手机Pulse，在英国、德国等高端市场三周零售过万部，在北美市场推出的Touch手机U759成为美国圣诞季销量周冠军。

2010年，华为智能手机快速增长，全球出货量超过300万部，迅速打入包括日本、美国和西欧在内的70多个国家和地区。同年9月初，华为发布了全球首款基于Android 2.2平台的with Google™品牌的智能手机IDEOS，同时也是全球首款普及型智能手机。全球首款LTE（长期演进技术）多模数据卡华为E398在欧洲大规模商用。创新产品Mobile Wifi（E5）在世界各地屡获殊荣，全球发货超过300万部。华为终端与谷歌结成战略合作伙伴，致力于提供用户体验好、具有丰富移动互联网业务的创新智能手机。

2011年，华为手机发货5500万部，CDMA智能手机在中国市场份额保持领先地位；智能手机迅速放量，发货量近2000万部，同比增长500%。华为手机成为全球最具影响力的终端品牌，立足于华为“云–管–端”整体战略，以消费者为中心，全面提升用户体验，增强产品竞争力，构筑核心能力，产品和服务遍及全球140多个国家和地区，稳步向全球领先手机品牌目标迈进。截至2011年底，华为手机全面覆盖高中低端市场，智能手机异军突起，创新产品领先市场，高端LTE智能手机在日本、美国和欧洲等市场获得认可，成功树立高端品牌形象。

2013年，消费者业务持续有效增长，销售收入达569.88亿元人民币，同比增长约18%。全年整体发货量1.28亿部，其中智能手机业务实现历史性突破，进入全球前三位。华为持续聚焦精品战略，推出了华为Ascend P6、Ascend Mate等精品旗舰机型，其中Ascend P6在全球100多个国家上市，实现了品牌利润双赢。当年华为智能手机发货量达到5200万部，同比增长60%，同时智能手机在华为手机中的整体比例超过87%。渠道收入方面，在夯实运营商的基础上，进一步拓展了非运营商渠道，公开实体渠道收入占比45%，电商渠道占比5%。同时，1500元以上的中高档机型发货量占比大幅度提升至12%，精品化战略初见成效。

1.3.3　员工

华为的竞争力，更多的是靠管理能力，靠战略和技术的持续聚焦，靠人才。互联网时代，人才对业务更为关键。

在华为的全球化布局上，最大的挑战是对全球化人才的管理。华为近几年每年新进的中国籍员工为15 000人左右，还强依赖于中国员工，在更好地利用非中国籍人才队伍上有很大的改进空间。

截至2013年底，华为海外的人才本地化率超过70%，为当地创造了大量的就业机会，促进了产业发展，并通过本地化经营及与全球伙伴的广泛合作，提升了公司的综合能力。华为的全球价值链也将当地的能力带到世界各地，使其发挥了更大的价值。

1.3.4　品牌理念

华为手机坚持以消费者为中心，打造具有极致体验的科技产品。

创立初期，华为智能品牌将目标受众定义为理想行动派，即具有愿景的挑战者，就是积极进取、有梦想、有追求、坚信梦想能够通过努力而实现的一群人。

华为终端的目标是将最新的科技带给消费者，希望新技术可以人人享用。在产品方面，华为终端坚持精品战略，重视最终消费者体验，以差异化创新，勇敢打破看似不可能的各项技术极限，让世界各地更多的人享受到技术进步的喜悦，与全球消费者一起以行践言，实现梦想。简而言之，华为力争为消费者提供全球最好的终端产品。

2014 年，华为消费者业务旗下“华为”与“荣耀”双品牌并驾齐驱，形成相互借力、互相促进的良好互动。“华为”品牌的目标受众是自信、乐于接受新事物、有行动力、敢于追求梦想、实现自我价值的理想行动派，如商业精英、政企人员、时尚白领、务实人士等；“荣耀”作为华为旗下的互联网手机品牌，目标受众聚焦在以互联网生活为中心的年轻族群，如数字原住民、职场新秀、青年蓝领、学生等。

人类对美的追求是无限的。高级艺术性是精品的必备特点，以塑造和传承美的认知。情感诉求是人类最高的追求，是成功的物质主义的终点。精品体现的是人类对于情感的诉求，包括社会心理的成就感、文化认同和个人内心的梦想、感情。华为通过品牌规范、商标标准字体、包装、零售环境等，创造视觉沟通的强大平台。

1.3.5 品牌标识

华为的企业标识采用菊花图案，运用红色，除具有较佳的视觉效果之外，更被用来传达有活力、积极、热诚、温暖、前进等企业形象与精神。

华为传递的价值观是，在保持原有的蓬勃向上、积极进取基础上，更加聚焦、创新、稳健、和谐，充分表达华为将继续保持积极进取的精神，通过持续的创新，支持客户实现网络转型，并不断推出有竞争力的业务；华为将更加国际化、职业化，更加聚焦客户，和客户及合作伙伴一道，创造一种和谐的商业环境，实现自身的稳健成长。

“荣耀”手机品牌追求以更快的变化来适应移动互联网时代。荣耀品牌准确认知互联网本质——平等、开放、去中心化，保持与受众、观众完全对等沟通，聆听受众的呼声，为受众提供更多满足需求的高性价比产品。荣耀产品遵循华为品质，追求更酷、更极致的体验。

1.3.6　品牌设计

2015 年 10 月，全球顶级用户体验设计专家，原苹果公司创意总监、研发设计师阿比盖尔·莎拉·布罗迪（Abigail Sarah Brody）女士加盟华为，担任华为消费者业务首席用户体验设计师，领导华为消费者业务用户界面设计工作。

2015 年 9 月，华为在柏林IFA（国际电子消费品展览会）发布了Mate系列全新成员——Mate S手机，首次创造性地将Force Touch（压力感应触控）技术应用于手机交互，引领人机交互新革命。

2016 年 9 月，华为在IFA上发布了全新华为nova系列智能手机——华为nova 和华为nova plus。此系列完美承袭了华为极致创新的基因，发扬了独特的弧形设计哲学，集趣味拍照、出众性能和精美外观于一身，致力于为全球年轻乐活一族带来更美好的生活体验。一同亮相的还有P9玛瑙红、托帕蓝新版本。

2016年，华为手机聚焦于有价值的创新，在芯片、用户界面系统、双摄像头等领域均实现了关键性的突破，产品创新能力进一步提升。华为与保时捷深度合作，共同推出Mate 9保时捷设计全球限量版。

1.3.7 与徕卡的合作

2016年4月，华为在英国伦敦时尚中心巴特西公园（Battersea Evolution）发布了全新旗舰华为P9手机，科技与艺术的完美结合闪耀全场，同时也揭开了华为携手徕卡相机首款作品的神秘面纱，双方的跨界合作带来了手机摄影的再一次突破。

2016年9月，华为与徕卡宣布了更进一步的战略合作计划，双方将设立麦克斯·别雷克（Max Berek）创新实验室进行联合研发。此次的合作正值双方结成光学工程长期技术伙伴7个月之后。而华为与徕卡第一次合作的双摄像头手机P9引领了新的摄影潮流。上市5个月以来，华为P9载誉全球，斩获手机领域的诸多奖项。

2017年2月，华为消费者业务向全球发布其P系列新旗舰华为P10/P10 Plus。新产品设计传承了P系列纤薄、时尚、多彩的设计理念，同时在产品工艺、机身颜色及周边配饰上大胆尝试更多流行元素。此外，华为P10/P10 Plus不仅配备800万像素定制版徕卡前置镜头，还分别搭载新一代徕卡双镜头和徕卡SUMMILUX高端镜头。全新的徕卡组合摄影体验可以完美呈现徕卡艺术人像摄影的品质，让每一拍都是封面大片。

1.3.8　品牌沟通策略与文化

2015年，华为消费者业务在前沿科技、极致体验等领域持续创新，与更多合作伙伴开放共赢，努力探索科技与人文、时尚、艺术等领域的融合创新，积极引领科技文化潮流，品牌知名度、产业影响力、消费者喜好度等得到进一步提升。2015年，华为的全球品牌知名度从65%提升至76%，中国品牌知名度提升至97%；华为品牌全球净推荐值上升至47，成为唯一一家同时进入全球权威品牌榜Interbrand和BrandZ 100强的中国企业，分别位列第88、70位。

2015年4月，华为消费者业务在英国伦敦的时尚艺术殿堂老比林斯盖特（Old Billingsgate）正式发布其年度旗舰手机华为P8。为打造最好用的智能手机，华为P8完美传承P系列“极致时尚”的设计风格，首次提出独特的相机拍摄理念，打造高品质的用户体验感，再次震撼高端智能机市场。华为不仅推出更易用和人性化的P8，也带来了令人惊喜的P8 max。除了延续P系列手机的优雅外观设计、出色拍摄能力等基因外，6.8英寸的P8 max拥有更大的屏幕、更强悍的续航能力及光绘摄影等特色创意功能，这或许暗示了华为进一步攻占大屏手机市场的新玩法。

1.3.9　创新引领华为手机消费

电池方面的创新

2015年10月，华为瓦特实验室在第56届日本电池大会（The 56th Battery Symposium in Japan）上展示了其锂离子电池快充研究的最新成果。这种新的电池可以在几分钟内充进近50%的电量，充电速度是普通手机的10倍。

2016年1月，华为在石墨烯助力的高温锂离子电池研究上取得重大突破，华为瓦特实验室在第57届日本电池大会上宣布推出业界首个高温长寿命石墨烯助力的锂离子电池。实验结果显示，以石墨烯为基础的新型耐高温技术可以将锂离子电池上限使用温度提高10倍，使用寿命是普通锂离子电池的2倍。

人工智能

2016年3月，阿尔法围棋（AlphaGo）和李世石的围棋人机对决引发了人们对人工智能的巨大兴趣和无限遐想。一时之间，在大大小小的科技类展会和论坛上，人工智能都是焦点话题。在银行、保险、能源、家电等传统行业，厂商们纷纷把人工智能引入其中。2017年，华为手机发布Mate10系列，搭载人工智能芯片，在产品的独特性上加入了技术创新的亮点元素，开启了智慧手机时代。

1.3.10 产品线及种类

华为手机分为华为品牌和荣耀品牌。

华为系列为中高端产品，代表华为顶尖实力。D系列为华为早期的产品，目前已被Mate系列取代。Mate系列主打商务续航，屏幕大、续航力强，是华为新芯片的发源地，与P系列定位商务一样，侧重商务优化技术，目标群体为中年商务人士。P系列主打商务时尚，是华为新技术的主要发源地，如果说Mate系列是华为硬件的年度创新，那么P系列就是华为在软件上的年度创新。

荣耀系列为中端产品，主打时尚性价比，目标人群为年轻人，包括学生群体。

1.3.11 产品定价

从经济学理论来看，供求关系变化导致市场价格变化。华为手机通过技术创新，持续打造顶级品质，在市场上逐渐拥有定价权，实现了品牌利润双赢。

国际定价

华为手机在国际上的定价策略是中高端的价位。2017年，CES在美国拉斯维加斯正式拉开帷幕，华为消费者业务首席执行官余承东在CES主论坛就华为取得的业绩、近期合作及未来展望发表了主题演讲，分享了华为对智能移动终端的未来愿景，进一步详尽阐释了“智慧手机”等创新概念。演讲现场，余承东正式宣布华为分别与谷歌、亚马逊在VR（虚拟现实）、人工智能领域达成深度合作，同时年度旗舰智能手机Mate 9也登陆美国市场，售价599.99美元。

国内定价

在中国市场，华为手机的定价覆盖高中低端，但在同类产品中，华为的性价比是比较高的。2016年，华为手机市场份额提升至18.1%，在3000~4000元人民币的高端市场占据绝对领先地位。

1.3.12 建立全球分销及零售体系

2013年，华为在渠道建设方面取得突破，公开渠道收入同比增长98%。在中国、俄罗斯、意大利、英国、沙特阿拉伯、菲律宾、南非等零售集中度比较高的公开市场，华为智能手机增长80%以上，与此同时，华为与中国、西欧、中东、东南亚等各地市场的顶级分销商、零售商建立战略合作，并取得规模销售效应。在电商渠道建设方面，2013年电商销售取得初步成效，先后推出的Ascend Mate、荣耀3Outdoor、华为秘盒、荣耀3C和荣耀3X等产品在线上持续热销，其中荣耀3C用户预约超千万，创华为手机销售成绩的历史纪录。

2014年，华为大力拓展公开渠道，加强零售终端建设，公开渠道（含电商）销售收入占比大幅提升，达到41%。截至2014年底，华为消费者业务在全球共建立 630 个品牌形象店，大大提升了品牌零售体验。华为持续聚焦精品战略，中高端智能手机的出货量占比大幅上升至 18%，4G 手机出货量占比超过 29%。其中，年度旗舰 P7、荣耀 6 上市半年的全球发货量分别超 400 万部、300 万部，Mate7 深受全球高端商务人士欢迎，上市三个月发货 200 万部。

2015 年，华为直接合作的公开渠道客户达 1400 家，覆盖全球 135 个国家。公开渠道（含电商）收入同比增加 130%，占比 58%。全球零售阵地超过 53 000 家，华为品牌的零售体验大幅提升。同时，华为以消费者为中心，面向全球 100 多个国家，在重点城市打造 5 公里实体服务中学和全覆盖的多渠道线上平台，并建立线上线下协同的统一平台。

2016 年，华为全球公开渠道收入占比提升至 71%，较 2015 年提升了 13 个百分点。在服务方面，华为建成的线下服务专营店数量已覆盖全球 45 个国家，并建成了可支撑 105 个国家热线服务诉求的全球服务能力中心。

1.3.13　整合营销沟通

华为手机从 2014 年之后坚持精品品牌战略，大量开展整合营销，取得了佳绩。

跨界营销

2016 年，华为手机不断尝试全球范围内的跨界营销，涉足时尚、摄影、娱乐和体育等诸多领域，持续与全球高端时尚平台VOGUE、GQ及各大时装周开展合作，在传递华为品牌理念的同时，深入连接消费者的生活方式和情感。

华为P9的全球统一品牌营销活动

2016年，华为手机在P9系列的品牌营销活动中首次面向全球统一营销动作、统一节奏、统一形象，与欧洲39家运营商联合营销，进一步拉升了华为在全球范围的高端品牌形象，使用户结构更趋合理。脸书用户数据分析结果显示，在华为P9用户中，18~34岁的年轻用户占比从华为P8时期的37%增长到58%，华为P9的女性用户占比较华为P8提升了27个百分点。而Ipsos调研结果显示，海外用户对华为品牌的考虑度和偏好度分别较2015年提升了66.7%和100%，设计美观、时尚、有较强创新力成为海外用户对华为手机的主要认识。

1.3.14 公关

持续推动企业社会责任

华为坚持把绿色环保理念融入产品设计、研发、制造及交付等各个环节中，通过持续的技术创新，不断提升产品能效和各项环保指标，向客户提供领先的节能环保产品和解决方案，帮助其降低运营成本，减少资源消耗和碳排放。2014年，华为参照行业标准建立了产品水足迹[①]分析能力，并制定了产品水足迹评估流程，完成了两款手机产品的水足迹评估，其中荣耀 6Plus 成为全球首款发布水足迹声明的手机。华为率先在手机产品上开展水足迹评估，关注水资源保护，这对促进手机行业的绿色环保有积极意义，同时也给华为的品牌形象加分。

此外，华为积极践行社会公益，先后开展教育项目、“未来种子”等公益项目。

赞助足球赛事

2013 年，华为消费者业务在全球进行了一系列品牌推广活动，包括赞助西班牙足球甲级联赛、意大利AC米兰足球队、英国阿森纳足球队等一系列足球赞助活动，极大地提升了华为手机的知名度。根据Ipsos调研报告，2013 年华为手机品牌全球知名度达到 52%，同比增长 110%；中国区知名度达到 68%，同比增长 113%。与此同时，欧洲、南美及东南非地区，华为手机的品牌知名度提升显著，其中在德国、意大利、英国、西班牙的品牌知名度较上年分别增长 230%、213%、200%、140%。

1.3.15　互联网 & 新媒体——花粉俱乐部

花粉俱乐部是华为旗下的官方唯一粉丝交流互动平台，为花粉（华为用户）第一时间呈现华为和荣耀最新的产品和服务资讯，为用

① 水足迹是指在日常生活中公众消费产品及服务过程所耗费的那些看不见的水。

户答疑解惑，通过组织丰富的线上内容和线下面对面互动交流活动提升和延伸华为的产品体验，是华为、荣耀聆听用户最真实声音的窗口。除此之外，花粉俱乐部以华为的企业文化，华为、荣耀品牌理念，充足的资源支撑，以及花粉俱乐部独有的“热爱”文化，帮助花粉们开阔视野，提升个人整体素质，开拓发展空间，最终实现花粉与华为、荣耀的共同成长。目前注册花粉已经突破 2000 万。

花粉俱乐部（论坛）为最核心平台，其他辅助平台包括华为花粉俱乐部微博、华为花粉俱乐部微信、华为吧（百度贴吧）、线下团体（各地花粉同城和花粉高校俱乐部）。

花粉俱乐部由华为公司官方团队负责运营，坚持“花粉是存在的唯一价值”这一准则，以实际行动贯穿华为公司“以用户为中心”的理念。部门总负责被称为“花部长”，运营团队成员均有花名，花名来源于《西游记》。

俱乐部口号为“因为热爱”。俱乐部吉祥物为“花宝”，有 5 个形象，分别代表热爱科技、热爱运动、热爱旅行、热爱音乐、热爱拍照，反映了花粉们的主要爱好。

2014 年 12 月 17 日，华为首届花粉年会在北京举行，吸引了来自海内外的超过 1000 名花粉参加，拥有超千万粉丝的花粉俱乐部是华为品牌与消费者沟通的重要平台。

1.3.16 结论

展望全球，未来智能终端形态将更加智能化、多样化，智能终端产品将不断丰富和加强对人类情感、需求的识别，以及对外部环境的感知，成为人们生活中不可缺少的工具和伙伴。

在这历史性的机会面前，华为通过工业设计创新和关键技术创新，聚焦精品，根据消费者工作、娱乐、生活全场景的需求，持续打造设计时尚、领先创新、安全易用的高品质产品，与用户建立长期情感联系，为全球消费者带来智能手机的极致体验，创造更多惊喜。

随着移动互联网的爆发式发展，人们对体验的追求升级则需要在更短的时间内获取更精准的服务，而人工智能的出现，将带来体验的颠覆性提升，智能手机将在人工智能的助力下升级为智慧手机。手机不仅具有语音、视频、手势等人性化、情感化的交互方式，人工智能更让手机能听、看、思考、对话，以类人的方式理解人的诉求，快速获取精准的信息与服务，向私人助理的方向发展，时时刻刻为用户提供友好、专业、贴心的个性化服务。而华为手机是否能够持续引领科技创新，战胜更大的挑战，我们拭目以待。

参考资料：

华为官方网站：www.huawei.com。

《时尚晓说·国际精品手机品牌华为的P20 PRO和保时捷设计RS》，2018年4月16日，“生活的艺术”（art_de_vivre）微信公众号。

《时尚晓说·华为P20手机，国际精品时尚界的新宠儿》，2018年5月4日，“生活的艺术”（art_de_vivre）微信公众号。

《时尚晓说·华为的保时捷设计手机Mate 9：国际精品智能手机

的巅峰之作》，2016 年 11 月 10 日，“生活的艺术”（art_de_vivre）微信公众号。

《科技晓说 · 华为的云服务：真正云服务时代的到来》，2017 年 9 月 9 日，“生活的艺术”（art_de_vivre）微信公众号。

本章小结

这一章主要解决的是为什么要走精品品牌道路的问题。精品品牌道路是一条阳光大道，但是为何走的人寥寥无几？原因很简单，阳光大道宽阔无比，但是走在上面要挡明枪，要防暗箭，所以说需要品牌企业做好充分的准备。光是羡慕那些聚光灯下的成功国际精品品牌是不够的，要抓紧时间掌握先进理论和规律，弄明白为什么它们能成功，才能找到适合自己的路，把自己的品牌建设成为国际精品品牌。

第二章

国际精品品牌战略的独特性

一个品牌要想成功，必须确定是走精品路线还是走大众消费品路线。这是理念和商业模式的斗争，非此即彼，中间没有第三条道路。

2.1 欧莱雅集团：国际精品与大众品牌两种商业模式的组合

欧莱雅集团是目前世界上最大的化妆品集团，世界美妆品行业中的领导者，其经营范围遍及130多个国家和地区，在全球拥有约300家分公司、几十家工厂、100多个代理商，以及5万多名员工，是最受赞赏的法国公司，为《财富》世界500强企业之一。

欧莱雅在中国如此成功地迅速发展，要归功于其全球品牌战略在中国市场的成功应用。全方位的品牌及产品结构是欧莱雅最为独特的优势，即按价格定位来看，欧莱雅集团在中国市场细分中从塔底部的大众消费品到塔尖的精品都有产品线和品牌覆盖。欧莱雅这一优势主要来自市场细分策略：将中国消费群体细分成不同消费区间，并根据消费者需求差异将市场细分为不同的部分，选择最有利的优质细分市场作为优先目标，分而治之，一个一个占领。欧莱雅为每一个消费需求细分市场提供不同自有品牌，强调每一个品牌的独特定位和产品特色。多种品牌之间相互补充，每个品牌都是相互独立、自负盈亏的部门，保证了品牌的独立性和有效的内部竞争，让市场扩展的动力完全发挥出来。

欧莱雅横跨护发、染发、护肤、美妆及香氛五大领域，品牌分别覆盖中国市场高、中、低三大消费区间，可满足不同需求，充分发挥集团品牌集群优势，很好地发挥了欧莱雅金字塔品牌营销战略的整体性竞争优势，同时通过多品牌运营的方式建立了精品和大众消费品两种不同商业模式的组合。

欧莱雅集团通过定价区分精品市场和大众消费品市场。

2.1.1 高端精品市场

兰蔻：是欧莱雅集团高档品牌中进入中国最早的品牌，市场进入方式主要是通过高档百货公司和购物中心的专柜进行销售。

赫莲娜：具有现代感的前卫品牌，2000 年 11 月进入中国高端化妆品消费市场。品牌理念是强调美容科学，强调保养品的治疗效果。

碧欧泉：欧洲三大护肤品牌之一，2001 年 4 月进入中国高端化妆品消费市场。品牌理念是强调以自然温和的方式使肌肤细胞达到平衡。

2.1.2 大众消费品市场

薇姿：1998 年 7 月进入中国市场，是欧莱雅集团中的药妆品牌，通过全国各地专业药房专柜进行销售，所有产品必须通过医院皮肤科的临床试验。

理肤泉：2001 年进入中国市场，是欧莱雅集团中的药妆品牌，关注解决皮肤保养难题，对皮肤问题起辅助性治疗作用。同样在药房渠道进行销售。

巴黎欧莱雅专业美发：针对美发师市场的品牌，在专业发廊中销售和使用，针对发廊专业服务中的特殊需求。

巴黎卡诗：专业护发品牌，只在特定高档发廊销售及提供服务。通过发廊美发师的特殊技巧和极具个性化的服务进行销售。

巴黎欧莱雅：进入中国市场较早的大众化妆品品牌，是欧莱雅集团内历史最为悠久、知名度最高的大众化妆品品牌。产品包括护肤、彩妆及染发品，销售渠道包括百货公司专柜和大型超市的化妆品部。

美宝莲：欧莱雅于 1996 年收购的美国品牌。品牌目标群体为年轻时尚的消费者。品牌风格明快、时尚、青春，在大众消费品市场具有较大份额和影响力。

我们可以发现，欧莱雅对渠道的布局基本可以分为四种，其中精品渠道和大众消费品的三种渠道分割得非常清楚。精品只在精品百货公司渠道销售，主要针对高级保养品、彩妆及名牌香水；大众消费品在开架式市场渠道、药妆店渠道和沙龙美发渠道进行销售。

除了在价格与渠道上对品牌进行区分，欧莱雅还通过广告宣传强化产品本身的定位和消费者认知，为不同的业务单元确立明晰的目标对象及品牌识别、认同方式，建造永久的上层建筑——差异性、消费者忠诚度，以及品牌形象。不同收入、教育、地域背景的消费者都能够在欧莱雅集团的产品中找到适合自己文化与审美习惯的产品。

多品牌跨领域可以为公司带来更多收益，分散经营风险，但另一方面对品牌管理提出了极高的要求。如何做好品牌间的整合与分隔，使其互相促进又互不影响，需要因地制宜，这既是一种战略，又是一项艺术。欧莱雅的成功经验给了我们许多启示，值得深入探究。

参考资料：

欧莱雅官方网站：www.lorealchina.com。

巴黎欧莱雅官方网站：www.lorealparis.com.cn。

2.2 精品的定义

上一章已经提到,《牛津高阶词典》对luxury的解释是“a thing that is expensive and enjoyable but not essential ”，中文翻译为昂贵的、令人愉快的，但不是必要的。现在，中文一般将luxury这个词翻译为“奢侈”。《辞海》对“奢侈”两字的解释是：奢，不节俭，过分，过多，如奢望、奢愿；侈，阔，夸大。《消费经济学大辞典》将奢侈消费品解释为：又称奢侈消费资料，它是指同收入相比，其需求按更大比例增加的那部分消费品。

可见，不同领域对于奢侈品的定义是差异非常大的。因为“奢侈”作为一个形容词，其含义是相对的，也就是说，每一个人对于奢侈的理解都不一样。奢侈品所涵盖的范畴随着社会生产力的发展和消费者收入水平的变化而变化。某一时期的奢侈品可能成为另一时期的生活必需品。所以，一个有理解差异的形容词是很难定义清楚一个经济学和管理学概念的。我们需要一个中性、客观、恒定的中文词语来科学地定义luxury。

更重要的是，“奢侈”这个词在中文中更多的是贬义，而且中国历史悠久，历朝历代都有大量文献论证这一词语的负面内涵，其在中国文化的价值观中是被否定的。而luxury在西方文字中的含义并没有贬义的感情色彩。所以用中文“奢侈”一词来作英文luxury一词的正式翻译是词不达意，有明显错误的，并不能准确地表达这一词语的内涵和外延。从词语的内涵来看，luxury在经济和管理学领域所对应的概念应该是“精品”，正确的翻译也应该用“精品”一词，取精益求精之意。

在中国台湾，对于这一词的正式翻译使用的也是我所一直提倡的“精品”一词。深谙此道的法国人也是认同和使用“精品”这一准确反映行业精髓的词语的，例如法国精品协会（Comité Colbert）的中文正式翻译也是使用的“精品”一词。这足以证明“精品”一词定义这个行业的准确性、严肃性、客观性和权威性。

2.2.1 精品在一般经济学中的概念

英文luxury源于拉丁文的lux(光)。所以从词根的字面意思来讲，精品应该是闪光的、明亮的、吸引人的、让人享受的物品。在传统经济学中，精品的定义是相对必需品来说的。亚当·斯密在《国富论》中给出了必需品的定义，然后将所有不同于必需品的物品归为精品。根据经济学上的定义，随着收入的增长，商品的需求量也在增长，但需求的增长幅度高于收入的增长幅度，该商品就是精品，其恩格尔曲线呈下凹形。这样的定义是相对于必需品来说的。从这个角度讲，一般经济学上的精品和必需品都是相对于收入而言的概念。

在管理学领域，学者们对于精品的定义相对来说更加丰富，也更加注重挖掘其内涵要素和变量。西蒙·肯普（Simon Kemp）认为，精品比必需品具有更高的价格弹性。维涅龙（Vigneron）和约翰逊（Johnson）将国际精品品牌定义为最高层次的威望品牌，它包含一系列有形价值和心理价值，如炫耀性价值、唯一性价值、社会价值、享乐价值和质量价值等。

维克斯（Vickers）和弗兰克（Franck）通过对与精品相关的实用主义、经验主义和象征性三个维度进行分析，认为精品的本质就是身份和社会地位的象征。现在，由于经济和文化领域的全球化和国际化，精品出现了“国际上”这一概念（舍瓦利耶、马扎罗夫和我）。西蒙·奈克（Simon Nyeck）认为精品的定义涉及生活方式或存在的方式，涉及愉悦和欲望。我通过六大特性对精品进行了定义，包括：

绝对优秀的品质，高昂的价格，稀缺性和独特性，高级美感和多极情感，悠久的历史和传奇的品牌故事，非功能性。

法国人达尼埃尔·阿勒雷斯（Danielle Allérès）提出，根据获得的难易程度不同，可以将精品划分为难以获得的精品（inaccessible luxury）、中间等级的精品（intermediary luxury）和容易获得的精品（accessible luxury）。针对目前世界精品行业发展的情况，精品必须具备的三大要素是：丰富的艺术内涵、能工巧匠的精心雕琢，以及品牌本身的国际性。精品必须拥有与众不同的内在价值和象征性价值，因此它们非常昂贵。内在价值是有形的，与之相关联的是珍稀的原材料和精湛细腻的手工艺；象征价值是无形的，与之相关联的是品牌所能传达的社会地位或情感价值。

综合以上研究，精品在国际上被定义为一种超出人们基本生存与发展需要范围的，具有独特、稀缺、珍奇等特点的消费品，而且有些精品同时就是发展资料。在这个意义上，精品消费并不是“摆阔气”和“浪费”的同义词，也不是畸形的高消费。精品品牌营造出了足够的社会认同气氛，使人们相信这个符号代表了精益求精的品质。

2.2.2　精品的特点

原料独特和产量稀少

“物以稀为贵”，这是自古以来总结出的精品的特点。钻石因为稀少，才能成为万众艳羡和追逐的精品；豪宅因为地理位置独特和数量稀少，才能价值上亿；更有顶级的精品，往往全世界只有一个。很多精品之所以成为万人追捧的对象，原因大多都是其采用的原料或者其产量很稀少。

这种现象符合供求关系的经济学原则，产品过于同质化，供过于求，市场竞争激烈，产品价格下降，会成为大众消费品或退出市场；当品牌产品精益求精，造成供小于求，这时产品价格反映出产品整体的价值创造，成为精品，当这种产品供远小于求，就会出现消费者竞相购买的情况了。因此，要成为精品，稀少是最重要的要素之一。这种稀缺性、独特性可以是材质造成的，也可以是工艺、设计、产量造成的，还可以是这几个因素叠加造成的。当然，前提是这个产品必须是精益求精的精品。

富贵的象征

某些国际精品的品牌魅力是给人以富贵豪华之感，这种感觉是品牌理念指导下的视觉识别系统通过产品、线上线下店铺和所有宣传方式进行传达的。从社会学角度，精品曾经是封建社会中贵族阶层的专属物品，代表着地位、身份、高人一等的权力。在当代，不管是东方还是西方，虽然社会在很大程度上民主化了，但在封建社会形成的这种“富贵观”还有一定的延续，国际精品品牌正好满足人们这种不断追求生活品质改善的本能需求。在当代社会，精品消费是人民生活水平不断提高、不断改善的直接体现，也是商业社会消费不断升级的发展方向。

设计美观、吸引人

国际精品品牌所创造的产品必须是“精益求精”的，相对于大众消费品，其所追求的层次更高。这种“精”必须在产品物质层面和精神层面、内在品质和外在形象、产品质量和品牌服务上都能逐一体现。精品的高级性应当是看得见和体验得到的。正因为其豪华“显而易见”，它才能为某些消费者带来满足感和荣耀感。所以说，某些精品要创造出更多的“可见价值”——这就是精品对人们与生俱来的吸引力，让人看上去就觉得好。精品的购买者除了在追求实用价值以外，还在追求“最好”的感觉，不管是奔驰（Benz）的汽车，还是香奈儿的时装和配饰。

个性化和差异化

国际精品品牌所表达的独特价值创造是通过个性化实现的。个性化可以使差异化更加有效和鲜明。当然，这些品牌的个性化都是以精益求精为前提的：同样是豪华汽车品牌，每个品牌所追求的个性化是鲜明而准确的，例如奔驰追求顶级性能，劳斯莱斯（Rolls-Royce）追求手工打造，法拉利（Ferrari）追求运动速度，凯迪拉克（Cadillac）追求豪华舒适。这种精品商品的个性化，满足了市场上的个性化和与众不同的人群的需求，为人们的差异化需求购买创造了理由。国际精品品牌的个性化、差异化不像大众消费品一样只表现在设计和功能两个维度，是多维度的，又因为有精度和高度的要求，故更显示出其尊贵和价值。

距离感

国际精品品牌和大众消费品的无限接近大众不同，就是要和大众消费者保持一定的心理距离，让人有一种望洋兴叹的感觉。大多数人对精品有可望而不可即的感觉是国际精品品牌高价格造成距离感的结果。在市场定位上，国际精品品牌的目标受众就是有一定支付能力的消费者。国际精品品牌产品的稀缺性和个性化让大众产生距离感，而这种距离感是部分客户所追求的，所以国际精品品牌从某种意义上要维护顾客获得产品和品牌的优越感。所谓距离产生美，它们使大众产生距离感，从而产生梦想性。国际精品品牌要不断设置一些消费壁垒，让非目标消费群体的大众消费者产生距离感，使认识品牌的人与实际拥有品牌的人在数量上形成一定差距，造成供小于求的状态，以便使自己处于“梦寐以求，稀少拥有”的状态。

情感附加值高

国际精品品牌的价值创造分为精神层面和物质层面两部分。精品的消费者在关注精品产品的同时也关注精品产品和品牌在精神层面的创造力，其中就包括感性部分的价值创造。消费者购买产品时，重视的不仅是产品本身，而且是产品能够带给他的利益。消费者购买产品，如果是用来满足基本的日常生活需求的话，就没有必要支付相对高的价格。任何一个国际精品品牌的物理状态的产品成本只是产品生产成本的一部分，而一个产品制造和创作过程中精神部分的价值创造同样是有价值的，这一部分是真实存在且必不可少的。一个国际精品品牌的成功必然是精神层面的价值创造通过物质层面的价值创造，即产品和服务体现出来的结果。

消费者购买精品更重要的是为了满足他们社交或者精神层面的自我实现等高层次需求。从某种意义上说，精品卖的不仅仅是产品本身，而是产品的丰富内涵，即能够带给消费者的各种各样的情感。百达翡丽手表不仅仅是计时工具，更是尊贵和世代精神传承；万宝龙（Montblanc）钢笔，不仅仅是书写工具，更是高雅品位和气质；哈雷（Harley）摩托不仅仅是交通工具，更是一种个性和挑战自我的精神。精品，在产品物质核心之外，必然有很重要的情感属性，二者共同支撑着精品的高附加价值。

2.3　精品准入的六大前提条件

我于 2008 年在《哈佛商业评论》专刊上发表了论述精品的六大特性的文章，综合了之前国内外各种研究观点，首先从理论上提炼出成为精品必须具备的六个指标，这也是走精品路线的前提和准入条件。这一标准的确立是下一节中定义精品经济学曲线的前提。

精品到底具备哪些特点？这是精品的经营者必须了解的首要问题。其实，在精品行业内部，对于“什么是精品”目前也有着不同的观点和解释。有人认为它是艺术创想和工匠手艺的结合，有人认为它是象征价值大于内在价值的非必需品……然而，无论人们对于精品有着怎样形形色色的理解，也无论精品行业如何发展变化，都无法改变精品本身所具有的六大特性。

2.3.1 绝对优秀的品质

任何在市场上销售的产品都应该具有良好的质量，对于精品而言，则必须具有绝对优秀的品质，这是精品的首要特性。优秀的品质首先体现在实实在在的产品品质上。例如，路易威登的箱包由于其优质的选材、上乘的做工非常适合长途旅行，因此受到消费者的喜爱。

由于精品的这一特性，精品厂家在产品品质上的些微轻忽都会给品牌带来灾难性的后果。2006 年闹得沸沸扬扬的“SK-Ⅱ事件”就是个很好的例子：由于 9 种化妆品被查出含违禁成分，引发全国各地对 SK-Ⅱ产品的退货潮，导致该品牌产品在中国市场全面下架。一个 SK-Ⅱ的化妆品专柜每月营业额在 40 万元人民币左右，SK-Ⅱ在全国各大城市设有销售专柜近百个，不算下架和退货所带来的经营成本，单是不营业造成的损失就大得惊人，更不用说对多年来苦心维护的品牌知名度和美誉度的破坏。虽然 SK-Ⅱ只是一个高档化妆品品牌，但是这一事件对国际精品品牌来讲同样具有借鉴意义：对产品品质的维护和监督不得有丝毫松懈，否则后果不堪设想，这一点无论是对于国际精品品牌，还是想要跻身精品行列的高端品牌而言，都十分重要。

不过，精品的优秀品质并不仅仅局限在产品本身的质量上，而是体现在与产品相关的所有方面：从挑剔的原材料选择、精心的设计、精细的做工，到细致的产品包装，甚至专卖店考究的陈列、训练有素的员工，以及整洁的店面（各精品品牌公司一般很少在电视上投放广告，专卖店以及店员往往是它们展示品牌形象的最直接途径）……每一个细节都应该是对精品行业所推崇的工匠主义精神（craftsmanship）的完美演绎。

2.3.2　高昂的价格

这里所指的高昂价格是相对于能够提供同等功能的同类产品而言。譬如，卡地亚（Cartier）和卡西欧（Casio）的手表在计时功能上没有分别，但是两者的价格却相去甚远；如果单纯为了书写，普通的钢笔也完全可以替代上千元、上万元一支的万宝龙笔。然而，精品的高昂价格不是凭空制定出来的，而是建立在精致选材、精湛手工艺和丰富创造力的基础上，件件物有所值。可以说，高昂价格是国际精品品牌定位、产品稀缺性和独特性、品牌悠久历史和传奇故事等重要价值创造过程产生的总体价值在市场上的合理体现。

例如，一些顶级珠宝生产商都有为皇室打造饰物的历史——卡地亚自 1904 年以来一直是英国国王爱德华七世的珠宝供货商，被爱德华七世盛赞为“皇帝的珠宝商，珠宝商的皇帝”；尚美巴黎（Chaumet）于 1802 年被指定为法国皇室御用珠宝商，除了为拿破仑家族铸造御用配件外，还为约瑟芬等皇室女眷制作首饰；梵克雅宝（Van Cleef &Arpels）被摩纳哥皇室指定为御用珠宝供应商。这些辉煌的历史不仅使产品变得更加珍贵，而且为品牌注入了信誉保障，价格自然是其价值在市场上的合理体现。这些重要的价值创造内容和过程，我们是不能抹杀的，否则就创造不出精品，也就无法进入精品的价值状态并按照精品的经济学规律来发展。

2.3.3 稀缺性和独特性

稀缺性和独特性是与精品的优秀品质及高昂价格紧密相连的。稀有的选材、非同寻常的制作工艺、独特的设计风格极大地满足了精品消费群体对与众不同的追求，同时也拉大了其与普通消费者之间的距离。

众多国际精品品牌经常利用精品的这一特性，创造出一款款经典或限量版产品，从而紧紧抓住顾客对稀缺独特产品的渴求欲望。例如，爱马仕经典款式凯莉包（Kelly bag），一般情况下是永远缺货的，货架上摆的只是样品，顾客至少得等几个月，才能拿到定制的皮包；而铂金包（Birkin bag）往往连样品都没有，等的时间就更长了。很多人认为这是人为制造出来的稀缺。事实上，从生产能力来看，爱马仕早已完成了产业链条的垂直整合，控制了全球三分之一的稀有皮革供应量，即使这样，生产出来的包还是供不应求，市场始终处于半饥饿状态，这却成功地将爱马仕定位于顶级国际精品品牌的行列。

对任何国际精品品牌而言，努力保持自己产品的稀缺性和独特性有助于提高品牌的定位。如果人为降低这一特性，就有可能陷入品牌危机。法国品牌皮尔·卡丹（Pierre Cardin）曾经一度作为法国国际精品品牌的代表而风靡全球，但是由于对全球的分销商和制造商控制不严，其产品被大量生产和分销，尤其在中国，其品牌形象一落千丈，不再被人视为精品。另一个历史悠久的法国高档休闲品牌梦特娇（Montague）也由于疏于对分销商和制造商的管理和控制，使得原本应该珍贵独特的产品变得跟日常消费品一样容易购买到，再加上受到假冒品的冲击，最终跌落到无人问津的地步。这样的例子在精品行业经常发生，因此恰当地维护精品的稀缺性和独特性至关重要，对此，刚刚起步的中国精品经营者一定要引以为戒。

2.3.4　高级美感和多级情感

精品的真正内涵并不仅仅是其产品本身，还包括了设计师精神和产品创作过程中的丰富故事，从这个角度而言，精品本身就是一件艺术品。设计师将自己的创作灵感和对生活的感悟，完美地与产品的功能性结合在一起，通过美的表现形式传达给顾客，使顾客在使用产品的同时，能够进入美好的梦想世界，体会设计师赋予产品和品牌的丰富情感。

可可·香奈儿（Coco Chanel）是法国家喻户晓的传奇女性。她的设计和她的故事一样颠覆传统，让人着迷。而继她之后，香奈儿的设计师也各有自己的传奇故事，这些故事和美妙的设计一起，不仅给人们带来了优雅的服装，而且体现了设计师对生活的理解和追求，引发了消费者深层次的共鸣。另一个有趣的例子是以华贵典雅的设计风格享誉时尚界的纪梵希（Givenchy）品牌。该品牌是于贝尔·纪梵希（Hubert de Givenchy）创立的。纪梵希和影星奥黛丽·赫本（Audrey Hepburn）的合作一直为世人所津津乐道，他不但为赫本设计日常衣饰，同时也负责设计赫本在《罗马假日》等电影中所穿的服装。这些设计背后的故事和设计一起给了消费者极大的想象空间，赋予了产品更为丰厚的情感内涵。

正是由于精品的这一特性，设计师能否不断创造出包涵高级美感和多级情感的产品，在很大程度上决定了品牌的生存和发展。上面提到的纪梵希品牌，在于贝尔·纪梵希退休之后，其时装风格因设计师的频繁更换而发生了变化，纪梵希先生用几十年时间苦心维护的品牌高级美感和多级情感没有被很好地继承，或者说继任设计师们的资源和能力无法支撑起纪梵希先生之前创造的辉煌局面，更别说超越了。所以顾客无法接受这些新的设计风格，纪梵希品牌随之逐渐跌入低谷。

2.3.5 悠久的历史传统和传奇的品牌故事

无论是路易威登，还是蒂芙尼（Tiffany），国际精品品牌往往都拥有一段悠久的历史和传奇故事，这使它们深深地扎根于自己的传统之中，也使这些品牌本身成为传奇，有着与众不同的市场定位。

从迈克尔·波特（Michael E. Porter）的竞争优势理论来看，精品的这一特性是新品牌进入精品市场参与竞争的最大障碍，也是国际精品品牌巩固自己地位得天独厚的优势。“罗马不是一天建成的”，这句话充分体现在一个国际精品品牌的建立过程中。要想在短时间内建立一个公认的国际精品品牌是不可能的，品牌的历史和传奇需要时间来撰写。以时尚品牌为例，只有在具有了一定的稳定性和持久性时，才能慢慢拥有国际精品品牌的地位。例如，伊夫·圣洛朗（Yves Saint Laurent）21 岁时出任迪奥的首席设计师，但由于他的设计过于前卫，很快就离开了迪奥公司。他于 1962 年创建自己的品牌，发布自己设计的高级时装，后来又经过几十年的努力，才使圣罗兰（Yves Saint Laurent）这一品牌从一个时尚品牌发展为国际精品品牌，产品也从高级时装扩展到香水、眼镜、化妆品、香烟等领域。这充分说明，即使年轻的设计师具有非凡的创造力，也还是需要在相当长的时间内，努力吸引顾客的兴趣，才能逐渐获得市场的认可，进而向国际精品品牌过渡。

对于有志于创建国际精品品牌的中国经营者而言，精品的这一特性尤其重要，不过这一点却往往被忽略了。大规模的资金投入和高调的市场推广可以让一个新品牌在短时间内迅速成名，从而直接对销售产生积极的影响。但是对于一个想跻身精品行业的新品牌来讲，这种投入需要更长的时间，也需要付出更大的努力。只有等品牌在精品市场获得了稳固的地位，回报才会源源不断而至。

对于中国的国际精品品牌经营者而言，可以通过两种途径克服这一障碍：第一种途径是打造自己的品牌，通过坚持不懈的努力来获得市场和消费者的认可。目前中国时装界有很多这样的品牌，虽然它们与真正的国际精品品牌之间的差距还很大，但这是成长过程中必须要经历的时间和市场磨炼。第二种途径就是购买国外处于困境中的品牌，通过新的经营和运作树立其在市场上的精品地位。例如，北美时尚品牌宝姿（Ports）就是被福建的陈氏家族收购后才获得成功的。但是不管是自创品牌还是收购已有品牌，经营能力是决定成败的关键。品牌建设是一把手工程，企业的一把手必须掌握国际精品品牌战略思想和解决方案才有成功的可能性。

2.3.6 非功能性

非功能性是指没有这些精品，也并不妨碍人们的正常生活，然而正是这一特性体现出精品的真正价值所在。镶嵌在劳力士（Rolex）金表表盘上的钻石并不会使手表更准确地计时，这一纯粹的非功能性元素，起到的是装饰作用，为顾客带来的是除计时以外的价值——将钻石的恒久与时间的永恒联系在一起，从而产生美妙的感受。同时，钻石和黄金的高昂价格及劳力士奢华的设计，也大大满足了佩戴者的炫耀心理。

精品的非功能性还体现在对时间和空间的占有上，最典型的代表产品就是私人飞机。在现代运输业空前发达的今天，搭乘航空公司的普通航班也能使人们安全、准时地到达世界上的任何一个地方。但是使用私人飞机却可以获得比别人更快捷、方便的运输服务，能充分利用时间，同时还可以享受私人空间，做自己喜欢的事。

精品的这六大特性融汇一体，它们彼此影响，相互促进，使得每个特性都发挥到极致。例如，品牌丰富的历史和传奇故事，以及对美感和情感的追求，使顾客拥有更加美好的想象空间和特别的尊贵感受，从而突出了精品非功能性的重要性，这是普通的功能性产品无法比拟的。

对于精品行业的新进者而言，虽然“悠久的历史传统和传奇的品牌故事”这一特性是无法复制的，但如果秉承工匠主义精神，在另外几个特性上下足功夫，同样可以获得成功。例如美国品牌蔻驰（Coach），虽然只有六十多年的历史，但是它秉承了工匠主义精神，凭借耐久的质量、精湛的制作工艺，使其皮具和手袋逐渐在美国女性消费者中建立起声望，并最终跻身国际精品品牌之列，成为美国精品设计的典范。

蔻驰是在半个世纪之前于美国纽约曼哈顿开始的家族式皮具生意，它在对棒球手套的改进中找到了制作皮具的灵感，进而制造出了自己的第一个手提袋。从此以后，它就不断选择新的材质、工艺及色彩，并对皮具的制作工序持续创新，保证制造出的产品具有绝对优秀的品质和高级的美感；同时，它把产品价格精准地定在中高端精品的价位上，所以产品一经推出就获得巨大的市场成功。此外，蔻驰只使用材料中最好的10%来制造产品，加上独特的加工工艺，使得每张皮革的纹路都能显现在产品的表面，这样的选材和制作工艺使它的产品具有突出的独特性和稀缺性。尽管蔻驰已经获得了市场的认可和商业上的成功，但是它始终秉持工匠主义的精神，保留着传统棒球手套的生产，这种传统工艺还将代代相传。很多新进入精品市场的品牌，没有过硬的产品和踏实的工匠主义精神，就想立刻获得市场的认可并进入快速增长阶段，于是一味依靠广告和市场宣传，这是十分危险和无知的，结果多半是失败。

需要特别指出的是，品牌的知名度并不是精品必须拥有的特性。虽然现实中大部分精品品牌公司都把品牌塑造放在首要位置，试图通过提高知名度来吸引更多的顾客，但是也有一些国际精品品牌鲜为人知，在大众传媒中几乎从不出现。这是因为这些品牌以某一特定群体为目标顾客，它们通过限量生产的产品和昂贵的价格来保持品牌的神秘性和距离感，同时让顾客独享尊贵与特权。

精品的这六大特性是精品品牌公司成功的基础。对于正在经营新的国际精品品牌，以及想要进入这一市场的经营者而言，牢牢把握这六大特性，是要做的最基础的准备。

2.4 精品与大众消费品需求曲线的区别

通过对精品的定义和六大特性的分析，我们可以看出，国际精品品牌的运营和管理有其独特的方式。这一独特的方式从传统经济学理论上很难解释。因为传统经济学理论是建立在大量大众消费品的案例和数据分析之上得出的供求规律，这种供求规律并不适用于精品。也就是说，精品作为一种独特的商品状态，有其独特的经济学规律，我称之为精品经济学。

2.4.1　精品与大众消费品需求曲线的区别

一般商品的供求关系随商品的价格产生变化：商品价格定得越高，消费者的需求越少；商品价格定得越低，消费者的需求就越大。但是在现实生活中，有些商品价格定得越高，越能受到消费者的青睐。商品价格越高，消费者反而越愿意购买的消费倾向，最早由美国经济学家凡勃伦（Veblen）发现，因此被命名为“凡勃伦效应”。我在凡勃伦效应的基础上向前发展了一步，画出了国际精品的需求曲线，以及它同大众消费品需求曲线的区别。

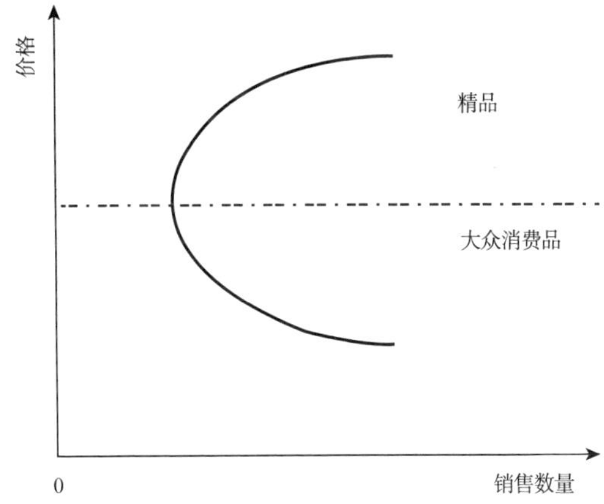

精品与大众消费品需求曲线的区别

美国制度经济学者把这些特殊商品——其实就是精品，定义为“凡勃伦商品”。凡勃伦商品进入的是一种经济学上的极限状态。从价格曲线上来看，需要超越产品本身势利的价值状态。这种势利的价值状态需要有一系列的前提。对于如何进入这种极限状态，以及满足势利的价值状态的前提，之前没有进行深入的研究。

2.4.2 精品商业模式的独特性

精商业模式的独特性主要体现在精品的价值链上。

精品的价值链可以根据价值创造分为四个部分：品牌+设计，生产+设计，分销，零售。所谓价值创造就是在一个品牌产品的产生和销售过程中每一个能够产生重要价值的环节，也就是产生利润的部分。设计之所以不能单独成为一个部分，主要原因是设计必须符合品牌和市场的意志。符合品牌的意志是指设计必须在品牌整体理念的指引和指导下进行，设计出来的产品必须和品牌体系原则相一致。符合市场的意志是指设计必须通过产品和服务经受市场的检验。这四个部分也就是国际精品品牌价值链上的重要环节。

品牌在国际精品的品牌管理和商业模式中处于中心位置，是整个商业模式的灵魂，是一个国际精品品牌为消费者提供的最主要的价值创造。这种价值创造是通过品牌指引下的设计变成产品而体现的。从商业模式的角度来看，关注品牌环节的企业要提出能够引领时代的理念和设计。

价值链的下一步是国际精品品牌产品的生产。生产环节创造价值，国际精品品牌对于生产部分的要求是精益求精，标准就是精品的六个特质和要求，这就是OEM生产模式。生产企业也可以根据对品牌理念的理解消化和吸收进行设计，经过品牌认可后进行生产，也就是制造业企业所说的ODM生产模式。无论是OEM还是ODM模式的企业，在国际精品品牌价值链中所创造的价值在于生产环节，所创造的利润来源于品牌产品的实现。

在品牌的理念通过设计和生产实现成产品之后，就需要把品牌的产品和服务输出到各个市场，这个过程就是分销。分销在国际精品品牌建立和发展商业帝国的过程中起到至关重要的作用，这是国际精品品牌商业模式的重要支撑和动力。国际精品品牌的分销体系成功建立的前提是有先进的品牌理念和精益求精的产品。这两个前提创造出品牌和产品与生俱来的吸引力，是国际精品品牌全球商业模式建立的基础。同时，全球分销模式可以让有竞争力的国际精品品牌和产品以灵活有效的方式进入各种潜在市场。国际精品品牌市场进入的模式有国际销售合同模式、分销代理模式、分公司模式和合资分销公司模式，与公司开展国际贸易所运用的各种方式是一致的，但是必须以品牌理念为前提，这是和一般贸易公司与分销公司本质上的不同。分销业务的开展必须具有国际精品品牌理念的一致性，这是与大众货物和大众消费品贸易公司业务本质上不同的地方。

国际精品品牌价值链的最后一个环节是零售。零售是国际精品品牌价值链中价值创造的重要环节，因为品牌理念和产品需要在零售环节完成和消费者的货币交换，不管是以线上还是线下形式。零售环节的空间设计和产品摆放需要在品牌理念指引下进行，由店铺设计和空间设计师实现，售卖环节需要销售人员的细心服务，货品组织环节需要分销体系的支持，精品零售部分虽然只涉及把产品售卖出去，但是之前所有环节的精华都实现和体现在零售终端中。

综上所述，国际精品品牌价值链的四个环节是根据价值创造来划分的，它们是一个有机结合的整体，同时每一个环节又有多种解决方案和变化，这使得国际精品品牌的创立者和发展者能够根据自己的情况和资源的多少进行因地制宜的组合。各种解决方案在各个环节的变化形成了国际精品品牌商业模式的复杂性，同时也造就了国际精品品牌在各个阶段从小到大循序渐进的全球化发展模式。

2.4.3　国际精品品牌运营模式的收支平衡问题

经济学理论指出，一个企业的增长有两种方式可供选择，一种是经营收入的增长，另一种是利润的增长。经营收入增长的模式，利润相对较少；利润增长的模式，经营收入总量相对有限。这两种方式是非此即彼的关系，企业只能选择一种方式进行发展。这种经典经济学理论为企业提供的增长模式是基于大众消费品的，对于国际精品品牌这种高附加值的产品完全不适用。

国际精品品牌运营模式的收支平衡点比同类大众消费品品牌要高，主要原因就是国际精品品牌精益求精设计制造出来的产品附加值高，所以成本也比一般大众消费品高出很多，其单价也高，这就是前面提到的国际精品品牌的特质。但是，当国际精品品牌运营超过收支平衡点之后，就会给品牌带来丰厚的利润回报。国际精品品牌运营最艰难的时候是在品牌创立和发展的初期，也就是在企业达到收支平衡点之前的这个阶段。

国际精品品牌运营模式的独特性和先进性在于其价值链安排和商业模式允许其在超过收支平衡点之后既关注高利润率，同时又关注经营收入的增长，也就是两种经典的大众消费品经营模式的结合。这种独特的商业模式是建立在高效的全球化分销和零售体系之上的，也就是要建立全球体系的选择性分销和零售模式。

2.5　宝珀与斯沃琪

当你漫步在上海的街头，你能看到背着路易威登经典棋盘格包包的女士优雅地走过；或者一位成熟的男士手中拎着包，其普拉达的倒三角标识掠过你的眼帘；迎面而来的女孩，气质优雅，风儿轻轻吹过，露出耳边香奈儿的双C耳环；在周末的夜晚，甚至能在新天地附近看到玛莎拉蒂（Maserati）、兰博基尼（Lamborghini）、阿斯顿·马丁（Aston Martin）等品牌的车呼啸而过；和朋友聚会时，大家抢着买单，她的钱包是黑色的钻石格纹，你知道那是迪奥；他的钱包低调得没有任何标记，只有纵横交错的编制风情，你知道那是葆蝶家（Bottega Veneta）。精品，从未如像当下一般如此贴近人们的生活。而当你逛到浦东的国金中心、南京西路的恒隆广场、徐家汇的港汇广场，诸多的国际精品品牌店愈发让你眼花缭乱：杰尼亚（Zegna）的西服，优雅古朴；博柏利（Burberry）的风衣，帅气典雅；爱马仕丝巾那抹跳动的橙色直击你的心扉；卡地亚的LOVE系列手镯，代表爱情的圆满和交融；宝珀（Blancpain）、百达翡丽、宝玑（Bregut）

等诸多名表交相辉映，光彩熠熠。可以说，这是目前中国老百姓接触精品的最好时代。

中国消费者对于精品的消费热情日益高涨，2015 年中国的精品消费总额已经超过美国，成为世界第一大精品消费国。在国外，中国消费者更是国际精品品牌消费的主力，在人民币升值坚挺、欧元汇率走低和境外旅游升温刺激下，中国消费者已成为世界最大的精品消费群体，买走了全球超过三分之一的精品，中国购物者正推动全球精品行业创下自 2008 年全球经济衰退以来的强劲增长。

精品正慢慢揭开神秘的面纱，走到城市的大街小巷，走到大众的生活圈子里。我们可以以前述的六个精品准入前提为标准对比一下宝珀和斯沃琪（Swatch）这两个虽然同属于瑞表集团但是分别定位为精品和大众消费品的瑞士手表品牌，以便更加清晰地了解精品和大众消费品的不同发展道路和商业模式。

宝珀是世界知名的腕表之一，始于 1735 年瑞士汝拉山谷，秉承创新即传统的品牌精神，坚持只做机械表的信仰，体现瑞士高级制表卓尔不群的品位，所有机芯生产、复杂功能和超凡工艺都完全独立完成。其强大的机芯工厂自诞生以来一直只为高端品牌提供机芯，被誉为“经典时计的缔造者”。宝珀表一向重视外形设计与制作工序，制表工序全部在汝拉山谷原厂完成。宝珀始终怀抱对时间与制表的不渝信仰，锻造非凡的制表能力，坚守低调、坦诚、务实的品牌态度，以至臻制表为基石，倡导精致优雅的生活方式，将情感、艺术和文化浓缩融合为人类生活中至关重要的美好追求。

同属于瑞表集团的大众品牌斯沃琪是手表业中年轻时尚的代表。名字中的S不仅代表它的产地瑞士，而且含有second watch，即第二块表之意，表示人们可以像拥有时装一样，同时拥有两块或两块以上的手表。斯沃琪不仅是一种新型的优质手表，同时还带给人们一种全新的观念：手表不再只是一件昂贵的精品和单纯的计时工具，而是一件“戴在手腕上的时装”。

2.5.1　精品之“绝对优质的品质”

目前，宝珀是全球少有的采用手工精制，且可以在原厂内完成全部制表流程的真正的独立制表商之一——从头至尾都是自己生产，并坚守着钟表的传统工艺。瑞士钟表界称这种制造手法为“传统制表工艺”，意即综合了设计师、钟表师、金匠、表链匠、雕刻家、瓷画家及宝石匠技艺的传统工艺，这也是宝珀最值得骄傲的特色。传统工艺中具体包括金雕、珐琅、大马士革镶金、赤铜、活动人偶等超凡工艺。一个多世纪以来，宝珀在机械机芯不断发展和完善的过程中，恪守其品质标准，明确定义了机械机芯所要达到的最高质量水平。

制造一枚宝珀腕表需要1200多道操作工序。制作一个新的机械机芯需要3~5年的时间。在制造过程中，需要600多个小时的质量控制检查，加上30天的周密观察和严格审查。在这些数字的背后，是工匠们的精湛技艺。零件上都饰有日内瓦条纹或原木纹，每枚腕表都单独经过人手组装、抛光及调校。只有完成上述考验的腕表才能得以印上宝珀的名字。几百年来，宝珀一直信奉精品哲学，遵守重质不重量、细工出慢活的生产原则，主旨只有一个，即追求完美。一款表从设计到出厂至少需要 5 年的时间：4 年的研究设计，9 个月（好比孕育婴儿一般）的生产，3 个月的装嵌及品质监控。如果量身定做的话，则研发所需的时间更长。那只著名的 1100 万美元的天价表，便是 1933 年宝珀为中东一位银行家所特制的，可显示 24 种不同信息：月份、日期、日落和日出时间，甚至包括世界上任何地点一个晚上的星辰与月亮盈亏图等。这只表历经 3 年设计、5 年制作，方才完成。长达 8 年的时间，只为一只表，这是何等的精品意识！

复杂功能需要的是制表业中的顶级工艺，而宝珀尊崇的正是这“完美的复杂性”与“完美的精确性”的结合。宝珀的尊贵不仅在于它典雅的外表，还在于它内部机械的极端精密复杂性。19 世纪制造的宝珀表，尽管轮轴末端已在轴承上转动了逾 120 亿次，但依然精确得令人叹奇。宝珀还有令人惊叹的陀飞轮装置，该装置由 72 个独立部件构成，总重不足 0.3 克；在陀飞轮的基础之上，宝珀推出更加复杂精确的卡罗素装置，直到今天，世界制表业也无人能及。

镂雕框架的所有钢质零件均以手工方式精心打磨而成。仅仅是终饰阶段，制表师都将花费整整一个星期的时间。超过一百个步骤，包括边缘的倒角、锉出六个凹角、磨滑其侧面、钻好其孔眼和打磨独立的零件，都必须有绝对稳定的双手和敏锐的眼力。即使是完成看起来简单的部件，例如镜面抛光的陀飞轮横桥，都要由有多年专业经验的制表师聚精会神地工作两天以上。这些无一不展示了其卓绝的制作工艺。

宝珀对走时稳定性的检测也绝对严酷，装壳后的腕表的最终走时精度通过动能模拟器进行测量，必须符合以下内部精度标准：

对于机芯直径大过 20 毫米的腕表，走时精度必须处在每 24 小时 -3/+2 秒之间；

对于机芯直径不足 20 毫米的腕表，走时精度必须处在每 24 小时 -5/+4 秒之间。

宝珀的陀飞轮腕表更是必须符合以下更加严格的标准：

最终检测期间使用动能模拟器测得的走时精度必须处在每 24 小时 -2/+1 秒之间；

全部 6 个测试位置的平均走时精度与每个位置的走时精度之间的最大偏差不得超过每 24 小时 4 秒。

更为重要的是，为达到内部走时精度标准，有别于只为未装壳机芯进行检测的传统测试方式，宝珀的最终走时测试在全部装配完毕的腕表上进行。

宝珀中华年历表机芯

而斯沃琪作为大众品牌，追求的是时尚性和大批量的规模效应。其采用瑞士石英机芯、人工合成材料制造，适合采用工业化生产方式，由生产线批量生产，虽然品质也不差，但与宝珀的世界顶尖品质不可相提并论。

2.5.2 精品之“高昂的价格”

宝珀作为顶尖的手表精品，在材质选用上不惜工本。宝珀选用黄金、玫瑰金及铂金，黄金为18K金（纯度0.75），铂金纯度高达0.95。宝珀表机芯均采用高钻数，早期的表多在15钻以上，后来的产品以29钻为多。20世纪60年代制作的一些功能复杂的金手表，钻数高达37钻，为同类表中罕见。其一块表的平均零售价达13 000至20 000美元。而且顶级限量手表，只在世界顶级名店发售。

由于凝聚着非凡的专业制表技术和工艺，一枚宝珀腕表虽然价格不菲，但即便使用多年，价值依然丝毫不减，甚至有所增值，堪称一笔存于当下、惠及未来的宝贵财富。宝珀的许多表款早已成为时计的典范。

作为大众品牌的斯沃琪，其价格则亲民得多，通常在几百到几千人民币，主要面对青年消费者，通常为一次性的消耗品。虽然每年也有很多收藏爱好者成系列收集，但一般没有收藏价值。

2.5.3 精品之“稀缺性”

“物以稀为贵”，宝珀深得个中精髓，奉行限量生产，对手表的产量有严格的限制，大部分的型号都是少量生产，少的只有 5 只，某些著名的型号也只有几百只。现在每年的产量不过 4.1 万只。从公司成立到现在的长达几个世纪中，宝珀出品的表数极为有限（仅 60 万只），不敌一款时尚表的年产量。每发售一枚，宝珀就在档案中为这块表做记录，除了维修和清洁这些实际用途之外，它还表明了每一枚腕表都是独一无二的，从而确保每一枚腕表都成为一件珍贵稀有的杰作，深受鉴赏家的青睐。

宝珀龙年中华年历表铂金款，生肖窗龙，摆陀雕刻龙，限量 20 只

斯沃琪作为手表行业中的大众消费品，代表着青春与时尚。斯沃琪手表以其时髦缤纷的色彩、活泼的设计，以及颠覆传统的造型，随着摩登生活的节奏向前迈进。它的目标是让全世界的年轻人都能拥有。它的产量在 1984 年就突破了 100 万枚，进而在 1988 年突破

5000万枚，1992年突破1亿，2002年突破了3亿。惊人的产量是为了满足全球范围内的广大大众的消费需求。

2.5.4 精品之“历史和文化性”

斯沃琪手表诞生于20世纪80年代，距今30多年。斯沃琪之父——尼古拉斯·G.海耶克（Nicolas G.Hayek）创新地提出是否能够使用塑料制作出更节省成本的腕表。经过无数次改进，斯沃琪集团的制表工匠使用51个零部件代替了通常构成腕表的至少91个零部件，最终使塑料表成为可能。1983年，首款斯沃琪腕表诞生，世界为之震惊。斯沃琪腕表采用瑞士石英机芯、人工合成材料制造，兼具防水防震、计时精确、价格平易等出众优点。

宝珀的历史，则悠久得多。18世纪初，让-雅克·宝珀（Jehan-Jacques Blancpain）发现了一个极具发展潜力的新兴行业——制表业。1735年，他创立宝珀品牌，于现在伯尔尼州汝拉山谷维勒雷地区的住屋楼上建立首间工坊，迄今已超过280年。创立伊始，宝珀腕表即广受青睐。让-雅克·宝珀的继承人致力维护创立者的工艺技术，使其代代相传。在19世纪中叶，宝珀品牌已然是维勒雷地区首屈一指的龙头企业。

在19世纪后半叶，由于工业化浪潮开始席卷欧洲，表类产品的价格一落千丈，许多制表厂颓然倒闭。为应对美国产品的竞争，宝珀于1865年在苏士河（Suze）畔建造了一座两层楼高的厂房，并利用水力发电为生产活动提供必需用电。宝珀更新生产方式，并瞄准高级腕表市场，成为维勒雷地区少数突破困境的制表企业之一。

宝珀长达两世纪的家族企业管理于1932年画下句点，但之后推出的腕表仍然屡创辉煌。后来经过几次易主，宝珀于1983年正式命名为宝珀有限公司（Blancpain SA）。

宝珀品牌再启新章。当时，由于宝珀制表厂的许多机芯用于搭载其他品牌的腕表，宝珀沦为次等品牌。鉴于此，宝珀决定维护其工艺的独有性。由于石英机芯问世，一些专家预测传统腕表或将日暮途穷，然而，宝珀却致力于生产顶级复杂功能腕表。宝珀制表厂自此以最纯粹的传统方式制造腕表，遵循两世纪前其创始人与其继承人的腕表理念。

与此同时，宝珀不遗余力地振兴机械制表，重新主张传统复杂功能，这使世人再度认识手工业行会的历史，认识体现最高制表成就的重要表款的核心价值。通过回溯过去，重拾制表业当初在汝拉山谷的偏僻农场中发展时的理念。宝珀令传统制表文化与艺术得以绵延不绝，精进不止。由遵循传统的工艺催生而出的代表性作品无疑是1735腕表。这款腕表推出时俨然是全球最复杂的腕表，汇集五大复杂功能：三问报时、陀飞轮、万年历、月相与追针计时码表。制表师需要1年的时间方能完成机芯组装。

2002年，马克·A.海耶克（Marc A. Hayek）成为宝珀总裁与首席执行官，为品牌带来全新动力。宝珀进行多项重大投资，并强化研究与开发部门的创新能力，鼓励其另辟蹊径，再创新猷。

随着多款令人赞叹不已的新机芯的问世，宝珀享有越来越多的专利技术与业界创新的头衔。

凭借在高级制表领域的不断创新，宝珀获得迅猛发展。2010 年，宝珀与为其制造机芯与零件的Frédéric Piguet公司合并，实现垂直化生产，并在汝拉山谷设立新的生产点。

无论是复杂功能还是各种精工工艺，宝珀都不仅完全超出了计时范畴，而且把手表制造扩展到了艺术的殿堂。可见，历史声誉是国际精品品牌的重要内涵。国际精品品牌的文化价值是很高的。一个产品的历史越长，它的文化内涵就会越丰富。从品牌溯源来看，精品是需要有血统的。一个精品仅有质量还不够，必须要能讲更多的品牌故事。作为一种艺术美学，精品被赋予了许多的文化、历史、艺术、哲学和社会含义，其背后有一个由几十年或上百年传承下来的文化体系支撑，是一种高品位生活方式的外在体现。当精品消费者超越炫耀，探索和体验精品赋予生活的更高内涵时，文化特征将成为精品的唯一标识。

2.5.5 精品之"高级美感和多级情感"

拥有 280 年以上历史的宝珀腕表，对于所有有品位的藏家来说，都是永恒的追求，对于那些追求精良传统和高质量工艺的鉴赏家来说，尤其如此。该品牌久负盛名的系列，都有很多独一无二的特性和功能，比如说年历腕表、陀飞轮卡罗素、三问及复杂精工表等等。宝珀在钟表鉴赏家眼中无与伦比的声誉和地位，不仅源于其精致完美的作品及丰富的制表知识与技术，还来自公司始终秉承的自 1735 年创立以来的卓越制表理念。这种精神早已融入品牌自身，成为宝珀至尊品质的象征，同其杰作一样代代相传、流芳百世。

宝珀的钟表作品不仅是高度精确的计时工具，而且是以优雅外观体现超卓工艺的美学创作，其设计能够在滚滚而逝的时间洪流中岿然不动，永葆极致魅力与现代气息。宝珀树立了低调内敛、永恒优雅的独特风格，完美融合了个性与稳重、优雅与高贵，催生出设计简约、个性鲜明、线条优美的表款，成为手表界的经典和传奇。

宝珀是一款手表，但它又不是一款手表。在许多表主的眼中，它有着独特的情感价值。

宝珀女士腕表

大众品牌的斯沃琪则没有这些特质，它的定位为时尚、追逐潮流、新奇而异趣，只能为年轻人带来一时的乐趣，却无法成为经得起岁月洗礼的传奇。

可见精品必须是最美的商品。不管人们有多少种审美意识，但对精品只有一种，那就是“看见就赞美”。精品必须是“最高级的”，这种“最高级”必须从外观到品质都能逐一体现。精品的高级性应当能被感知到。正因为人们对其美丽奢华赞叹不已，它才能为主人带来荣耀。因着历史的沉淀和文艺的演绎，精品逐渐演绎出自己特有的奢华经典，可以让拥有者寄托浓浓的情感，获得美感的享受。

2.5.6 精品之“非功能性”

宝珀与高级美食界拥有着许多共同的价值理念：追求卓越品质，传承精湛技艺，讲究手法精确，激荡澎湃热情，并要一丝不苟，以手工制作。

宝珀与著名的国际高级美食大赛——博古斯（Bocuse d’Or）世界烹饪大赛的合作由来已久。如今，宝珀再接再厉，成为瑞士美食指南（Grandes Tables de Suisse）的合作伙伴。不仅如此，不少米其林星级主厨还是宝珀的好友兼忠实客户。

宝珀深信，高级美食与传统制表工艺之间有着许多异曲同工之处，这一理念令品牌与顶级美食之间保持密切关系。而这种密切关系，源于两者皆秉持同样的热情，并娴熟掌握相关工艺。唯有兼具激情、情感、真挚三种特质，方可撷取成功果实。

2010年9月，宝珀还参与“品味瑞士”（SWISS Taste of Switzerland）宣传活动。在为期三个月的时间里，宝珀出现在瑞士国家航空公司飞机机舱中，参与沃州美食与制表卓越产品推广计划，尽情展示瑞士之美。

宝珀专卖店与最出色的酒店业者拥有相同理念，皆致力于营造舒适融洽的氛围，并提供与众不同的服务。因此，宝珀自然成为高级酒店在制表界的主要合作伙伴。

而作为大众消费品的斯沃琪虽然累计连续成为1996年、2000年、2004年、2008年及2012年夏季奥运会官方指定计时器——这当然是对它计时准确的肯定——但明显的还是被当作一个计时的工具，只是体现其功能性用途。

二者相比，宝珀呈现了精品独特性中的非功能性和炫耀性。精品具有超出实用价值的“符号价值”，是拥有者炫耀财富、身份地位和生活方式的象征。美国制度经济学派认为，当社会财富迅速增加时，新贵和新贵的家属们热衷于享受行为，并且通过这种行为来提升自己的社会地位。在中国，消费者通过精品消费提高自己的生活水平，追求的是生活的艺术。

这种非功能性和炫耀性更多时候通过“象征性的消费”体现出来。首先，消费者借助精品消费表达和传递某种独特信息和特殊意义，包括品位、个性、身份、地位、情趣和认同或者其他情感和社会属性。消费过程除了满足人的功能性感官和生理需求，同时也满足了社会层面的需求，是人与社会的表达交流过程。其次，象征性的消费是指消费者不仅消费精品本身，而且消费精品所象征的文化，包括购买消费体验中的心情、美感、氛围及情调，是消费者对精品所承载的价值观、文化、梦想，以及生活方式、生活态度的认同。这种象征性消费更多地显示了精品的非功能性和炫耀性。

因此非功能性和炫耀性是精品一个极其重要的属性。精品必须创造出更多让消费者可以感知的重要价值——让人看上去就感到好的与生俱来的吸引力。那些购买精品的人不仅是在追求实用价值，也是在追求“顶级”和“最好”的感觉。

宝珀和斯沃琪两个同是来自瑞士的钟表品牌，由于品牌的定位不同，背后的商业模式自然也不相同。通过对精品的六大特性的一一对比，我们不难发现，精品有着丰富的艺术内涵和历史传承，是社会和文化环境的一部分；有着对自身血脉的继承和对美学上永恒经典的演绎，追寻特殊的美学氛围及情感寄托；秉承着工匠主义的精神，是精心设计的尖端工艺品（不是简单的消费品），价格非常昂贵，令一般人望而却步；产品因其昂贵和精美而非常稀有；因其难以拥有而一旦获得则带来情感上的独特体验及享受。精品创造出来的实际上是一种精致的生活方式，但它并不代表着奢靡的生活方式。

从某种意义上来讲，精品的外在体现着象征财富的物质主张，内含则代表一种精神层面的主张。几乎每个国际精品品牌背后都有自己的文化积淀，喜爱者会被这些气质吸引和感染，产生共鸣，潜移默化地与这些品牌互相融合。每个国际精品品牌都有独特而美妙的气质，而追求这一品牌的人认为品牌所代表的价值观和文化内涵就是自己尊崇和迷恋的，对这一品牌的拥有就是将这种内涵转移到自己身上。久而久之，他的生活方式将慢慢贴合精品的气质，反映出独特的文化。

这里我们可以引用意大利国际精品品牌普拉达掌门人缪西娅·普拉达（Miuccia Prada）的观点："精品对于现代人，最重要的不再只是商品，而是生活态度。"

参考资料：

卢晓，《奢侈品的六大特征》，《哈佛商业评论》中文版，2007年6月。

斯沃琪中国官方网站：www.swatch.com。

宝珀中国官方网站：www.blancpain.com。

《时尚晓说·拥抱海洋：宝珀与大海》，2017年6月23日，"生活的艺术"（art_de_vivre）微信公众号。

《时尚晓说·宝珀的生活艺术：唯腕间与舌尖不可辜负》，2017年6月1日，"生活的艺术"（art_de_vivre）微信公众号。

《时尚晓说·宝珀2017巴塞尔钟表展精品回顾》，2017年4月1日，"生活的艺术""art_de_vivre"微信公众号。

本章小结

精品是一个多维度概念，包括六个特征。

精品的经济学规律与大众消费品不同，因为二者商业逻辑不同，所以导致商业模式不同。

精品的价值创造分为四个阶段，精品的价值是每个阶段价值创造的总和，任何一个阶段的价值创造都不能被抹杀。

精品品牌可以做强做大，但前提是先要成为精品，要建立起以精品品质为优先的商业模式。

精品综合起来可以被分为以下几大品类：高级时装、珠宝和首饰、香水和化妆品、时尚配件、装饰和桌上用品、葡萄酒与烈酒、高档餐厅和酒店服务，除此之外还有精品零售、高档轿车、私人游艇或飞机及私人银行服务等等。

精品产业是一个涉及衣食住行各方面的所有产品种类的庞大产业。

第三章

国际精品品牌管理

品牌是承载无限财富的载体。

3.1 路易威登的品牌理念

自从Brandz全球最具价值品牌100强排行榜发布以来，法国国际精品品牌路易威登连续多年在精品品类排行榜中居于首位。这一成就显然与路易威登的品牌管理分不开。

与大众消费品品牌不同，国际精品品牌必须保持独特的气质，路易威登在这方面已接近极限。从早期的路易威登产品到如今每年巴黎T台上不断变换的时装秀，路易威登一直长久地屹立于国际精品行业翘楚之位。路易威登深圳专卖店开张时，来自深圳、香港两地的新贵们毫不在乎价格的高低，看到喜欢的产品便毫不犹豫刷卡购买。是什么让人不惜重金，如此痴迷不已、无法自拔地爱上了路易威登？仅仅是19世纪延存至今的手工作坊、T型台上风度翩翩的设计师、50年的窖藏或者最精准的走时吗？

显然，一切并不是这么简单。商业社会中，没有童话，没有传奇，任何成功都需要时间来打磨，路易威登亦是如此。回顾其160多年的品牌成长历程，我们发现它的成长过程并不传奇，只是靠日积月累的品牌管理，就这样一点一滴地建立起了自己牢固而不可替代的精品帝国。

3.1.1　精品的质量观

路易威登的产品有着非常好的质量。他们建设了世界一流的产品质量检测体系和实验室。例如高空抛掷实验，实验室中有一个机械手臂把一个装有3.5公斤重物的手提包举到离地面半米高的空中然后抛落，4天之内反复重复上述动作，以检验手提包的整体质量。

实验室里用于检测的仪器众多：有专门用紫外线对手包进行曝晒的仪器，以检测其外表的褪色情况；还有检测手包拉链耐用程度的，拉链要反复开合5000次以上；还有机械仿真剧烈摇晃的手臂，检测手镯上镶嵌的饰品是否会坠落。此外，路易威登所有不合格的产品都会被销毁。在法国迪塞生产厂有一台粉碎机专门用来销毁不合格的产品。

路易威登的工厂在法国有11家，西班牙有2家。法国是全世界劳动力最昂贵的市场之一，为什么不把工厂开设在劳动力成本相对更低的地区呢？公司负责人解释说："只有在法国生产，我们才对产品质量的控制感到放心。”

160 多年的品牌，其每一步的发展无疑都是质量和管理效率的积累。从路易威登产品在实验室里的检测过程我们就能看到其锲而不舍的精神。不管过去还是现在，作为顶级精品，路易威登高度尊重和珍视自己的产品质量。

3.1.2　终端橱窗生动化

店面橱窗在当代仍然是国际精品品牌的主要营销手段。1875 年，路易威登在橱窗里摆满行李箱，华丽的橱窗吸引了整个巴黎，从此美丽的橱窗就是路易威登的品牌特色，受到了极高的重视。

路易威登的橱窗创新是不断把握时尚脉搏的过程。例如 2008 年以前，橱窗布置的风格都是背景加模特模式；2008 年后，更加情景化的橱窗设置成为主要风格。路易威登还邀请艺术家为它进行了橱窗设计，将现代艺术与国际精品品牌产品进行了完美的结合。

橱窗的生动化展示无疑为路易威登的品牌形象起到了重要的昭示作用，集创新、口碑和形象于一体的橱窗展示这一创举，为路易威登的品牌识别立下了汗马功劳。

3.1.3　不变的创新激情

路易威登品牌的另一重要特色，就是其创新能力，这也是它能够长盛不衰的重要原因之一。

品牌创始人路易 · 威登刚刚创业，就发动了箱包业的革命，他在生活中观察到流行的圆顶箱子造成了太多的不便，特别是那些带着大包小包旅游的贵族，经常为圆顶箱子的摆放而恼怒，他推出的平顶箱子克服了这些缺陷，而且质量上乘，一炮而红。

路易·威登不像一般法国人那么保守谨慎，他对新事物特别好奇和敏感，总是走在同行的前面，发明适合新事物的箱包新款式。有了火车，他的新款式就适合火车；有了汽车，他的新款式就是酷爱汽车的贵族们最需要的那一种；战争来了，他的新款式就特别适合于战场。当飞机刚刚试飞成功，还不具备商业价值时，路易·威登预见到飞机的前景，提前设计出适合飞机使用的箱子，他还提供资金让两个儿子制造了威登家族的直升机，虽然他们只造出了模型，但却是最早的直升机构想。

路易·威登从来没有停止过创新，这一品质有效地为后世的威登家族成员所继承，直到今天，路易威登在创新力方面仍然是国际精品品牌中领先的。由于善于创新，每一款产品都很快就有人模仿，所以这更加快了他创新的速度。这种不断的推陈出新让巴黎喜爱追赶时尚的贵族和富裕人群必须经常去他的店面才能购买到最新款式的产品，否则就落伍了。

路易威登在制造品牌影响力的手段上也相当有创新精神。路易威登公司每个季度限量推出高价产品。曾经有一款售价 5550 美元的 Theda 手包，这款表面以蓝绿色鸵鸟皮和绸缎制成的手包最初只在美国纽约第五大道的专卖店有售，英国的专卖店只分到了 10 个。Theda 手包问世几周之后，伦敦和纽约的消费者都要等上数月才能买到。迪塞生产厂的法伦解释说："推出这种手提包的目的并不是赚钱，而是要激起人们的羡慕之心。"

3.1.4　产品故事述说

管理品牌形象最直接也最便捷的方式便是讲述有意思和有价值的故事，让人们口口相传。有一则广泛传播的路易威登故事大大拓展了路易威登的品牌魅力：1911 年，英国"泰坦尼克号"沉入海底，从海底打捞上来一只路易威登硬皮箱，里面竟然没有渗进海水。自此之后，路易威登品牌声名大噪。

除此之外，路易威登的每一条产品线也都具有自己的名字和故事。例如畅销产品Speedy就出现在 20 世纪 20 年代，当时路易威登为了迎合和服务好因交通革命带来的旅游风潮，所以设计和制造出软式行李袋，当时命名为Express。20 世纪 30 年代把这款软式行李袋改名为Speedy。让该包大红大紫的故事则是奥黛丽 · 赫本要求路易威登定制与原本 30 厘米的Speedy尺寸完全不同的 25 厘米款。之后，Speedy包因此大卖。

再如诞生于 2007 年的NeverFull（意为"装不满"）手提包，之所以成为消费群追捧的经典款式，是因为这款产品设计简约，特别适应当代都市人随身携带物件多又需归类收纳的潮流趋势。如今，这款名为"装不满"的手提包，成为路易威登忠实消费者最热衷收藏的藏品之一。

一个又一个传奇的品牌故事，都为看似没有生命的物件创造或传达了一个又一个美好的寓意，使其具备或美好或浪漫或显赫的精神联想，赋予品牌个性并淋漓尽致地展现出来。

3.1.5 品牌价值主题化：旅行哲学

基于国际精品品牌的六边形模型，品牌管理的要诀不仅在于品牌质量的建立和品牌个性的突出，还需要“信号发送方”发出的品牌形象能够被“信号接收方”所接收。强势品牌之所以具有较高价值，是因为它不仅有较高的知名度，更重要的是与消费者建立了深度关系，即能让消费者体验到它所代表的利益。

但是，我们对品牌价值的理解还需要将其还原到宏观品牌构建中。任何品牌首先都是选择品牌元素，开发营销计划，再通过效应阶段中的知名度与品牌联想来获得品牌价值。由此可见，一方面，品牌价值是一系列品牌传播活动最终应该达到的结果；另一方面，品牌价值也需要通过知名度与品牌联想这两方面来达成，而主体化传播有利于品牌知名度的累积与品牌联想的专注。

为了表述品牌价值，路易威登在2010年推出“生命将要带你到何方”主题的平面、电视及电影广告，用戈尔巴乔夫、凯瑟琳·德纳芙、阿加西与格拉芙等名人来强化品牌知名度的高度与广度，与此同时，通过对旅行与人本特质的概念阐述来加强这一生活方式乃至生命与品牌的联系。

传统以旅行为主题的广告一般都是取户外美景作为场景。但是路易威登所指的旅行是“人生的旅行”，把“人”作为旅行的主体。每个人旅行的原因、态度都有所不同。最震撼人心的莫过于戈尔巴乔夫的那则广告。他坐在车里，车窗外是柏林墙。这张照片带有一些政治色彩，气氛深沉。因为旅行未必总是在放松享乐，有可能是一件严肃的事情。在人生旅途中，也并不总是充满阳光和欢笑。这个广告创意体现了路易威登在国际精品品牌行业的独特性，与其他竞争品牌产生了巨大的反差，加强了路易威登品牌的号召力。

旅行是路易威登品牌沟通的永恒主题，其内容围绕这一主题不断变化。在以“旅行哲学”为主题的品牌价值沟通中，路易威登以“纪念阿波罗登月 40 周年”为主题，以阿波罗登月队员的心路历程和回忆为线索展开，想要把超越空间、不断探索的精神导入路易威登品牌理念中，把登月这一创举也当作一场旅行，从而提升了品牌价值的高度，诠释了路易威登的品牌价值观。

案例思考：

从路易威登的案例不难看出，一个成功的精品品牌所做的工作不仅是精益求精，而且是一个非常庞杂的体系，并不是我们一般所想象的点状的创新和运营，而是系统性的整体品牌运营。那么，这种能力是怎样建立起来的呢？和我们一般意义上的大众消费品品牌公司有什么区别呢？

引申的思考：

（1）一个精品品牌是什么？

（2）怎么样建立一个精品品牌？

（3）从精品到精品品牌的发展过程是怎样的？

（4）国际精品品牌战略理论是什么？

（5）有什么思路和方法？

参考资料：

卢晓，《奢侈品的六大特征》，《哈佛商业评论》中文版，2007 年 6 月。

Brand Z 全球品牌榜：www.brandz.com。

路威酩轩集团官方网站：www.lvmh.com.cn。

路易威登中国官网：www.louisvuitton.cn。

3.2 国际精品品牌的理论模型

3.2.1 一般的品牌模型：品牌也是一个多维度概念

我在前一章定义精品时提出的第一个重要观点是，精品是一个多维度概念。也就是说，只用一个维度或者一个特点是无法全面定义清楚精品的。品牌也同样是一个多维度概念。

第一，品牌不只是一个商标。商标是商标，品牌是品牌，这两个概念不能混淆。商标只是一个法律概念，注册每一个商标的每一个品类使用权在每一个国家都是有费用的。但是商标不是品牌，从商标到品牌是需要建设的。商标好比是土地，品牌就是在土地上建起来的具有各种功能的高楼大厦。如果拥有商标而不进行品牌建设，就创造不了价值，就意味着维持商标使用权的费用不带来收益，从财务上来讲就是一笔负资产。所以真正能够创造价值的是企业的品牌运作能力。

很多中国公司由于不具备品牌运作的能力，又很羡慕国际精品品牌公司的骄人业绩，往往片面简单地认为它们的成功是品牌作为一个商标的力量，所以非常热衷于收购过气或者经营业绩多年亏损的曾经知名的国外品牌（既知名又赚钱的国际品牌是不会缺投资人的），认为拥有了国外商标就可以自动赚钱。实际上这是非常天真和无知的想法。TCL早年收购法国品牌汤姆森（Thomson）铩羽而归，台湾人王效兰收购法国高级时尚品牌朗雯（LANVIN）始终深陷亏损泥潭，香港人李嘉诚收购法国香水连锁品牌玛莉娜（Marionnaud）至今无声无息……失败的案例比比皆是，为什么还总有人想铤而走险呢？都是把品牌想简单了。他们自己不懂品牌，也不肯下苦功研究和建设自己的品牌，觉得太费劲了，以为只要收购了国外的品牌就可以赚大钱了。事实并非如此尽如人意。

道理其实很简单，不管是抱养的孩子还是自己生的孩子，都得好好培养才有可能茁壮成长，成为栋梁之材。所以说搞清楚品牌是什么、精品品牌是什么、怎么建设，才是正路。路易威登是一步一步发展起来的，爱马仕的创始人也是一步步开创自己的品牌和生意才取得今天这样的成功的，华为经过十几年的努力建设成为屹立世界品牌之林的中国精品品牌，这些都是非常经典的成功案例。品牌建设的过程中没有捷径。

第二，品牌的多维度概念的内核是品牌的名称、标识和视觉体系。这里不牵扯谁决定谁的问题，应该整体思考，共同论证和决定品牌名称和视觉体系。如果品牌名称和标识在多维度概念上没有逻辑关系，这个品牌就沦为商标这一点状的概念了。

设计品牌和为品牌命名的工作很多都是由广告设计公司协助完成的。不可否认，广告设计公司在品牌创立过程中是一个重要的环节。但需要注意的是，品牌的战略和品牌的商业风险是由企业承担的，所以对主要思路和理念，企业的决策者要有清晰的评判标准。因为广告公司是不懂商业的，也不会对品牌公司的商业运营承担风险，所以很多建议都不切实际或只有短期效应。这一点需要品牌的拥有者和决策者有清醒的认识。

第三，品牌的多维度概念包含以下几个基本方面：产品特性，竞争对手，产品种类，品牌的个性，与之绑定的明星的个性，购买者和消费者，地点、时间和使用类型，相对价格，带给消费者的利益，非物质性的特点，等等。

品牌的多维度模型的功能是让品牌的拥有者和经营者想清楚品牌最基本和最主要的关键点，只有这样，才有可能开动商业机器，否则风险是非常大的。因为商业模式一旦需要品牌的力量，那么抱着“摸着石头过河”和“到战场上去试试看”的侥幸心理是很难生存的。

品牌的多维度模型看上去好像是为了定义品牌，其实是让品牌的拥有者，往往就是企业的一把手，想清楚商业模式中的几个关键问题：你的产品种类和产品是什么？你的定价是什么？你的消费者是谁？等等。

品牌的多维度概念最早由美国学者戴维·阿克（David A.Aaker）

提出，基本模型如下图。

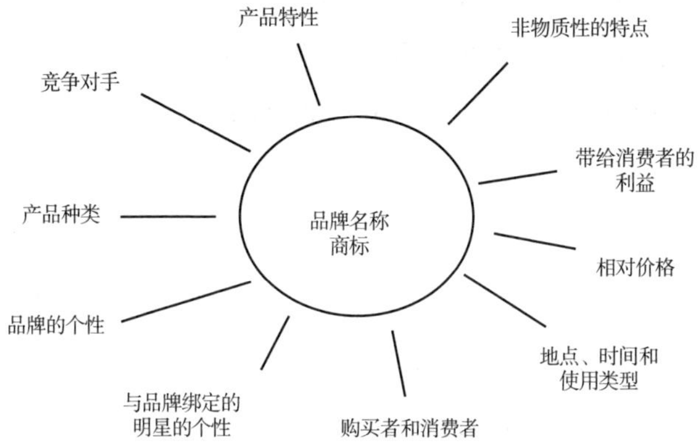

品牌的多维度模型

品牌的多维度模型可以帮助大众消费品公司解决其品牌战略和运用中的绝大部分问题，后续需要整合品牌识别体系、商业模式模型、产品线矩阵、价格矩阵、线上线下零售体系，以及营销沟通体系，从上到下贯通落地。

3.2.2　品牌资产模型：品牌资产评估使用

戴维·阿克的品牌资产模型

在提出了品牌多维度概念之后，戴维·阿克进一步发展了品牌资产模型，一时间被品牌研究者和学术界奉为经典，在世界各地大小商学院课堂上广泛传播。品牌管理者们也立刻付诸实践，使之成了大家耳熟能详且每日使用的模型，但实际效果并不明显。这时大家就开始反思，这是为什么？这个模型看上去好像很完整啊？

其实问题出在了建立这个模型的目的上。这个模型的名称为“品牌资产模型”，也就是说，这个模型是用来衡量品牌资产的，分别从五个维度——品牌忠诚度、品牌认知、品牌品质、品牌联想、其他专有品牌资产来衡量。每个维度中都有细分的因素和变量，目的就是要量化品牌的价值，以便将其评估为资产。那这样做的目的又是什么呢？是为了资本运营，可以到银行质押贷款，可以作价融资，因为不管是私人投资还是公开募资都需要对资产进行评估，品牌就成了重要的无形资产。

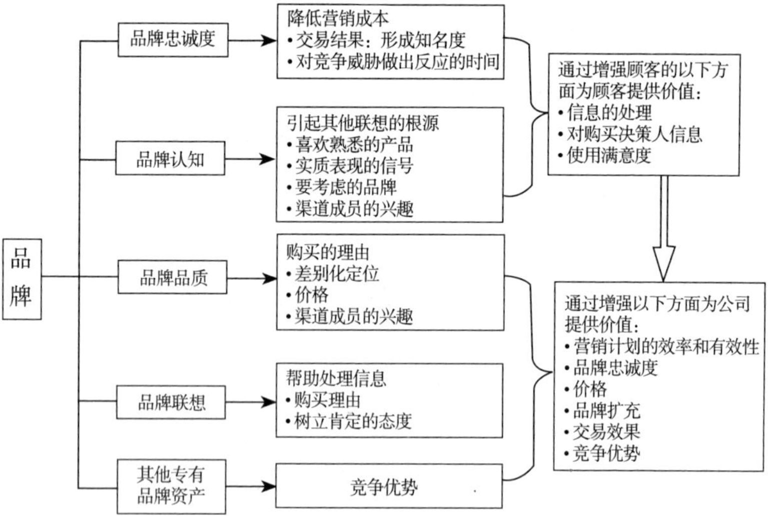

品牌资产模型

但是大家注意了，这个模型是用来衡量结果的，而不是用来建设品牌的。也就是说，只有品牌发展起来了，有了品牌认知度，有了客户忠诚度，有了品牌品质，有了品牌联想，这个模型才有衡量的标的物——品牌。所以说，这个模型对于创立一个新的品牌或者是扭转一个已经经营不善的品牌的困局是没有实际用处的。也就是说，这个模型不是用来创造价值的，而是用来评估价值的。所以从这一点上看，戴维·阿克的理论没有问题，只是大家过度解读和使用了这个模型，人为夸大了这一模型的影响力。

戴维·阿克也意识到了品牌资产模型的局限性，之后从品牌战略的角度提出了建立品牌识别系统的品牌识别计划模型。这一模型要实用一些，提出了品牌作为产品、作为组织、作为个人、作为象征几个维度构建的识别系统。

但这一模型的局限性在于只适用于大众消费品，是品牌多维度模型的一个延伸。把品牌的多维度概念分为了战略性品牌分析（包括客户分析、竞争对手分析和自我分析）、品牌识别系统、品牌识别执行系统（包括评估、定位、构建和跟踪），形成了前后的逻辑关系，但是其最核心的品牌识别系统还是保持了多维度概念模型的内核与外延，分为品牌精髓、核心和延展三个层次。由于在品牌理念构建上是空白，而更注重品牌的外延和品牌发展的结果，所以这一模型没有从根本上解决品牌理念层面的价值创造问题，因而只适用于大众消费品模式的品牌。对于精品品牌来讲，这一模型无法解决其核心的精神层面价值创造的问题。

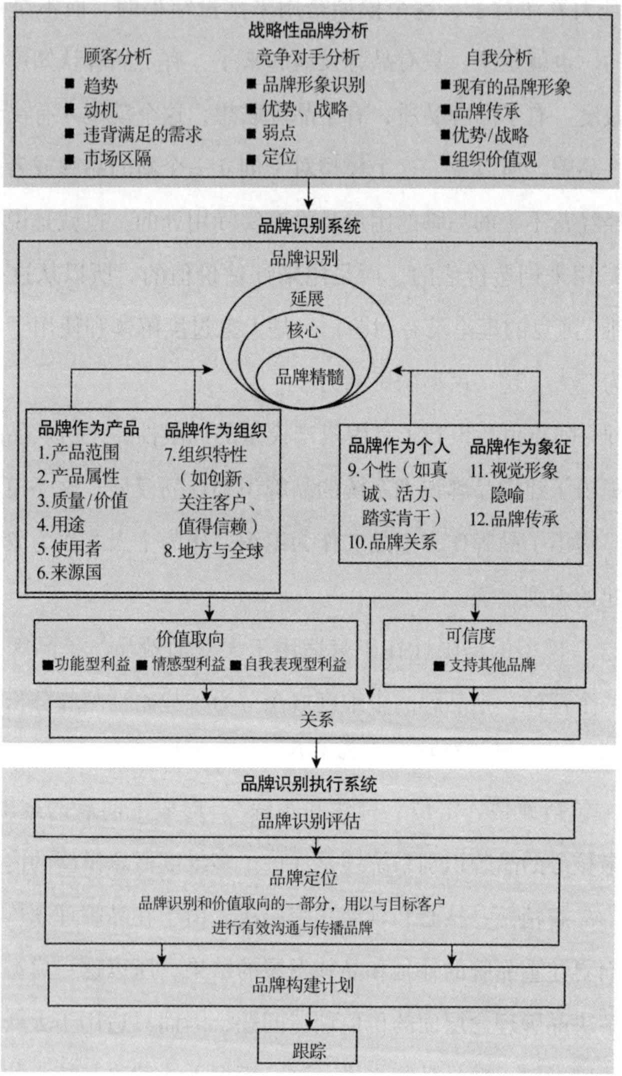
战略性品牌分析
顾客分析
■ 趋势
■ 动机
■ 违背满足的需求
■ 市场区隔
竞争对手分析
■ 品牌形象识别
■ 优势、战略
■ 弱点
■ 定位
自我分析
■现有的品牌形象
■品牌传承
■优势/战略
■组织价值观
品牌识别系统
品牌识别
延展
核心
品牌精髓
品牌作为产品
1.产品范围
2.产品属性
3.质量/价值
4.用途
5.使用者
6.来源国
品牌作为组织
7.组织特性
（如创新、
关注客户、
值得信赖）
8.地方与全球
品牌作为个人
9.个性（如真
诚、活力、
踏实肯干）
10.品牌关系
品牌作为象征
11.视觉形象
隐喻
12.品牌传承
价值取向
■功能型利益 ■ 情感型利益 ■ 自我表现型利益
可信度
■ 支持其他品牌
关系
品牌识别执行系统
品牌识别评估
品牌定位
品牌识别和价值取向的一部分，用以与目标客户
进行有效沟通与传播品牌
品牌构建计划
跟踪

品牌识别计划模型

凯文·莱恩·凯勒的品牌资产模型

另一位美国品牌研究学者凯文·莱恩·凯勒（Kevin Lane Keller）提出了基于客户的品牌资产金字塔模型。他在模型中将消费者作为前提和基础，使品牌资产的建立有了基础。

凯勒系统地阐述了基于消费者的品牌资产模型的内涵及使用方法。

该模型的创建旨在回答如下两个问题：一是哪些要素构成一个强势品牌，二是企业如何构建一个强势品牌。按照这个模型，品牌资产由四个不同层面构成，即：

（1）你是谁？（品牌识别）

（2）你是什么？（品牌内涵）

（3）我是怎么想和认为你的？（品牌反应）

（4）我和你有什么样的关联？关联的深度如何？（品牌关系）

这四个层面具有逻辑和时间上的先后关系：先建立品牌识别，然后创建品牌内涵，接着引导正确的品牌反应，最后缔造品牌与消费者的关系。同时，上述四个层面又依赖于构建品牌的六个维度：品牌特征（brand salience），品牌表现（brand performance），品牌形象（brand imagery），消费者评判（consumer judgment），消费者情感（consumer feeling）和消费者共鸣（consumer resonance）。其中，品牌特征对应品牌识别，品牌表现与品牌形象对应品牌内涵，消费者评判和消费者情感对应品牌反应，消费者共鸣对应品牌关系。

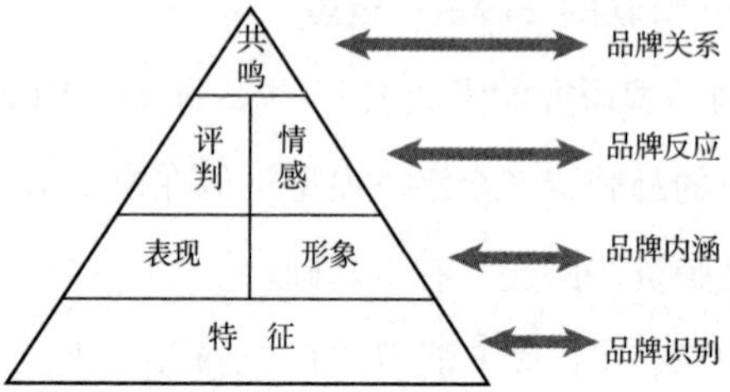

品牌资产金字塔模型

在凯勒的模型中，各个要素的设计力求全面、相互关联且具有可行性。这个模型的建立取决于一个前提，即品牌力存在于消费者对于品牌的知识、感觉和体验，也就是说品牌力是一个品牌随着时间的推移存在于消费者心目中的所有体验的总和。因此，这一模型是一个基于消费者关系的比较具有代表性的品牌资产模型，同样适用于大众消费品，可以解决较为简单的品牌内涵和情感因素构建的问题。

对于这一模型的评价如下。

（1）凯勒的模型是结合了近几年来品牌关系研究的新成果提出的，从其结构和建立思路可以看出，它包含了一些其他优秀品牌模型的关键元素和重要思想。凯勒自己也认为，至 2013 年，其他基于消费者的品牌资产模型大多是其模型的一个子集。

（2）这一模型不再仅仅将构成元素进行简单罗列，而是重点阐述了其相互关系，为整个模型建立了完整的逻辑结构，使其整体具有严密性和逻辑性。

（3）这一模型不只是客观地阐述了品牌资产的结构与组成元素，

还为建立品牌、打造品牌资产提供了原则性的指导，并比较详细具体地进行了相应的流程关系设计，使模型具有了实际的操作意义。

（4）品牌资产模型中，这个结构较为庞大和复杂，涉及的变量比较多。在其六个维度之下，又分别具体创建了多个子要素，使得模型呈现金字塔形，颇具立体感。

（5）由于这一模型包容范围广、内容多，因此使用起来相对不够灵活，操作较为复杂。同时，这一模型更为宏观，适应面广，但专门性、行业性较弱。

除了阿克和凯勒两位品牌管理学者提出的理论之外，还有在商业领域里比较流行的特劳特定位模型，它解决的是品牌管理体系中的一个关键点的问题，有一定的适用性，比较适用于大众消费品品牌的定位问题。但由于其过于单一化且局限性较强，这里就不做重点总结了。

3.2.3　精品品牌的模型：有复杂的内部结构

一般意义上的品牌模型，包括品牌资产模型和品牌识别模型两个大类，可以解决的是大众消费品品牌的规划和评估问题。但是对于高附加值的精品品牌来说，显然是不够的，原因就在于，精品本身是具有六个前提的，是区别于大众消费品的品质优先的产品。精品品牌的价值创造是顶级的物质和精神层面价值创造的高度结合，所以在品牌理论模型中需要建立内部的逻辑结构。

在这一方面，法国的品牌学者卡布费雷尔提出了精品品牌管理的六边形模型。其中包括了六个维度：产品特性，品牌个性，品牌文化，外部关系，自我形象，外部反射。

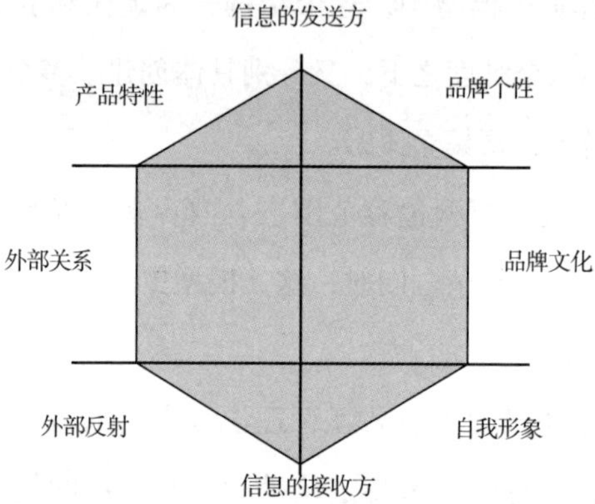

精品品牌管理的六边形模型

具体来讲，产品特性是品牌有形价值的所有特点的组合，品牌的主打产品所带来的品牌质量。

品牌个性是指从能够识别品牌的人物、组织、产品或者符号得来的个性，有可能与创立者或者设计者相连，通常通过品牌大使或者代言人来传达。

品牌文化是从产品所承载的特殊性而来，是品牌的价值观体系，是品牌灵感的源泉和内在动力。品牌由文化所驾驭，同时承载文化。产品不仅是品牌文化的代表，同时也是品牌文化的沟通工具。

外部关系是用来认出品牌的一种行为方式，为人与人之间的交流带来机遇，如精品行业的从业人员和与精品行业从业人员打交道的人。这一点对于精品服务行业尤为重要，或者说，精品行业的服务尤为重要。

自我形象是品牌与企业自身的形象，即消费者认为品牌应该是什么样的。在购买和消费品牌产品的同时，消费者会产生与品牌之间的内在联系。

外部反射是指通过购买和消费品牌反映出的消费者的形象。消费者通过品牌来建立自己的形象。品牌的消费群体会成为目标客户群模仿的目标。

这一模型解决了品牌内核的内部结构问题，也就是基于多维度、品牌识别系统和消费者基础的概念，强调了品牌物质和精神层面内容的结合，消费者及市场为品牌物质和精神内容释放和影响的目标，这样就使得精品品牌的理念构建立体化了，成了三维空间的概念，而不是二维空间的概念了。

这一理念的提出极大地强化了国际精品品牌将精神内核层面的价值创造落地到物质层面的产品和服务的重要性。通过商业模式等子系统将这一价值落地到执行层面，最终帮助众多法国品牌发展起来并且完成了商业模式的创建和构筑，最终实现了国际化。

但是这一模型的缺点在于产品特性和品牌个性的定义是分裂开的，往往在应用上会出现南辕北辙的情况，这对品牌的管理者来说是非常大的挑战。这也是导致众多设计师和品牌商业团队对立的原因之一，两者在管理体系中都非常强势，相互抗衡，导致内部损伤，甚至无力挽回。

再有，这一模型忽略了消费者在物质层面的利益，认为精品消费者只需要塑造自己的形象，同时使外部市场对于消费者形象有所认知。其实，作为价格昂贵的精品，世界各地有支付能力的消费者对于其物质层面的高质量和先进性还是有着非常高的期望和判别能力的。所以，没有物质层面在消费端的支撑，其发展也是很难持久的。

为了解决以上的问题，我在美国学者和法国学者的基础上，结合成功的国际精品品牌两三百年的发展，提出了国际精品品牌战略的八卦模型。

3.2.4 国际精品品牌战略的底层模型

在进入精品品牌战略的八卦模型之前，要搞清楚国际精品品牌战略的底层模型。这一底层模型解决的是能够使发展成国际精品的品牌具有持久生命力和战斗力的从上到下贯通的“气”、“道”与“术”的逻辑关系。

任何一个品牌都诞生在某一个市场中，也就是诞生在某一种文化价值观的环境当中，这个问题任何企业都不能逃避。

从大的历史文化范畴来讲，世界上有两大文化价值观体系，一个是西方文化价值观体系，一个是东方文化价值观体系。由于近代以来的各种原因，在西方文化价值观所孕育的国家和市场中诞生出来的企业所呈现出来的影响力目前是最大的。这一点可以通过世界 500 强企业的数量、品牌影响力和品牌价值等指标客观计算出来。在东方文化价值观所孕育的国家和市场中所诞生的具有强大影响力的企业目前数量较少。但是随着中国市场经济的高速发展，很多中国企业迅速发展起来，也进入世界级的竞争格局中来了，例如阿里巴巴、腾讯、华为、联想这些世界知名的中国品牌。

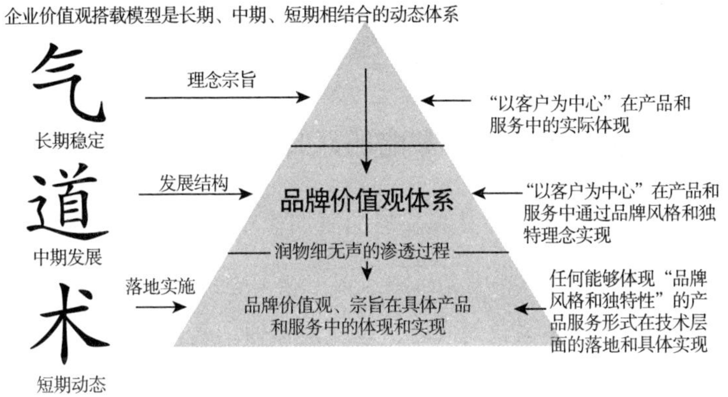

国际精品品牌战略的底层模型

不管在东方还是西方文化价值观中诞生的企业，它们品牌的核心理念就是它们的“气”，这“气”是建立在东方哲学思想之上，还是西方哲学思想之上，这是企业创始人和企业诞生地的文化环境客观决定的。尤其是企业在做强做大的过程中，不可避免地要回答自己的问题，以及向世界提出自己领先的理念。只有提出领先于世界和领先于时代的理念的公司，才有可能引领这个时代和世界市场，才有可能为世界各地的消费者创造价值。

企业和品牌的创始人往往不缺乏理念和理想。但是关键问题是如何把自己的理念、理想和宗旨理论化、体系化，确定成企业和品牌独有的管理体系，这个就是“道”这个层面的问题了，也就是理念的发展和构建。理念的发展和构建过程就是国际精品品牌战略的构建过程。品牌的价值观体系在这一阶段就可以形成。

当一个品牌的战略体系确定下来之后，就可以通过碎片化、润物无声的渗透方式落地执行到商业模式体系的方方面面了，这就是“术”这个层面的问题，这也就是价值观搭载的问题。

3.2.5　国际精品品牌战略的八卦模型

在弄清楚国际精品品牌战略的底层模型之后，我们就可以进入精品品牌建设的八卦模型了。因为这个模型解决的就是国际精品品牌理念的理论化和体系化的问题，也就是贯通“气”到“术”的过程，将自己独特的品牌理念落地到商业模式的最核心的问题。

八卦模型的内核类似一对阴阳鱼，代表物质和精神是高度融合、相互转化的两个方面。这就意味着国际精品品牌的核心是物质和精神两个层面巨大的价值创造高度结合所发挥出来的能量。这种高度结合在商业上的直接结果就是精品品牌的名称和视觉识别体系，包括中英文名称、标识、符号、颜色等。

以此物质和精神的高度结合为基础，建立起反应物质和精神价值创造的八个维度，即八卦模型。这八个维度为：产品物质层面的特性（产品特点），品牌非物质层面的理念、品牌精神层面的价值观体系（品牌个性）、企业内部文化、企业外部关系、客户消费者的自我形象、市场社会上的形象反射，以及对消费者的利益和价值创造。这八卦模型的上半部分是品牌的物质和精神层面价值创造的内容，是信息发送方；下半部分是品牌的价值创造所影响的消费者和市场，为信息的接收方。中间两个维度一个是公司的内部文化共识，一个是公司在内部文化和整体理念上达成共识之后的员工实践在外部合作关系中所呈现出来的公司风格、状态及口碑。

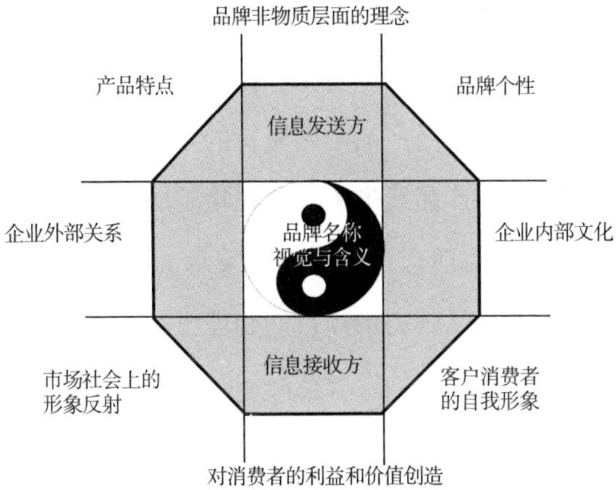

国际精品品牌管理的八卦模型

这八个维度是有机结合的整体，缺一不可。这一模型的整体掌控人是企业的决策者，往往是企业的拥有者或者董事长，原因非常简单，因为品牌是一把手工程，别人不可能越俎代庖。当然，很多企业的领导人并没有意识到品牌的重要性，始终误认为这是营销部门策划策划就能解决的一个点状问题，而不是一个企业顶层设计的问题。这也直接决定了一个品牌企业的发展道路和命运。当然，在这个过程中，广告设计及公关公司出于各自商业目的的思考都会为品牌企业提供所谓的品牌战略思路，但是这些建议是基于其商业行为，而不是真正以企业的核心发展为目的，所以自然是有很高风险甚至是无效的。一个品牌企业想要走精品路线，那企业一把手一定要把问题想清楚，并且在真正的精品品牌战略专家的指导下才有可能把真正的商业模式建立起来。

具体来讲，产品物质层面的特性（产品特点）是指一个精品品牌有形价值的所有特点的组合，包括产品种类、产品特质、材料特质等物质层面的独特性，以及产品始终坚持的差异化原则等，通过建立精品品牌的主打产品和产品线带来品牌在物质层面的高附加值。

品牌非物质层面的理念就是品牌所秉承的至高无上、亘古不变的理念和宗旨，也就是品牌的最高目的和理想。这个理念越高远，越先进，容量越大，给予品牌的发展空间和时间就越多，所支撑起来的生意总量也就越大。所以品牌的立意一定要高，一定要得到文化价值观体系的认同。这也是精品品牌与大众品牌的区别，品牌企业与代工企业的区别。

品牌个性也就是品牌精神层面的价值观体系，这是品牌精神层面的价值创造，需要非常清晰地定义，并且提炼出来，作为品牌理念的结构，供品牌管理和落地为商业模式使用。这是品牌灵感的源泉和内在动力。

企业内部文化是从产品和价值观体系所承载的特殊性而来。品牌既是文化的载体，又由文化所驾驭，二者相互促进。产品不仅是品牌文化的代表，同时也是品牌文化的沟通工具。员工也是一样，企业的员工要高度认同企业文化。

企业外部关系是用来认出品牌的一种行为方式，这对服务行业和精品行业的服务尤为重要。精品行业的从业人员要和所有行业合作伙伴打交道，他们的一举一动都代表着品牌，除了技术层面的专业性外，必须要能体现品牌独有的气质和行为方式。

客户消费者的自我形象是指消费者认为他自己应该是什么样的。在购买和消费品牌产品的同时，消费者会产生与品牌之间的内在联系。

品牌在市场社会形象反射是指通过购买和消费品牌在社会上反映出的消费者形象。

品牌对消费者的利益和价值创造是指一个品牌和其产品服务能够给消费者带来什么最直接的利益。这些利益往往是功能性方面的过人之处和精神层面给人的独特的美好感受。

3.3 树立正确国际精品品牌理念，为中国品牌观念纠偏

品牌管理理论在国际上已经非常成熟，成功案例比比皆是，但是对于中国企业，特别是以制造业为基础的企业来讲，似乎还是有些遥不可及和存在不确定性，不是企业家和管理者可掌握的熟练套路。

中国企业品牌管理所面临的问题在哪里？国际品牌管理理论与中国企业所面对的现实的差距在哪里？中国企业树立强势品牌在现阶段的症结是什么？除了品牌管理传统理论之外，适合中国企业品牌管理的决胜之道在哪里？

3.3.1 企业并不信任品牌管理

中国企业发展到今天，总体来讲，其发展模式还是落后的以资源和劳动密集型为主的低端制造业，对品牌管理基本处于不信任状态。许多企业认为品牌管理不如代工来钱快、简单和“实在”；品牌管理投入大但收益不直接，需要考虑和配套的内容太多、太复杂，不可控因素太多，风险大。

许多中国企业并没有从根源上了解品牌管理的重要性——关系着企业的生死，不认为品牌管理是提升商业模式的手段。因为充沛的劳动力为企业劳动密集型商业模式提供了取之不尽用之不竭的资源，巨大的中国市场为中国企业提供了广阔的空间。国内市场的快速增长，让中国制造商觉得在国内的日子过得不错，产品质量过得去就可以，只要价钱便宜就好，没有必要费力去做自己不了解的品牌管理和走国际化道路，他们也不愿意花费时间和精力推广海外市场，参与全球化进程。

其结果就是中国企业品牌建设多年，但效果一直很不理想，强势品牌久呼不出，品牌管理总是处于表面化，主要表现有以下几方面。

第一，中国企业商业模式初级，处于产业链最底端，看不到产业链顶端以品牌管理为基础的商业模式。

不少企业家都是白手起家，经历了从无到有的全过程，现在正值中年，年富力强，对自己建立起来的企业和商业模式非常自豪，思想很难转变。企业从无到有，自然有创业的艰难，但商业模式大都非常初级，管理粗放，人员素质参差不齐，所以企业的眼界不够开阔，不知道在自己熟悉的商业模式之外还有更加有效和先进的商业模式。由于小富即安的思想和国际品牌控制价值链的竞争策略，使得中国企业看不到产业链顶端以品牌管理为基础的先进商业模式。很多中国企业家表示看不懂品牌管理和运作，前期的成功很难让他们再虚心地学习新的商业模式。学习型企业家是转变和提升经济发展模式的关键因素。

中国企业要真正站起来，需要打破这一旧的全球产业链秩序，本质上就是要建立中国品牌和成熟有效的中国品牌管理理论，形成有影响力的全球产业链体系。

第二，有些中国企业意识到品牌管理的重要性，但是底子薄，力不从心；还有一些企业对品牌管理的理解具有片面性，怀有投机心态，通过品牌忽悠短线，赚钱就跑。

这两种情况有着本质的区别。后一种并没有真正了解品牌管理的实质和核心，也有可能了解了不愿意去做，因为觉得费时费力，不如先赚钱，不行就跑。例如在北京、上海等大城市的最核心商业区，总会有仿冒外国品牌的国内企业，刚刚开业就打出因马上拆迁而打折甩卖的大幅电子屏幕招揽和蒙骗不明真相的消费者。采用这种策略的品牌管理不是真正的品牌管理，而是借用品牌管理来欺骗消费者，使得消费者对品牌，尤其是国内品牌产生不信任的态度，认为打着品牌名义的骗子太多。

这种做法对社会造成极坏的影响，破坏了国内公平和有效的市场环境，打击了诚实正规的品牌企业，使得想要进行品牌管理的企业家对品牌管理的理念产生怀疑态度，在一定程度上造成了中国企业没有强势品牌的现状。因为无论是消费者还是企业家，都对品牌管理抱有怀疑态度，甚至某些专业教授都认为包括品牌管理的市场营销是忽悠人，在这种现状下，要让企业和企业家建立起强势的中国品牌显然是强人所难了。

第三，品牌管理理论过于僵化和夸夸其谈，不能有效指导实践，为企业带来直接经济利益。

国内的营销理论研究相对比较落后，落后的不是对营销概念的阐释，而是对其背后的本质和运作机制的深入解读、应用和推广。目前关于品牌管理的理论研究过于伪学术化，对品牌管理实践没有实际功用，研究的问题也不是目前中国企业所急需解决的核心问题，理论严重脱离实际，所以造成企业和企业家对品牌管理理论的不信任。切实为企业解决实际问题，为企业带来直接的经济利益，真正促进企业商业模式提升的工作亟待开展。只有少量的学者能够对理论和实践融会贯通，在平时繁重的科研和教学任务之余，对企业进行力所能及的帮助。

3.3.2　信任缺失的根源

第一，没有认清“中国制造”的本质。

中国企业对品牌管理不信任的根源之一是对“中国制造”的认知有偏差。中国企业发展现状中的一个现象是中国企业和中国社会满足于对“中国制造”的讨论和与其他国家制造的对比研究，试图找出解决方案，但是没有认识到“中国制造”的本质。

我们需要对“中国制造”具有清醒的认识。当我们说“日本制造”和“韩国制造”并且与“中国制造”做对比时，前提是不对等的。“日本制造”和“韩国制造”的基础是日本和韩国以本国品牌为基础的本地制造，国家制造是本国品牌国际化战略的一部分，以国家形象保证本国品牌产品优秀的质量和合理的价格，其前提是“日本品牌”和“韩国品牌”。日本人在国际上推广“日本制造”，目的是推广丰田、松下、索尼和任天堂等日本品牌；韩国人则是推广三星、LG和现代等韩国品牌。而许多人所强调的“中国制造”，却是OEM和ODM，并不是在推广“中国品牌”。所以在这种情况下的对比探讨本身就是假命题，并没有认清问题的实质。

更为严重的是，很多让中国引以为豪的国际著名品牌的生产制造，并不是真正的“中国制造”，中国所提供的是除品牌、设计、工艺、流程和企业管理以外的廉价劳动力。在某些行业，制造流程和工艺已经被国际企业细化到不需要劳工进行任何思考和接受复杂的培训，只需要记住螺丝是拧三下而不是两下也不是四下。国际企业把中国制造挤压到全球产业链的最底端，而中国还在沾沾自喜。所以中国企业首先需要建立属于自己的品牌，向价值链的高端发展，对品牌进行科学全面的规划和建设，才能使“中国制造”这个生产环节有意义。

第二，对“中国消费者偏好外国品牌”问题的实质认识不清。

中国企业对品牌管理不信任的另一个根源是对“中国消费者偏好外国品牌”的认知有偏差。无论是国外消费者还是国内消费者，对中国很多领域都存在严重的负面印象。这严重影响了中国企业的品牌形象，甚至是在本国市场的品牌形象。中国企业家需要认清这些负面印象的实质。

很多关于中国消费者品牌偏好的研究，都得出中国消费者偏爱国外品牌的结论。但如果仔细分析这些研究和中国消费者品牌偏好现状可以发现，品牌偏好研究的前提是中国品牌的情况和国外品牌的情况并不对等，也即研究对象不具可比性，以致结论出现偏差，误导理论研究和品牌管理实践。

例如，品牌偏好对比不分产品种类，在同一产品种类中所选中国品牌的质量和档次明显低于所选国际品牌，也就是没有在同一条件下进行对比，结论自然是消费者会选择质量优良、价格合理的品牌，这往往是国际品牌。其实，消费者做出的是基于功能效用最大化的合理选择，并不是基于国内国外品牌的选择。

如果同一产品种类的中国品牌和国外品牌有同等知名度和产品质量，在这种情况下进行对比，对消费者品牌偏好的衡量才可能准确。例如，对于高档香烟的品牌偏好，市场销售数据表明，中国消费者对中国香烟品牌的偏好远远高于国际品牌。这个结论还可以在烈酒市场得到确认。所以简单地认为中国消费者崇洋媚外，更偏爱外国品牌，是片面的。我们需要看到中国企业品牌管理现状的实质。对于同一产品种类，在同等质量、款式和价格条件下，中国消费者是偏好中国品牌的。因此，可以肯定地说，中国品牌在中国市场中更具竞争力。

所以，关键问题是中国企业是不是能把自己品牌的产品做到最好，在市场上具有真正的竞争力。对于很多企业来说，竞争压力及竞争下的持续发展压力是品牌最大的动力。面对竞争压力，中国品牌只有狠下苦功创造出具有市场竞争力的产品才能面临强势品牌的挑战。

第三，国内在很长一段时间内的经济大环境和导向不利于企业发展品牌战略。

中国企业对品牌管理不信任的第三个根源是只重眼前利益。品牌管理和发展需要企业更具智慧和能力，在复杂的经济环境下坚持发展品牌的原则，平衡短期利益和长期利益。在国内市场飞速发展，大量投机和倒买倒卖机会的诱惑下，能够安心经营品牌的企业非常稀少。很多在制造业发展起来的知名品牌都在资本和房地产市场短期暴利的诱惑下转移主业，忽略制造业企业为社会创造价值的根本，投入金融资本的怀抱。

3.3.3　正确的品牌观念

第一，品牌是承载无限财富的载体。

对世界各国最富有的人进行调查可以发现，他们所具备的共同特点就是都拥有一个或几个品牌，说明的是一个简单的品牌财富理论：品牌是创造无限财富的先决条件。没有品牌，所创造的财富始终是有限的、短暂的和不确定的，例如代工制造和金融投机。品牌却是无限的、长期的和稳定的，创造无限财富的最直接手段就是建立强有力的世界品牌。

第二，品牌是帆船上的风帆。

品牌到底是什么？这里用一个形象的比喻，也就是品牌风帆理论。企业和产品好比是一艘大船，大海是市场，品牌就好比是大船上的风帆，可以加快大船在大海中的航行速度，以抗击风浪，勇往直前，开创更大的事业。风帆和船体是相辅相成的，优良的船体是基础，风帆是驱使船体的动力。没有船体只有风帆是没有意义的，因为没有风帆的船体是笨拙的、缓慢的，只能靠船上的船工划桨驱动，无法在大海中远航和抗击风浪。优秀的企业和有竞争力的产品是基础，是船体；品牌是驱使企业和产品在市场上竞争的动力，是风帆。船体越坚固越优秀，风帆就可以撑得越大，船就航行得越远。船航行得越远，就允许船体建造得越大越坚固，可以承载的风帆也就越大，船就航行得更远。企业通过品牌越做越大，进入越来越广阔的市场，形成良性循环。品牌风帆理论解决的是品牌管理过程中，品牌是什么、品牌与企业和市场是什么关系的问题。企业家是船长，一个没有风帆的船的船长，即使再有才干也无法远航。所以，企业产业升级的第一步就是把品牌建立起来，把企业高速长远成长的风帆树立起来，这样才可能有真正的发展。

利用品牌风帆理论成功从“制造”向“品牌经营”转型成功的企业在国际上非常普遍。例如意大利男装品牌杰尼亚，在 20 世纪 90 年代以前是以面料供应商的经营模式在市场上获得成功的，但是它很快就意识到只靠优良的品质和合理的价格很难在市场上获得高额的利润回报，必须进行以品牌经营为主的商业模式。

第三，品牌是真正实力的体现。

品牌是一个企业真正实力的体现，是一项系统工程，对企业提出了更高的要求，同时把企业“打得赢就打，打不赢就跑”的后路切断了。品牌实力理论要求企业把所有责任通过品牌记录下来，接受国家、社会、市场、消费者的监督和考验。也就是说，企业要从没有品牌、处于市场暗处的游击战，向在市场明处大规模集团作战转变。因为世界上真正的竞争者都是正规军，接受世界各个市场和消费者的监督和考验，在这一点上任何企业都没有投机取巧的捷径可走。企业要有堂堂正正做市场主人的决心和气魄，品牌就是企业在市场上的名字。

这一理论是针对有了一定基础的优质企业提出的，要求企业家建立以品牌管理为核心的新商业模式，与传统品牌管理理论相结合，吸收世界各国优秀和成功的品牌管理理念和经验，与中国企业和中国市场相结合，走具有中国特色的品牌管理之路。

在这方面，国内比较成功是的中粮集团。作为传统的外贸公司，中粮集团在 20 世纪 90 年代末就开始对集团内部进行产业链整合，进行品牌化经营，重点推出了中粮旗下的众多品牌，例如长城葡萄酒、福临门、金帝、五谷道场、蒙牛、梅林等著名品牌。这些品牌虽然还不是世界品牌，但是在中国市场上建立起了非常高的知名度和美誉度，为中粮的全产业链发展策略做了龙头。

第四，品牌是人类智慧的结晶。

品牌是物质文化和精神文化的高度结合。品牌的物质文化是通过一件件产品体现出来的，品牌的精神文化是品牌的拥有者赋予品牌的灵魂。所以从这个角度来看，品牌不仅仅是商业领域里的一种简单现象，而且是人类社会进步的体现。强势悠久的品牌所具有的力量不仅仅是财富和物质层面的，还有精神层面的。

例如，美国品牌麦当劳、可口可乐、沃尔玛等把一家家分店开到世界各地，为美国社会和人民创造了巨大的物质财富，同时这些企业的产品和品牌又承载着美国的精神，那就是大众文化和美国梦。再例如，法国品牌路易威登，作为全球最成功的国际精品品牌代表，同样也把店面开到世界各个聚集人类文化结晶的国际大都市，不仅为世界人民带来精益求精的产品，同时也传播了法国的文化和精神，那就是欧洲的贵族文化和工匠主义精神。

中国的企业和品牌在哪里呢？我们还没有强大到走出去，还没有征服世界的自信和能力，所以需要向先进的企业和品牌虚心学习，切不可好大喜功。海尔并不是世界名牌，因为其产品并没有进入世界各国的寻常百姓家。联想也还没有强大到成为世界名牌，因为其主要市场还是中国。

真正能称得上来自中国的世界性品牌，目前只有一个，那就是青岛啤酒。到世界任何一个角落的中餐馆，肯定可以看到这个绿绿的来自中国的小瓶子。这要感谢散布在全世界的华侨和灿烂的中国餐饮文化的巨大魅力和生命力。中国还没有任何一家企业能够喊出“车到山前必有路，有路必有丰田车”这样有气魄的口号。在中国成为成功企业家还算不上成功，在世界市场上成为成功企业家才能称为真正的成功。这种成功是需要品牌管理作为前提的。

3.3.4　总结

中国企业进行品牌管理的战略调整，不仅有着国际国内市场竞争和价值链竞争等外部原因，而且有着企业内部整合和获得创新能力以便长期稳定发展等内部原因。品牌管理不仅仅是产品、企业等物质层面的价值创新，而且是反映国家文化和时代精神的精神层面的价值创新。因此需要国家、社会、企业、人民共同关注和参与，把这一问题提到战略层面上来，理论密切联系实际，让企业真正意识到这是下一步必须走的唯一道路，必须孤注一掷，奋斗到底。

3.4　打造中国的国际精品品牌的五要素

只要一提起精品，人们首先想到的往往是法国、意大利的产品，几乎不会联想到中国本土的任何产品。然而回望历史，你会发现，其实中国曾缔造了各种令人赞叹不已的精品：从精美的陶瓷器皿，到价值连城的玉雕器物；从文房四宝，到绫罗绸缎；从鱼翅燕窝，到龙井普洱；从明清家具，到苏州园林……历朝历代都有“中国制造”的精品享誉世界。但是为什么当今的精品舞台上，却没有中国本土品牌的身影？

所有世界驰名的国际精品品牌无不经历了从传统到现代的痛苦涅槃。中国精品品牌要想在世界精品舞台上占据一席之地，必须把中国的传统精品现代化。然而说易行难，要创立或发展一个国际精品品牌，需要企业付出比创建一般品牌更多的艰辛与努力，这不仅要求我们具备欣赏和使用精品的品位与独特眼光，更要具备成功制造和经营国际精品品牌的能力。

总体而言，一个国际精品品牌的诞生和创立必须具备五个要素：强势的文化，高超、现代化的制造工艺，对品牌价值观产生强烈认同的市场，世界级的设计人才，一流的精品管理人才。所有成功的国际精品品牌概莫能外，失败的品牌往往缺少了其中一个或者多个要素，而弱势的国际精品品牌也都是在这五个要素上存在或多或少的欠缺。

3.4.1 强势的文化

大多数人会认为精品是物质主义的代表，因为它们价格昂贵，享乐与炫耀的作用往往大过实用性。然而，这只是表面现象，精品的内涵和源泉其实是精神、文化上的，强势而令人向往的文化内涵才是精品无穷魅力的根源。

从产品的角度来讲，国际精品品牌往往具有悠久的历史，而精品中所包含的设计师精神和产品创作过程中的丰富故事，也给精品注入了浓厚的文化因素，这是普通的功能性产品无法比拟的。从消费者的角度来讲，购买精品的主力人群是富裕阶层，他们对文化的认同感往往非常强烈。他们需要通过消费文化和文化产品（即带有历史和艺术等文化性的精品），取得与其财富地位相对应的文化地位，进而获得稳固的社会地位。最后，从品牌的角度来讲，国际精品品牌往往带有强烈的国家文化属性。精品很重要的一个功能是营造梦想，即让顾客及公众产生拥有产品及品牌的美好梦想。例如，恋人们梦想拥有卡地亚钻戒，成功男士梦想佩戴劳力士手表。这种美好的梦想和产品原产国在人们心目中的文化形象紧密相连，例如法国代表的是前卫与浪漫，瑞士代表的是精准和高质量，意大利代表的是热情奔放。这些生产国所代表的文化含义会注入本国出产的国际精品品牌和产品之中，给它们打上清晰的文化烙印。

那么，中国在世界眼中代表的是什么呢？对于这个问题，存在着两种相互矛盾的答案。中国古代文化令人向往和推崇。中国古代的丝绸、瓷器、茶叶等通过陆上和海上两条丝绸之路源源不断地销往西方，这些物品无不体现出中国文化中的内敛、精致、高雅等元素，带有强烈的中国文化气息，成为西方上流社会喜爱的精品。但中国的现代产品却往往是廉价和质次的代名词，大量中国制造的廉价纺织品和日用品充斥欧美低价位的折扣超市。所以人们对于中国的态度是矛盾的。要成功建立中国的精品品牌，首先就要解决这个根本矛盾。具体来说，我们首先要建立扎根于中国古代灿烂文化基础上的强势品牌文化，当然，这种强势的品牌文化应该是对中国古代文化精髓的现代解读和创新；其次要打造国际水平的高超生产工艺和顶级质量，逐步改变劣次的文化形象。

精品产业本身就是一个以文化价值观为基础的产业。然而现实中有些中国本土品牌为了迎合西方品位而放弃自己的文化传统和根源，最后的结果可能是邯郸学步，不仅无法被世界接受，即便在中国市场也无法获得认同。中国文化中令人向往和推崇的元素才是中国精品品牌塑造自己强势品牌文化的基础和根源。只有在优秀的中国传统文化基础之上，结合现代生活方式的新元素，并提供顶级的质量，才能淡化和摆脱价廉、质次的“中国制造”形象，在品牌的建立过程中开创新的天地。

3.4.2 高超的制造工艺

中国精品品牌在中国文化中找到可以塑造自己强势品牌文化的基础和根源之后，还必须凭借高超的制造工艺制作出品质上乘的精美产品。

高级时尚和精品产业是以高超的产品质量为基础的，世界一流的品质和工艺是创造和经营一个国际精品品牌最基本的条件，因为绝对优秀的品质是精品的第一大特征。那为什么必须要有世界一流的品质呢？除了产品方面的考虑，还有更深层次的社会原因。精品的购买者多是社会的中上阶层，而马斯洛需求的金字塔模型可以清楚地解释精品所满足的实际上是人们较高层次的需求——社会地位的认可和赢得人们的尊敬。因此能够满足这些中上阶层消费者高层次社会需求的产品，其品质必然是一流的。这就对精品的设计、制造者提出了异常高超的要求——他们必须拥有超越目标顾客群的品位、艺术修养和过人的工匠主义精神，才能抵御外界的诱惑，潜心造器。

几乎所有成功的国际精品品牌创始人都倾其一生致力于改进产品的方方面面。他们都是依靠当时行业内最先进的生产工艺开发产品，以确保制作出质量上乘的精品。路易威登的创始人在巴黎做行李打包的工作时善于观察，发现了当时行李箱的缺点，通过研究改进，最终制作出了经久耐用的旅行箱，获得了王公贵族、商业巨贾的好评与信任，从而使产品在高端顾客中站稳了脚跟。顾客对于一个品牌品质的认同和记忆会经过时间的考验而变得根深蒂固，这种认同不仅可以代代相传，而且会扩展到同一品牌旗下的其他产品类别。这也正是以路易威登为代表的国际精品品牌历经几个世纪仍然“枝繁叶茂”的秘诀之一。

对于中国精品品牌而言，无论是要向高端发展还是重新创立一个新品牌，优秀的产品品质就是中国品牌起步的根本，虽然，这必然会使产品生产成本大大提高，但却是精品行业的第一个高门槛，能够把大部分生产商和品牌挡在竞争的大门之外。这也是国际精品品牌即使暂时无法赢利也仍然能够在市场上存在的原因之一。要知道这种具有精美绝伦的产品和强势定位的品牌，不是一天就能建成的，这就使得品牌本身具有了很高的价值。

3.4.3　对品牌价值观产生强烈认同的市场

有了以强势文化为基础的品牌和高超的制造工艺之后，国际精品品牌仅仅是迈出了成功的第一步。还必须有一个对其品牌价值观高度认可的市场，它才有生存的空间。对于中国精品品牌而言，首先就要让自己的品牌价值观得到中国消费者的认可，并力争使自己的品牌和产品成为中国消费者生活中的一部分。

有人认为，要让那些热衷国外品牌的中国消费者认同中国精品品牌，似乎是不可能的。然而，如果我们透过表象分析其背后的原因，就会发现，中国消费者喜欢国外的精品主要是因为国外的产品设计好、质量高，在市场上表现得十分强势。如果中国本土品牌经营者能够扎实地解决产品设计、制造工艺和质量等问题，掌握品牌市场运作的方法，中国的消费者同样会欣赏中国本土的精品品牌。因为中国精品品牌和中国的消费者之间有着更为牢固的文化联系，具备中国传统文化元素的本土精品品牌完全能够被本土消费者认同。琉璃工房在中国的成功就是一个明证。

再以烟草和烈酒这两个非常重要的精品种类在中国的情况为例。我们可以看到，无论是产品定位、产品质量，还是品牌知名度，中国精品烟草和烈酒品牌比国外品牌成功得多：五粮液和茅台一直稳稳地占据市场主导，国外的烈酒品牌始终无法打入中国主流的生活方式市场，不得不选择酒吧、西餐厅和KTV等娱乐场所，试图通过培养年轻消费者来获得市场认可。而国外高档洋酒公司也只能通过收购或控股国内高端白酒公司、生产中国品牌高端白酒的方式，进入中国主流高端酒消费市场，例如路威酩轩集团曾与剑南春合资经营文君酒业，经营具有四百多年历史的中国高端白酒；世界第一大酒商帝亚吉欧（Diageo）则控股中国白酒品牌水井坊。

在本土精品品牌中，无用（WUYONG）始终坚持以中国文化和价值观为主导的设计风格，获得了良好的市场反应。除此之外，鲜有中国精品品牌坚持这样的方向。相反，一些国际精品集团的顶级品牌却瞄准了中国市场的机会，成功推出具有中国元素的产品系列，例如卡地亚推出的“祝福中国”系列麒麟造型高级珠宝腕表及大熊猫珠宝腕表，古驰（Gucci）推出的2008熊猫玩偶，珑骧（Longchamp）的“为人民服务”限量皮具等。随着中国国家地位和经济实力的复兴，全世界的消费者对于中国文化的需求越来越强烈，这无疑给中国精品品牌崛起带来了机会。

3.4.4　世界级的设计人才

精品消费者往往是各领域的成功人士，对于产品和服务有着更高的要求。他们中的许多人往往具有很高的艺术鉴赏力，对于精品的设计和款式的要求要高于普通大众。精品虽然是相当物质的产品，但是满足消费者的需求却是精神层面的。消费者与国际精品品牌在精神层面的碰撞和沟通，必须通过顶尖设计所创造的产品来实现。例如，宝玑表从1775年创立之日起就不断地跨越产品设计和发明的一个个巅峰，小到阿拉伯数字的表盘、精细的游丝擒纵机构，大到陀飞轮、自动上链机芯。正是宝玑表对于腕表设计的一贯专注和在制作工艺上的不断突破，帮助它获得了欧洲历代名人的青睐和现代高端人群的追捧。国际精品品牌需要顶级的设计人才，综合满足目标受众对生活的功能性需求、对产品的高品质需求，以及对设计理念和艺术美感的需求。爱马仕过去以制造精巧的马具闻名于世，后转型为皮具的提供商。爱马仕的设计者率先在皮具上使用了拉链，使得皮具的美感和实用性大大提高。这一大胆尝试，不仅吸引了消费者，更引起了精品行业其他品牌的学习跟进。像爱马仕这样适应时代的转型和创新，不仅要求品牌设计者准确把握潮流的变化，同时要把这种变化与品牌传统精髓完美结合。这不是简单的嫁接，所需要的是设计师的大智慧。

中国精品设计者面临的挑战是巨大的，一方面要对中国博大精深的传统文化有深入的体悟，另一方面要能够将中国传统文化用现代的手段表现出来，并展现出自己的独特才华。他们要能够设计出既能传达中国文化精华，又符合现代审美观和生活方式的产品，才能获得中国市场的喜爱和国际市场的认同。从这个角度来说，他们必须是能够融贯中西文化的大师。

3.4.5　一流的管理人才

成功的国际精品品牌幕后一定有一个懂得国际精品品牌市场运作的高效国际化团队，因为之前提到的四要素无不需要一流管理团队的支撑——强势的品牌文化需要系统的品牌运作规划，高超的制造工艺需要有效监督，市场认同离不开一系列准确而有效的市场宣传和推广，而世界级的设计人才也同样需要有效的引导和激励。国际精品管理领域的高层管理者大多毕业于欧美以精品管理闻名的商学院，例如法国的巴黎高等商学院（HEC）、高等经济与商业科学学院（ESSEC），意大利的SDA博科尼商学院（SDA Bocconi）等，他们拥有丰富的高端品牌工作经验，既了解国际商业运作的一般规律，又掌握精品与时尚产业的特殊性。不少人具有多文化的国际背景，会多国语言，因为他们所管理的团队是全球化的，整合了来自世界各地的优秀人才。同时他们对艺术和美，以及商业机会都有着敏锐的触觉。

路易威登深深懂得管理人才的重要意义，甚至以牺牲家族对品牌的控制为代价，引入了外部资本、先进的经营理念和管理团队，才逐渐使品牌获得了国际上的地位和成就；20 世纪 80 年代末 90 年代初，法国的贝尔纳 · 阿尔诺（Bernard Arnault）也是凭借着专业的管理团队，成功收购了众多国际精品品牌，成立了被誉为精品行业航母的路威酩轩集团。对中国立志打造国际精品品牌的企业来说，能否获得和培养一流的管理人才必然是其能否成功的关键之一。

国际精品品牌往往以某一方面的突出特质而闻名世界，仅从表面上的市场运作来看，或许有人认为国际精品品牌的成功无非就是做广告、请明星代言等一套毫无新意可言的招数。其实隐藏在成功国际精品品牌背后的是科学、系统的运营管理体系。上述五个要素是成就国际精品品牌的必备元素，缺一不可。品牌经营者只有认同这五个元素，能够同时把这五方面所涉及的精英整合起来，发挥他们在各自领域的高超技艺和智慧，才能成功打造出国际精品品牌。

本章小结

国际精品品牌战略理论是一套系统的认识论和方法论，是建立在精品区别于大众消费品的价值状态之上的，也就是除了大众消费品之外的具有高附加值的精品经济学和管理学理论。精品的需求曲线决定了精品的商业法则有其独特的客观规律。在此理论基础之上，要理解品牌的多维度概念、国际精品品牌战略的底层模型和国际精品品牌战略的八卦模型。

只有将精品品牌产品的精度和高度与整体性理念上升到品牌战略的高度，才有可能将其落地到商业模式，贯穿到品牌的视觉识别系统、线上线下店铺的设计与管理、产品和商品摆放及橱窗设计、产品的定价体系、商业的分销体系和模式，并整合营销沟通体系。

在明确了国际精品品牌的整体理念的认知论和方法论之后，后面我们将针对商业模式的主要方面一一进行分析和讲解。

第四章

国际精品品牌的消费者管理

精品消费需求是人类最古老的需求，是真实的需求，我们不能抹杀它的存在。

4.1 路易威登和中国消费者

精品是与历史、传统、艺术、文化和精湛的工艺相关联的。此外，精品还具有专属性和独特性，其内涵在于质量和服务。而目前，中国的问题是，市场上很多购买行为并非出于对产品精益求精的特质的追求，而是将精品视为自己身份的象征，这是对精品的误解。但随着时间的推移，这种心理会逐渐减弱，炫耀性消费也将渐趋冷却，而质量与性价比则会在消费者的购买决定中扮演更重要的角色，人们对品牌的忠诚度也会发生重大变化。

在改革开放初期，路易威登进入中国，在消费市场中起到了非常重要的作用，因为它让许多消费者追求“现代、财富和成功”的强烈愿望得以实现。

4.1.1 路易威登的历史

百年老牌路易威登绝对是名牌中的名牌，以旅行箱、皮包起家，近年来引领了全球的名牌热潮，更确立了“高级皮制品=路易威登”的品牌形象。1837 年，年轻的路易·威登不畏艰难，长途跋涉，到巴黎追求自己的梦想，这也似乎暗示着旅行、冒险、勇气将成为贯穿路易威登百余年的品牌精神。路易·威登使用独特的布料为贵族制作皮件，很快就受到了关注，成为当时贵族阶层旅行时最爱使用的品牌。1854 年，他在巴黎开设了第一家旅行皮件店，从此一个代表高质量旅行皮箱的品牌诞生了。1896 年，路易·威登的儿子乔治·威登设计出了以字母缩写“LV”搭配四瓣花纹的押花（Monogram）图腾，成为路易威登的永恒标志和象征。1914 年，路易威登在法国的香榭丽舍大街开设了第一家大型专卖店，开全球大型皮件专卖店之先河。

1984 年，其公司在巴黎和纽约的股票市场同时上市，次年成为一家控股公司，其并将旅行用品和皮具业务转至旗下附属公司。1987 年，路易威登和 1743 年创立的酩悦（Moët）香槟公司，以及诞生于 1765 年的轩尼诗（Hennessy）酒厂共同组成酩悦·轩尼诗–路易·威登（Louis Vuitton Moët Hennessy, LVMH）集团，又称路威酩轩集团。两年后，法国阿尔诺（Arnault）家族开始掌管这个世界上最大的精品集团。

除了皮件和时装外，求新求变的百年老店路易威登也将脚步跨入其他时尚领域。1998 年，它请来时尚界的大顽童马克·雅各布斯（Marc Jacobs）掌舵，带领这艘巨轮继续前进。在马克的巧妙装扮下，路易威登换上了新的表情，更贴近大众的生活。日本艺术家村上隆以他的卡通世界颠覆了路易威登，也颠覆了整个世界，路易威登的押花图案遇上变化多端的奇幻色彩，扭转了人们的视觉印象。毋庸置疑，这些路易威登的新成员将被收藏在路易威登的历史档案中，永远占有不可磨灭的一席之地。但不管路易威登涉足多少领域，推出多少新品，路易威登还是绝对的路易威登——一部时尚界史诗般的神话，永远的名牌中的名牌。

路易威登高度尊重和珍视自己的品牌。该品牌不仅以其创始人路易·威登的名字命名，也继承了他追求品质、精益求精的态度。从路易威登的第二代传人乔治·威登开始，其后继者都不断为品牌增加新的内涵。第二代为品牌添加了国际视野和触觉。第三代传人卡斯顿·威登又为品牌带来了热爱艺术、注重创意和创新的特色。至今，已有 6 代威登家族的人为品牌工作。同时，不仅是家族的后人，连每一位进入这个家族企业的设计师和其他工作人员也都必须了解它的历史，真正地领悟它特有的基因，并且在工作和品牌运作中将这种独特的文化发扬光大。路易威登的另一个成功秘诀就是力求为尊贵的顾客营造一种“家庭”的感觉。你能想象路易威登可以为客户提供永久的保养服务吗？路易威登品牌的产品可以由外祖母传给妈妈，再由妈妈传给女儿，代代相传，无论什么时候你把产品拿去修理养护，专卖店都会尽心尽力予以帮助。让一家三代能持续地拥有一个品牌的产品，这对于一个品牌生命力的延续意义非常重大。

4.1.2 路易威登在中国受到追捧的原因

在中国消费者最想购买的国际精品品牌中，路易威登总是排在第一位。自进入中国以来，路易威登几乎成为精品的代名词。1992年，路易威登在北京王府饭店（现王府半岛酒店）开了中国第一家专卖店，主营皮具。当时，出入王府饭店是有身份的象征，路易威登的品牌特征明显，辨识度高，一下子成为第一批富人的身份象征。而精品在中国的异化也折射出当今中国社会很多的畸形现实。人们对路易威登的认知充满了矛盾，既想拥有路易威登，又对背着路易威登的暴发户们进行无情的嘲讽。年轻的白领们会用数个月的积蓄买下路易威登，在过地铁安检时，小心翼翼地套上外罩。2010 年 11 月初出刊的美国《新闻周刊》，封面故事为《中国太富有》（*China is too rich*），而封面图片是一个中国女孩背靠着一堵贴满路易威登标志的墙。中国人买路易威登包，“我拥有”的心态要多于“我喜欢”，很多人是因为跟风、攀比。欧洲人看上了某款包包，大部分是因为它的款式让人很喜欢，很符合自己的需要，不会因为价格低而觉得档次不够。日本市场也很有趣，很多人买路易威登包包是因为刚性需求，因为觉得带着它显得有品位，而不是将它作为一种投资。

一些精品生产商也因自己经营的百年品牌在中国被曲解得太厉害而感到无奈。大部分国人并不了解路易威登的历史和品牌的内在精神。上海世博会上的路易威登百年回顾展让不少国人感到诧异，原来最经典的路易威登产品不是用来背的，而是用来推的旅行箱，路易威登的精神一直是推崇旅行和自由。中国人更关心个体在集体中的角色和地位，因此偏向于购买具有显示社会财富地位功能的精品。另一方面，大量涌现的新富阶层需要通过精品显示个人成就，有标识的精品就成了他们最好的选择。

所以，路易威登在很多消费者的心目中绝非只是一个有着一流品质的手提包，而是高贵的代名词，代表着一种精致、典雅、尊贵的形象，带来一种荣耀感，能够满足消费者内心深处的虚荣心，以及超越于“物质需求”之上的“精神需求”。

然而，值得注意的是，这些购买路易威登手提包的消费者有时却会对一些平价商品情有独钟，追求较高性价比，甚至还会为了一些平价商品与卖家进行讨价还价。一方面是追求一些可供炫耀的高端消费品来证明自己的价值，彰显自己的身份和社会地位；另一方面则是追求一些较高性价比的普通消费品，来缓解因为经济上过度支出所造成的压力。这种看似相互矛盾的消费心理凸显出消费者的双重性格。

那么，我们如何解读消费者的这种双重性格？通过“马斯洛需求层次理论”的分析，我们或许能够了解到个中奥秘。

马斯洛需求层次理论，又称为基本需求层次理论，是行为科学的理论之一，是由美国著名的心理学家亚伯拉罕·马斯洛在 1943 年发表的《人类动机的理论》一书中提出的。马斯洛需求层次理论的构成主要是根据三个基本假设：一是人要生存，他的需要能够影响他的行为，但只有未满足的需要能够影响行为，满足了的需要不能充当激励工具；二是人的需要按照重要性和层次性构成像阶梯一样排列，从基本（如食物、水等）到复杂（如自我发展与自我实现）；三是只有当人的某一级需要得到最低限度满足之后，才会追求高一级的需要，如此逐级上升，成为推动其继续努力的内在动力。按照马斯洛需求层次理论，人类的需求主要分为五类，分别为生理需求、安全需求、情感和归属需求、尊重需求、自我实现需求。这五类需求像阶梯一样由较低层次到较高层次进行依次排列。

一个饥寒交迫的人（生理需求）不会对最近艺术界发生的新鲜事感兴趣（自我实现需求），也不会注意到别人是如何看待他的（情感和归属需求或尊重需求），甚至都不会在意他呼吸的空气是否洁净（安全需求）；但是当他拥有了足够的食物和水，满足了最迫切的需求之后，他就会转向下一个层次的需求。

那么，用马斯洛需求层次理论来解释消费者对路易威登产品的需求我们就能够发现，生理需求、安全需求是属于较低层次的“物质需求”，情感和归属需求、尊重需求、自我实现需求则是属于较高层次的“精神需求”，而高端消费品就能满足消费者超越于“物质需求”之上的“精神需求”。这种“精神需求”是在物质需求获得满足之后的一种更高层次的需求。在经济发展之后的中国，众多在物质和事业上获得成功的消费者，必然想在精神层面追求内心的喜悦和社会的认可。

可见，消费者对高端消费品和普通消费品的双重消费心理，正是源于高端消费品对消费者“精神需求”的满足和普通消费品对消费者“物质需求”的满足。

4.1.3　路易威登在中国的高速发展

法国人也许已经习惯了这样一个场景：巴黎路易威登总店门前每天总是排着长长的中国游客队伍。由于顾客众多，路易威登规定一本护照只能买两件产品，还不能是同一款式，大包更是限买一件，这几乎是“凭票供应”的再现。但这显然没办法满足殷切期望的中国人，于是不少在国外的中国人都曾有过陌生的黄色面孔向自己借护照买路易威登的经历。知名购物退税服务机构环球蓝联集团发布的调查报告显示，2015 年中国游客在法国的加盟购物商店消费大约 35 亿欧元，占法国当年退税购物贸易额的 40%，中国消费者平均每人消费 1647 美元，成为全球最大的跨境消费人群。好多精品店都聘有亚裔员工，从店内导购到退税员，都有会说中文的服务生为中国客人提供服务。一位在法国的中国留学生说，她常受国内亲朋好友的委托，定期来到精品云集的法国香榭丽舍大街代购。

事实上，中国市场早已成为国际精品品牌的救命稻草。路易威登及其所属的母公司路威酩轩集团是中国市场的最大分享者。作为全球最大的精品集团，路威酩轩可以说是行业标杆。由于中国市场的强劲表现，其营业利润实现了增长。中国国内和在海外度假的消费者成为路易威登服装、手包还有轩尼诗洋酒的最大买家。

开店速度被视为衡量国际精品品牌发展情况的指标。2010 年 4 月 28 日，路易威登在上海的淮海路和浦东新开张两家分店，创下其 150 多年历史上在同一城市同时开张两家旗舰店的新纪录。同时，路威酩轩还与澳门“赌王”何鸿燊一起在上海盖了一座精品中心，作为路威酩轩旗下各个高档品牌的集成店，这也是其历史上的第一次。目前，路易威登在中国的门店已覆盖到长沙、西安、青岛、厦门、无锡等二、三线城市。

除了加快开店速度，路威酩轩还尝试将营销活动和中国元素联系起来，以获得公众认可。在上海世博会上，路威酩轩是法国馆的四个首席赞助商之一，路易威登也是法国馆唯一参展的国际精品品牌，其展厅就在法国馆陈列国宝的展厅旁，参观者不经意就会步入路易威登的空间。

4.1.4　海外代购的出现

无论巴黎的专卖店门前队伍有多长，都还不能说明中国人对全球精品行业的贡献。早在 2010 年就有 56% 的中国消费者选择在境外购买精品，中国人在欧美国家和中国香港地区购买精品的消费额达 130 亿美元，比内地市场高出近 25%。咨询公司贝恩认为，近年来中国境内的国际精品品牌纷纷降低运营利润率，主动缩小中国市场和海外市场的价格差，但是价格较低和产品选择范围更广仍然是众多中国人选择境外购买精品的主要原因。而且在法国等地购买精品，还有额度不小的退税。

有媒体做过统计，从区域上来看，精品在自己的原产地欧洲的价格比美国低 5%，而欧美价格要比日本低 10%~15%，中国香港则要比内地低 20%~30%。缴纳完进口关税后，精品进店还需海关检测、进店检测，这些都要收费，销售过程中还有营业税。此外，精品消费税也是大头，达到 17%。除了税收外，人民币对内购买力下降，对外升值，也是中国富人出境购物的主要原因。价格差的存在，除了导致中国出境游购物消费的激增，也促使海外代购来填补这个市场空间。中国海外代购的市场交易规模在 2013 年达到了 700 亿元人民币，2014 年达到 1500 亿元，预计 2018 年将达到 1 万亿元。

4.1.5　路易威登在中国面临的问题

品牌平民化

在深圳通往香港的罗湖口岸旁的罗湖商业城内，人头攒动，有很多人向老板打听路易威登箱包的价格，这里的路易威登大多是A货，即仿货，因为路易威登从不允许专营门店之外的地方销售它的产品。然而按照仿真度，A货中还有A和超A的区别，一个 500 元的路易威登超A钱包仿真程度极高，一般消费者用肉眼很难区分它和门店里卖 5000 元左右的钱包孰真孰假。

经常有人用充满炫耀的口气说："我买了一个超A的LV袋子背着去欧洲，愣没人发现，外国朋友们还都当是真的。没办法，他们没见过什么假的，对真与假的警惕性没我们那么高。"

当然，在超A和A货之外，还会存在所谓的B货和C货，明白人一看就知道是假的，但这些仿冒的路易威登产品依然在中国很多地区大行其道，甚至在一些小学隔壁的文具店里也有。除此之外，大量使用路易威登经典纹饰图案的产品，大到箱包，小到礼品包装纸，也在不息地流转着。

或许可以将路易威登在中国的这些"低端存在"称为"路易威登的平民化"。这些假货也一直是最让路易威登等国际精品品牌头疼的问题。但从另外一个角度看，这些"ABCD"货代表了一种价值崇拜，潜台词就是:"我也要路易威登。"

停止在中国二、三线城市扩张

2010年，路易威登高调宣称将突破中国一、二线城市布局战略，计划进驻三线城市以争取更高的市场份额。路易威登手表及珠宝北亚区总裁表示，此次扩展将会延伸至三、四线城市。目前路易威登在中国占领的二、三线城市有长春、长沙、大连、哈尔滨、昆明、苏州、无锡、温州等地。

虽然经济不够景气，但为了抢占更多的市场份额，路易威登毫不示弱，扩展态势咄咄逼人。与快消行业相比，便不难看出两者的相似之处。快消行业三大显著特征就是便利性、视觉化产品和品牌忠诚度不高。大面积地攻城略地，控制终端渠道，将渠道下沉到底层，这是快消行业便利性的必然要求，而影响成功的主要因素则是足够高的铺货率和有效的渠道控制。但是对路易威登来说，这种方式早已经让其走下精品的神坛。

但是，2013 年 1 月，路威酩轩集团主席贝尔纳·阿尔诺称将全面抑制扩张，聚焦高端产品，保持高端形象。并同时表示不会在中国二、三线城市继续开店，以免让路易威登变得太司空见惯。分析认为，这是由于路易威登连续几个季度销售量下降，所以集团被迫采取这样的策略。

在华销售价格调整

同款精品在国内外存在价格差异，通常的解释是关税及高昂的租金导致的，然而央视调查发现，印度比中国的进口关税高，但同款产品在印度孟买的零售价比中国还低。另外，国内同一商业地产，出租给国际品牌比国内品牌所收取的扣点要低 10 个以上。所以说产生价差的主要原因在于国际精品品牌公司的定价策略而不是关税。

2013 年 3 月，路易威登开始进行全球价格调整，以缩小中国与其他市场的价格差异，但中国的路易威登产品价格仍高于其他很多国家。

案例思考：

我们总爱拿路易威登作为经典案例，因为它的确太典型了。一个成功的精品品牌要面对消费市场和消费者的复杂性，在消费需求旺盛的市场中，消费需求也是不一样的。虽然在经济高速发展的中国市场上，消费需求相对比较明显，但是其中有非常大的差异。那么这些消费的差异是什么？怎么去理解？这些消费需求是持久的吗？

引申的思考：

（1）精品消费者的准入标准是什么？

（2）精品消费者为什么必须消费精品？

（3）精品消费者如何分类？

（4）精品消费者的分类方法如何应用？

参考资料：

路威酩轩集团官方网站：www.lvmh.com.cn。

路易威登中国官网：www.louisvuitton.cn。

卢晓，《不一样的奢侈，中国奢侈品消费者的分类研究》，《哈佛商业评论》中文版，2006 年 10 月。

4.2 精品消费者

4.2.1 精品的消费市场

精品的顾客一般是那些比较富有的人，但也可能是每一个人。第二次世界大战以后，世界没有发生大规模的战争灾难，整体经济发展迎来了半个多世纪的快速发展，全球富裕人群的财富逐渐增加。中国改革开放以来，13 亿人口的生活水平得到了普遍的改善和提高，其中经济发展速度快的地区涌现出大量的高收入人群，这些人成了消费升级的主力。这也从统计数据上解释了全球层面精品行业的不断增长在消费端的支撑是真实有效的。

精品消费群体的长期整体性增长这一结论是由世界各国著名调研机构和银行长期对市场数据进行监测和统计得出的。例如，瑞信研究院发布的《2016 年全球财富报告》对全球财富分配情况做了详细的研究。这些数据对了解国际精品消费市场的状态是非常必要的。

2016 年中国境内的整体家庭财富为 23.393 万亿美元，而成年人平均财富为 2.2864 万美元（约合 15.8 万元人民币）。自 2000 年以来，全球超高净值人士（净资产超过 5000 万美元）数量增加 216%。其中，中国超高净值人士数量增加 100 倍，2016 年达到 1.1 万人，比 2015 年增加了 640 位，排在全球第二位，仅次于美国，占全球超级富豪总数的 9%。

2016 年，财富在百万美元以上的富豪人数在不同国家有着明显不同的表现。美国仍然是全球拥有最多百万富豪的国家，2016 年共有 1355.4 万人，增加了 28.3 万人。增长第三快的是德国，但总体人数排在英国和中国之后。2016 年英国百万富豪人数减少最多（40.6 万人），降至 222.5 万人；其次是瑞士，减少了 5.8 万人，至 71.6 万人。

与此同时，全球百万富翁人数增加 2000 万，增幅达 155%。报告显示，截至 2016 年 6 月底的一年，全球总财富增加 3.5 万亿美元，至 255.71 万亿美元，增幅达 1.4%。若按汇率不变计算，增幅将达 3%。其中，亚太地区总财富增加 3.42 万亿美元，至 79.96 万亿美元，增幅 4.5%；北美地区总财富增加 1.8 万亿美元，至 92.38 万亿美元，增幅 2%。非洲、欧洲与拉美地区总财富出现下降。

受人民币贬值的影响，2016 年中国财富总额下降 2.8%，至 23 万亿美元。但以人民币计算的财富增加了 4.1%。以美元计算的中国家庭财富总额全球排名第三，仅次于美国和日本。

4.2.2 精品的消费群体

对于不同国家的人，虽然拥有同等资产，但购买力却不一样，因为不同国家的生活成本不一样，可支配收入有很大差异。但是购买一只价值几千美元的古驰包却在相似的水平上。

随着世界的发展及人们对国际精品品牌的认知度的提高，精品的消费群体已经从非常富有的阶层逐渐向那些能够买得起少许或较多精品的群体靠拢。有人总结出以下四种精品消费者类型。

（1）盛世达人：指所有的名流和体育明星，以及在某个时期发家致富的人。

（2）传统贵族：指通过继承获得财富的人，“老钱”群体。

（3）新贵一族：指那些通过自己的奋斗而致富的人，如企业家群体。

（4）中产贵人：指对待金钱非常谨慎的高级中产阶层，如高级经理人和自由职业者。

当经济形势良好的时候，所有群体都是精品的顾客。当经济不景气时，这些群体中的多数觉得没有必要花大价钱去买精品，从而削弱自己的经济能力。

除了富裕阶层外，对精品消费者的调查显示，超过一半的发达国家的人口曾购买过精品。对于发达国家或新兴市场国家中新的中产阶层群体，他们选择从购买入门级精品开始。这就是精品可获得性增强的现象。精品对于人们的吸引力逐渐增强，成为每个人生活中的一部分。所以说精品不仅仅是富裕阶层，也是每个人都可以买的。

对于一般消费者，购买精品的心理是期待产品出色的质量和昂贵的价格体现自己的与众不同，并且要确保自己买到的物品是稀有的、非常难以得到的、只有极少数人才能够拥有的，还希望自己的购物体验是美好的，与销售人员接触时能有尊贵之感，即被服务得很好的感觉。虽然购买精品对他们来说有时候并无实际作用，但享受这种生活方式及购物体验让他们乐此不疲。

4.2.3　不同国家精品消费者行为

不同国家的精品消费者购买的产品类别及偏重或喜爱的产品样式也不一样。

欧洲：设计师消费心理。因大多精品原产地为欧洲，本国消费者更注重国际精品品牌的设计师作品。在法国与意大利，75%以上的精品消费者认为产品设计师决定精品价值，他们并不因为品牌本身的影响力而购买，大多注重商品设计，也结合自身的职业特点。

美国：自我型消费心理。在美国，大多数人都有自我型消费意识，相对务实，没有刻意注重精品能给自己带来什么优越感，70%以上的精品消费者是因为自己喜欢其款式而购买，不会将精品作为炫耀的资本或者为了拥有而重复购买。美国超级富豪精品消费的最新动向是游艇。对其所有者来说，游艇能带给他们一种重要的价值：个人专属。在美国，拥有游艇是那些超级富豪有别于一般富豪的标志。

日本：必需品消费心理。在日本，精品几乎是必须消费的，在日本这个快节奏国家，很多人是买精品慰劳自己，证明自己的能力和价值。日本是一个崇尚名牌的民族，上班族没有精品将会失去职场竞争力。85%以上的日本消费者认为没有精品将会缺失个人竞争力。新崛起的日本金字塔尖人群正在呈现更具个性化的消费需求。精品充斥了日本的大街小巷，从手表到香水，再到优质的意大利和法国手袋。

日本人对精品的追求达到了痴迷的程度。在东京的20岁女孩中，92%拥有路易威登，92%拥有古驰，58%拥有普拉达，52%拥有香奈儿，44%拥有迪奥。日本消费者认同和尊重手工制品。

中国：炫耀性消费心理。在中国，买精品的人注重精品的品牌价值，不注重商品价值本身。而从消费心理分析，大多中国消费者买精品是为了让别人知道他的价值，以精品来攀比和证明自己的财富能力及社会地位，与欧洲、美国、日本早期的精品社会发展较为相似。70%的中国精品消费者认为精品是用来社交的重要符号，有攀比价值，而完全出于自我、注重品牌文化和设计师理念的消费者仅占少数。

但是，中国的精品消费也在以惊人的速度成熟起来。已有几年购买经验的消费者偏好低调、务实的精品，而不是外表光鲜、品牌标签显眼的产品。同时，中国的精品市场又是多样化的，精品的新买家们仍然偏好广受认可的品牌，以借此炫耀其身份地位。

以古驰为例，其近来在中国销量下跌。虽然全球经济增长放缓和国内经济政策对精品消费有一定的影响，但古驰在市场中却一蹶不振，尽管使尽浑身解数，例如升级产品线、翻新门店、暂停扩张速度、去标识化等，还是没有令业绩起死回生。古驰在中国市场销量下滑，其中一个比较重要的原因在于没有摸透中国目前精品消费者的心理，销售的产品向高价产品转型，而入门级产品减少。对于目前的大部分中国消费者来说，低调策略并不生效，去标识的产品策略并没有被普通的中国消费者接受。目前来说，带标识的产品明显比不带标识的销量要好。作为一个拥有历史积淀的经典品牌，在经济大势不好的时候企图通过采取去标识、打折、进驻奥特莱斯等方式来“扭亏为盈”，事实上反而会令品牌的定位“模糊化”，遗失掉品牌最核心的价值和竞争力。对于目前有社会性消费心理的中国大部分消费者来说，去标识化就违背了消费者追求的价值。

而随着世界的不断发展，世界各国的精品消费者的消费方式和消费行为也在不断地转变，他们正在越来越理性地购买他们所喜爱和需要的精品。

4.2.4　儒家文化影响下的精品消费行为

中国是世界上最大的发展中国家，但却已早早进入了精品消费时代，从 2015 年开始成为世界上第一大精品消费国。中国的精品消费和国外相比有两个不同点。第一，由于中国经济高速发展的时间较短，中国的精品消费者年龄较为年轻，大部分是40岁以下的年轻人；在发达国家，精品市场的主导者是40~70岁的中老年人，30岁以下的年轻人是没有什么支付能力的。第二，对于中国消费者来说，精品大部分还集中在服饰、香水、手表等个人用品上；在欧美国家，大的房屋、汽车、合家旅游是消费者向往的精品消费形式。这一方面说明了中国的大众仍然不够富裕，还有很大的发展和提升空间。另一方面也反映了中西不同的生活方式。

有中国学者归纳分析了儒家文化价值观影响下的中国精品消费动机和西方的差异。

独立自我和他人依存的自我的影响

独立自我的消费者强调内在自我，因此偏爱产品或品牌的享乐价值，这种追求享乐的价值观也是精品消费的主要动机，因为享乐价值在于个人对于产品的体验。他人依存的自我强调了个人的公众角色，个人的公众感知是自我识别的中心，对于面子的重视更多突出的是产品的象征意义而不是享乐。在亚洲国家，精品所表达的象征意义受到儒家文化的等级观影响，同时又受到西方的物质观和消费主义影响。

早期西方学者认为精品购买动机主要集中在精品作为社会身份和财富的象征，但在现代社会，精品所起到的象征作用范围更为广泛，如传达个人的社会价值、性别、年龄、种族和爱好等。一个社会对经济地位的关注程度越高，这个社会对能够表达这种不同的精品消费就越重视。

从众的压力

受儒家文化影响的国家中，个人服从于集体是一种非常广泛而重要的文化价值观，它深深地影响了人们的思想和行为，以及社会组织的运行；而精品消费往往是因为集体的规范或标志而使个人必须去表达的一种行为。西方文化中，精品所炫耀的是消费者自己的偏好和内在品位。

礼物消费

儒家文化下，礼物是建立和保持社会关系的重要纽带，精品被认为是非常合适的礼物，因此精品的获得方式有礼物交换。在中国文化中，在选择精品作为礼物时，更强调的是产品的品牌和产地的独特性。维涅龙和约翰逊所阐述的五个理论上的精品消费动机——独特性、炫耀、从众、自我享乐、品质精致——在中国的消费行为中都能找到。中国消费者购买精品最常见的五个理由是：显示财富、地位或个性（39.8%），相信精品的质量更有保障（34.5%），增加自信（26.3%），偏爱国际精品品牌的独特文化（23.4%），认为精品的设计更精美（21.6%）。

4.2.5　中国精品消费行为的影响因素

消费行为的影响因素很多，中国精品消费主要受文化、社会、个人、企业这四个重要因素的影响。

文化因素

虽然这个世界随着网络的发达似乎变得越来越小，但在不同文化环境中的消费者仍有很多差距。普遍的观点认为，文化是包括知识、信仰、艺术、道德、法律、习惯，以及其他人类作为社会成员而获得的种种能力和习性在内的一种复合整体。

迪布瓦（Dubois）和迪凯纳（Duquesne）在其论文《精品市场：收入与文化》中指出，面对文化变化的态度越积极，购买精品的倾向越强。

社会因素

消费者购买行为受到参照群体，诸如非正式组织、家庭，以及社会角色与地位等一系列社会因素的影响。参照群体不仅为消费者展示新的行为模式和生活方式，而且由于消费者有效仿其参照群体的愿望，因此它也会影响消费者对某些事物的看法和对某些产品的态度，并促使人们的行为趋于某种“一致化”，从而影响消费者对某些产品和品牌的选择。企业应善加运用参照群体对消费者施加的影响，扩大产品销售。

家庭与个人都是非常重要的消费单位，并且在一定程度上可以说个人消费与家庭消费有着非常紧密的联系，个人消费总是直接或间接受到家庭环境的影响和制约。所以，家庭与消费者之间关系的研究成了消费行为学领域中非常重要的部分。影响家庭消费的因素主要可以从两个层面分析：一是从整个社会宏观层面的家庭规模、家庭结构等角度来分析，因为这些变化主要是受到社会环境的变化、制度的变迁、社会的发展等多方面影响的；二是从微观层面的家庭生命周期角度出发进行考虑，处于生命周期不同阶段的家庭的消费是有着巨大差异的。

个人特征因素

个人因素被认为是影响消费者购买行为的决定性因素。消费者购买决策受其年龄、职业、经济状况、生活方式、个性及自我概念等因素影响。消费者购买行为以经济为基础，而一个人在世界上所表现的与其活动、兴趣和看法有关的生活模式，对购买行为具有不容忽视的影响。

企业因素

精品品牌在市场当中起到引领消费者和市场的作用，这也是精品企业重要的价值创造。精品企业领先于时代和市场半步，将消费者期待的时代精品提前发现和发明出来，经过精益求精的生产过程，在全世界市场投放。所以消费者在消费过程中受到非常强的企业因素的影响。当然，前提是精品品牌企业的创新性、先进性和有效性可以被消费者认可，其产品和服务是消费者期待的。所以精品企业需要以非常高超的制作工艺和完备的商业模式作为基础，这样才有可能引领和影响消费者的精品消费。

总之，精品是一种特殊的商品，其价值与价格的关系不符合普通的经济学规律和原理。各个国家的消费有一定的共性，又存在不同的特点。中国作为一个发展中国家，其消费现象受经济、社会、文化等多种因素的影响。

4.3 中国精品消费者的分类

近年来，境外旅游逐渐升温，光顾欧洲、北美、东南亚各大精品商店的中国游客络绎不绝。与此同时，各大国际精品巨头也纷纷进驻中国市场。

然而，中国精品消费者的购买行为却让这些精品品牌公司感到迷惑：他们要么大声喧哗，极尽炫耀；要么其貌不扬，低调木讷。他们购买的商品纷繁多样，从世界驰名的顶级意大利跑车，到精雕细琢、鲜为人知的瑞士钟表；从剪裁考究的英国男装，到产量稀少的哈瓦那雪茄。作为精品经营者，应该如何看待这个市场？这些中国精品消费者究竟有何特征与共性呢？为此，我们开展了一项研究工作，通过定性、定量等分析方法，最终以三个维度为基础，将中国精品消费者划分为四种类型。从某种角度上说，这一分类研究就像是给不同的中国精品消费者分别描绘了肖像，可以让我们更清晰地看到他们的面貌，从而有的放矢地制定营销策略。

研究发现，虽然中国精品消费者在历史和文化传统上或多或少有着相似的大背景，但他们在三个维度上存在着明显差异。这三个维度分别是：以崇尚个性或注重集体为代表的消费者价值观；以感情冲动型或逻辑分析型为代表的消费者思维方式；以显示炫耀型或功能实用型为代表的消费者对精品的理解。

以这三个维度为基础，可以将中国精品消费者划分为四种类型：精品消费的钟爱者、精品消费的跟随者、精品消费的思考者，以及精品消费的滞后者。这一分类结果是通过对500位年龄在25~50岁的社会精英进行的问卷调查得出的。这500位调查对象分别来自中国四个主要地区——以北京为代表的北部地区，以上海为代表的东部地区，以广州、深圳为代表的南部地区，以成都、重庆为代表的中西部地区。

4.3.1　精品消费的钟爱者

这类消费者最显著的特点是在购买精品时通常带有强烈的显示和炫耀意图。从价值观维度来看，他们注重集体和周围环境对自己的看法，从而更加放大了他们炫耀的意图。但这种炫耀心态并没有驱使他们盲目地购买精品。这类消费者在购买精品之前，往往要经过仔细思考：什么样的品牌能更加吸引人们的注意，什么样的款式将更加流行，等等。

因此，炫耀性强且个性鲜明的国际精品品牌最受钟爱者们的青睐。例如路易威登的押花系列，“LV”字样具有明显的炫耀性。虽然该系列产品在款式、颜色和材质上各不相同，却能让所有人在看到它的第一眼，就认出它是路易威登。具有强烈炫耀特点的国际精品品牌还有很多，像古驰、迪奥，它们的品牌标识被放大并用于各自产品的明显位置上，目的就是要给予购买者被人关注、受人羡慕的满足感。

4.3.2 精品消费的跟随者

与钟爱者相比，这类消费者对于精品的炫耀需求相对弱一点，但他们十分重视周围人对自己的看法。他们购买某个产品的理由很单纯：因为别人（钟爱者）已经拥有了这件产品，希望自己也能够成为时尚潮流中的一员并得到其他人的认可。

因此，这类消费者大多是在冲动的状态下购买精品的。于是，时尚流行的品牌和款式便成为跟随者的最爱。以路易威登的三十三彩（Multicolore）系列为例，该系列将经典押花图案中的“LV”字样与33种色彩完美地结合在一起，在展现前卫、流行效果的同时更凸显了路易威登品牌的炫耀性。由于能够同时满足消费者对炫耀和潮流的需求，该系列一经推出就获得了巨大的成功。

然而，跟随者往往并不了解国际精品品牌的历史与特性，他们购买精品的过程大多就是模仿的过程。所以明星代言的营销策略对这些追随者显得格外有效。“我买欧米茄，是因为辛迪·克劳馥（Cindy Crawford）有，所以我也得有。”这就是跟随者的典型心理。

4.3.3 精品消费的思考者

这类消费者在选择精品时注重个性的宣扬，因而他们对各大品牌有着冷静的思考和理解。与前面提到的色彩、款式等因素相比，他们更加注重精品的良好品质、悠久历史，以及实用、人性化的设计。

这类消费者在购买精品前会进行观察思考，不会盲目跟随，因此可以称他们为稳重的消费者。

还是以路易威登为例，Epi和Taiga这两个系列把耀眼的"LV"标志淡化处理了，产品的款式也更趋于成熟与实用，因而深受稳重消费者的喜爱。在众多国际精品品牌中，像爱马仕、珑骧、兰姿（LANCEL）等这些在产品设计上完美地将个性、品牌与实用性结合在一起的经典品牌，都受到了稳重消费者们的推崇。

4.3.4　精品消费的滞后者

这类消费者最突出的特点是注重产品的实用性。相对保守的性格使他们对购买精品抱有谨慎甚至否定的态度。尽管他们认同精品的优秀品质和设计理念，却并不赞同为产品（或体验）实用性之外的特性花费过多的金钱，并且他们对流行时尚也没有强烈的追求。因此，除非某些精品在功能和价格上有着超越一般产品的优势，否则他们根本不会考虑购买。只有当精品商店挂出"大减价"招牌的时候，你才有更多机会在店里看到这些滞后者的身影。

然而我们的研究发现了一个有趣的现象：一旦这类消费者真正认可了某一国际精品品牌的功能性和独特性，那么他们对这一品牌的忠诚度将是四类精品消费者中最高的。在欧洲，这种忠诚度往往从祖辈开始延续几代人，这也是某些国际精品品牌拥有悠久历史的原因。因为精品的品牌历史事实上是由精品的自身发展和它们的消费者共同构成的。

4.3.5 四类精品消费者的人口和地域分布

从对新产品（指首次在中国市场上推出的精品新产品或新品牌）的敏感度、接受速度来看，从高到低依次是钟爱者、跟随者、思考者，最后是滞后者。

在这四种类型中，思考者的人口数量最大，约占调查对象总数的 35%；随后是滞后者，约占 28%；再后是跟随者，约占 22%；钟爱者的比例最小，只有约 15%。

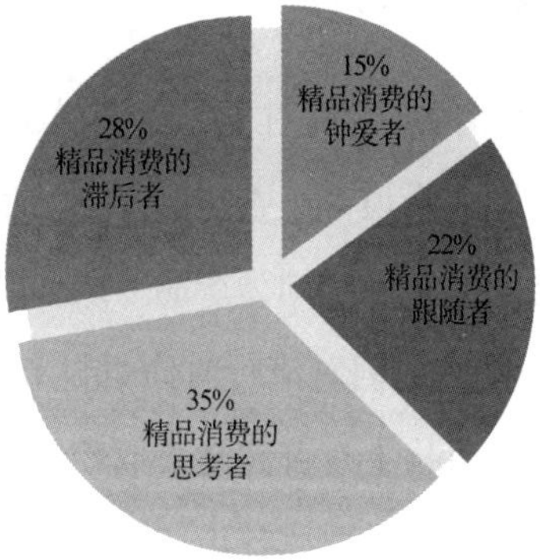

中国精品消费者的分类

由于调查对象来自中国的四个主要地区，于是我们又分析了这四类消费者在区域分布上的特点。

以广州、深圳为代表的南部地区拥有更多精品消费的钟爱者。在这一地区率先实行的改革开放，造就了中国最早的一批富豪和私营企业主。而毗邻香港、澳门和台湾，又使这些富豪成为中国境内最早接触精品的人群之一。对于各个国际精品品牌，他们不仅清楚地知道哪些品牌能够更好地衬托自己的身份地位，而且对新产品、新品牌的接受速度也最快。

以上海为代表的华东地区拥有最多的精品消费的跟随者。上海经济的飞速发展，使人们的生活水平不断提高，对生活品位的追求也日趋强烈。特别是随着对外交流的增多，人们不仅对西方的生活方式有了自己的理解，也逐渐认识并接受了精品，并且始终紧跟潮流。

以北京为代表的华北地区拥有最多精品消费的思考者。作为中国的政治、文化和经济中心，北京儒商云集，精英荟萃，聚集着中国巨大的社会资源，有深厚的文化底蕴。因而生活在这一地区的人们，往往更加看重产品的实用性和良好品质，并且接受新产品、新品牌的速度较慢，这就要求精品品牌公司在产品推广方面投入更多的时间与耐心。

以成都、重庆为代表的中西部地区拥有最多精品消费的滞后者。与前三个地区相比，中西部地区的经济相对落后，信息闭塞，再加上当地人特有的悠然自得、自然朴素的生活态度，人们对精品的关注程度比其他城市低。因此，国际精品品牌在中西部地区的发展切忌急功近利、操之过急。

中国精品消费者的这四种分类，对国际精品品牌管理和市场营销战略有着一定的意义。精品品牌公司可以根据不同类型消费者的特点，开发出迎合他们喜好的产品。像上文提到的路易威登，该公司推出的不同系列产品几乎可以满足任何一类消费者的需求。

当然，精品品牌公司也可以只针对某一类消费者的特点，来精确定位自己的品牌，并推出相应的产品。例如，兰姿将精品消费的思考者这一消费人群作为品牌的目标市场，通过对这类消费者的研究，在品牌形象塑造和产品设计开发上融入鲜明的品牌个性，该品牌的标识从来就不张扬，设计高雅而细致入微，不用华丽而繁复的缀饰，而是用卓越的质地和考究的工艺含蓄地告诉消费者自己的精品之道。该品牌还在设计风格上把高档皮具传统的一面和现代的一面做了完美的结合。这种低调而高雅的与众不同正好迎合精品消费思考者注重品质的生活和消费态度，所以深受他们的喜爱。

总之，中国是精品消费的新兴市场，虽然拥有巨大的市场潜力，但是发展时间尚短，无论是消费者还是市场都还处于不成熟的阶段。这就要求国际精品品牌的管理者和经营者不仅要全面了解自身产品和品牌文化，而且要对市场和消费者进行细致入微的观察和分析，并运用适当的市场营销手段，再加上长期不懈的努力和充沛的资金支持，这样才能在市场上立住脚跟，被消费者广泛接受，在中国逐渐把品牌做大、做强。

4.4 消费者购买仿冒精品的动机

尽管全球各国的政府和企业都力图遏制仿冒精品消费，但这一现象仍然不断发生，我们甚至无法预见它的终结。据估计，在G20

国家中，政府和消费者每年花费超过 1000 亿欧元解决仿冒行为带来的问题，其中包括税收、福利支出、犯罪成本、仿冒品导致死亡的经济成本，以及危险仿冒品致伤的健康服务成本。

由于越来越注重细节及制作流程的优化，有些仿冒精品能够轻易地与真品混淆。和消费品市场一样，仿冒精品市场及其购买者也可以进行细分，有的消费者购买质量欠佳的仿冒品，有的则偏好逼真的“超级仿冒品”。仿冒精品的交易额也在急剧增长，如今在线上和线下的商店中都能买到仿冒品。鉴于仿冒精品的消费者会因为这种行为而不像购买真品的人那样被朋友们积极看待，我们提出这样一个问题，除了仿冒品相较于真品有明显的价格优势外，还有什么原因使得人们选择购买仿冒精品？

仿冒精品的定义为取代真品的非法生产并销售的仿制品。仿冒精品可能带有真品的品牌商标或者品牌名称，也可能兼而有之。消费者购买仿冒精品可能是知情的（非欺骗性仿冒），也可能是不知情的（欺骗性仿冒）。在此只讨论非欺骗性的仿冒品购买行为，此种行为有六种动机。非欺骗性的仿冒品是精品生产商面临的最大问题之一，其不得不耗费大量资源打击仿冒品在全球范围的非法流通。

4.4.1　机会主义

这个动机通常在旅行过程中出现。它引起的可能是一种一次性的或者经常性的购买行为。举例来说，一位空姐在去意大利旅行时会为她的女儿购买一只仿冒的古驰包，并且知道购买高质量的仿冒精品的所有“好地方”。这类行为旨在满足一种自我愉悦或者其他相似的需求。一旦得到了满足，便不必导致实际的使用行为。回到家后，一些人由于害怕被发现使用仿冒品，甚至不会公开展示它们。这一动机常常在国外环境中实现，因为那里仿冒精品种类丰富、便于获得、质量上乘。另外，这类“有趣的经验”所带来的满足感和幸福感由于不能在回国后重复，因而消费者抓住机会从购买仿冒精品过程中获益。

4.4.2 理性违法

这一动机出现在消费者拒绝为他认为“不值”的产品支付高价时。消费者通常认为精品的高价格来自高营销成本而不是产品的实际价值。认为仿冒精品“划算”而购买的消费者有时被称为“狡猾的购买者”，这种动机导致一个理性决策过程。仿冒精品日益改进的质量增强了消费者的这类购买动机。

4.4.3 社会地位焦虑

社会地位焦虑有两种类型：物质虚荣和社会接受。

物质虚荣：引人注目和虚荣是富人购买精品的两个原因，他们常常只是由于精品更昂贵而进行购买。那些没有那么多钱的人则购买仿冒精品以显示他们的社会地位（这些商品使人们认为他们很富有）。这些消费表现了物质虚荣的情况，即“他们看起来的样子对于他们来说极为重要”。这类仿冒精品消费者寻找那些带有真品标识及商标的仿冒品。这样做的目的是让公众即刻注意到品牌，以满足一种对社会地位认知的需求。这类动机通常导致消费者无视仿冒品的本质，而力图使他人相信他们购买的是真品。他们就是布什曼所谓的“公开自我意识消费者”。

社会接受：这类消费者购买仿冒精品以符合某一社会团体的身份，更重要的是为了被这样一个团体接受。一个常常被引用的例子是一个消费者可能感到不得不购买团体中其他成员都拥有的某一品牌的商品。如果他不能负担一件真品，他将选择购买一件高质量的仿冒品，并且常常担心被他所在社会团体的其他人“发现”。这样的消费者常常迫于同伴的压力使自己符合团体内的规范。

4.4.4　模仿

模仿动机产生于消费者想要满足一种“像”的需求。消费者购买仿冒精品是为了模仿他最喜欢的偶像（可能是一位名流）。模仿动机在年轻人中常见，他们梦想成为明星或是拥有明星一般的生活方式，以此彰显自我价值和成就，吸引公众注意。

4.4.5　自我娱乐

这类消费者购买仿冒精品是为了即时满足，或是因为他们喜欢的独特设计在真品品牌那里无法买到。这一动机满足了一种纯粹的享乐主义需求，并常常导致仿冒品的意义高于真品。由于他们的同伴几乎不能辨别真假，他们常常“成功逃脱”使用仿冒品的恶评。这些消费者从仿冒精品得到乐趣，同时展示出他们不需要真品来证明其社会地位和财富。这类消费者是“社会地位焦虑”动机类型的反面。

4.4.6 叛逆

消费者也会购买仿冒品来表现他们反对精品的态度。这是一种自我表现需求的满足。这类消费者认为真正的国际精品品牌只关注利益，并拒绝为这些品牌的成功做出贡献。他们也会恰恰因为购买仿冒品是违法的而这么做。一些受访者表示，在购买违法产品并不被当地海关官员察觉而带回家的过程非常“激动人心”。

在中国的样本中，“自我娱乐”和“叛逆”这两类动机不明显。这是由于中国是一个相对新兴的精品市场。精品对于中国仍是一种地位消费，而享乐主义动机还不是关键驱动因素。因此对于“叛逆”动机，中国消费者是无动于衷的。以上定性研究的内容分析反映了两个组别之间的同大于异。

通过定量研究结果得出四类仿冒精品购买动机，分别是社会地位焦虑、机会主义、理性违法和模仿。研究证明了消费者不完全是理性的，并确认了消费者欺骗和自我满足的非理性是出于社会原因而非经济原因（丹·艾瑞里，2008）。研究结果确认了这样一种假设，即如今的一些仿冒精品消费者将会成为未来的真正精品的消费者，同时也存在交替购买仿冒精品和真正精品的消费者。

更加具体地研究叛逆动机会很有意义。那些极为厌恶国际精品品牌的消费者会是仿冒精品消费中另一个有趣的研究方向。最后，未来的研究还可以测试真正的国际精品品牌民主化行为对于仿冒精品消费的影响。很多真正的国际精品品牌已经推出低准入价格的产品来吸引新的消费者，可以研究这种战略是否会影响仿冒精品的吸引力。

本章小结

精品消费的需求是伴随着人类发展和进化的历史普遍存在的，是世界性经济问题。所以精品消费者行为也是一个世界性的话题，具有复杂性。国际精品品牌所创造出来的价值必须是高精尖的，并且是独一无二的，这样才有可能产生对精品消费者的吸引力。

精品消费者可以分为四个大类：精品消费的钟爱者，精品消费的跟随者，精品消费的思考者和精品消费的滞后者。这四个大类的精品消费者在每个市场上的分布比例不同，如果我们能够了解到目标市场中这四种类型消费者的比例，那么我们也就真正了解了这一市场消费者的特点，从而能制定出更加精准和有效的具体营销策略。

第五章

国际精品品牌的设计和创意管理

在接受大众消费品模式存在的同时，也要接受国际精品模式的存在。

5.1 铂傲的设计管理

铂傲（Bang&Olufsen，简称B&O）是一家丹麦公司，主营家用影音及通信设备。1925年，铂傲公司诞生于丹麦斯特鲁尔，两名年轻的工程师彼得·邦（Peter Bang）和斯文·奥卢夫森（Svend Olufsen）以微薄的资金租了间小房间创立了铂傲公司。现在，铂傲品牌已成为全世界音响领域（家用、汽车、移动设备等）最有影响、最有价值的品牌之一。今天的铂傲产品也已成为“北欧质量”的标志。

最早体现出铂傲特定风格的产品设计是1967年由著名设计师雅各布·延森（Jacob Jensen）设计的Beolab 5000立

体声收音机。铂傲公司给延森的设计任务是“创造一种欧洲的Hi-Fi（高保真）模式，能传达出强劲、精密和识别特征”。延森创造性地设计了一种全新的线性调谐面板，其精致、简练的设计语言和方便、直观的操作方式确立了铂傲的经典设计风格，广泛体现在其后的一系列产品设计之中。延森在谈到自己的设计时说：“设计是一种语言，它能被任何人理解。”

铂傲的产品从创立伊始就把市场定位于追求品位和品质的高端消费阶层。这种定位奠定了公司独特的设计策略和管理模式，也形成了其在市场上的独特地位和鲜明形象。20 世纪 60 年代，铂傲提出了“品位和质量先于价格”的产品理念，这一思想也成了企业战略的重要组成部分。此后，铂傲设计便以一种独特的风格出现于世人眼前。多年来，铂傲把设计作为企业核心竞争力，一方面系统进行新产品的设计研发，另一方面致力于使产品适合现代家庭环境，设计出了质量优异、造型高雅、操作方便并富于公司特色的影音及多媒体产品，享誉全球。

5.1.1 铂傲核心价值

设计是一种语言，用以表达自己，不过若没有内涵，语言仍无助于表达。铂傲负责人、设计师安德斯·克努森（Anders Knutsen）表示：铂傲的核心价值就是铂傲最大的内涵与资产。他指出，铂傲产品的材质与色彩或许可以被模仿，但企业价值是无法被模仿的，企业的核心价值是一个企业生存、竞争的必要条件。核心价值并非消耗品，所以不会随着使用而减少，相反会因有效的发挥而更加彰显，企业员工必须深刻了解、认同并内化该价值，否则价值就会遗失。铂傲的企业核心价值就是独特的工作理念与方式，铂傲的员工对公司有高度的认同，并深以铂傲优良的品质形象为荣。员工与品牌之间的双向吸引力使铂傲数十年来一直维持其品质与形象不坠。与此同时，铂傲以产品的设计作为与外界沟通的语言，借以传达企业的价值观；除传统的外观取向外，也在产品的功能上一直努力表达企业对科技与艺术相结合的美好愿景。

铂傲的管理者这样谈论自己的核心价值："我们举世闻名的原因是铂傲有一个目标，就是要与众不同。在这个到处充斥着塑料制品和肤浅技术的世界上，我们所崇尚的是创造性加上严谨的制作，它们令我们的产品独树一帜。我们相信，这些产品是独特技术、新颖设计和无穷魅力的结合物。我们相信，它们的个性会使人感觉自己与众不同，从而建立起一种强烈的情感联系。我们必须时时用看似不可能的方案来挑战自己。只有这样，我们才能创造出出人意料的东西。我们绝不模仿他人，绝不造假。我们努力生产具有独创性的杰作，因为世人都欣赏有永恒价值而不是随手可弃的物品。我们会保持领先地位，因为人们期望我们如此。"

铂傲认为，如果公司没有明确的产品、设计和市场三个方面的政策，没有明确的企业文化，公司就无法对居住分散、各自独立的自由设计师进行有效的管理，也就谈不上铂傲延续性的设计风格。为此，公司在 20 世纪 60 年代末就制定了 7 项设计基本原则。

（1）逼真性：真实地还原声音和画面，创造最自然的视听效果。

（2）易明性：综合考虑产品功能、操作模式和材料使用三个方面，使设计本身成为一种自我表达的语言，从而在产品的设计师和用户之间建立起交流。

（3）可靠性：在产品、销售及其他活动方面建立起信誉，产品说明书应尽可能详尽、完整。

（4）家庭性：技术是为了造福人类，而不是相反。产品应尽可能与居家环境协调，使人感到亲近。

（5）精练性：电子产品没有天赋形态，设计必须尊重人机关系，操作应简便。设计是时代的表现，而不是目光短浅的时髦。

（6）个性：铂傲的产品是小批量、多样化的，以满足消费者对个性的要求。

（7）创造性：铂傲不可能进行电子领域的基础研究，但可以采用最新的技术，并把它与创新性和革新精神结合起来。

铂傲正是因为从创立至今，都坚持并延续着如此与众不同的核心价值，才能形成具有自身特色的设计哲学与设计管理模式。

5.1.2 铂傲的设计管理模式

当年，铂傲也曾面临生存危机。20 世纪 80 年代，由于日本产品的竞争，铂傲不得不与飞利浦公司“联姻”，其传统产品的模式与技术风格受到了挑战，不少人预测铂傲将从此消逝。然而，铂傲在历经考验之后凤凰涅槃，奇迹般地实现了企业复兴。

作为一家历经岁月沉浮，拥有核心技术与独特审美风格的高品质公司，铂傲并没有按常理组建专属的设计师团队，而是根据不同的产品，选择不同的自由设计师来合作。

铂傲公司的设计管理负责人巴尔苏是欧洲设计管理方面的知名人士，他在谈到自己的工作时说："设计管理就是选择适当的设计师，协调他们的工作，并使设计工作与产品和市场政策一致。"

这种外聘独立设计师的工作模式，能够有效地防止设计师被管理层根深蒂固的市场导向性策略影响，防止因为公司的运营状况发生变化而改变设计理念，能够最忠实地传达设计的初衷，有效地完成公司的设计项目要求。在商业方向和艺术创作之间本来就存在着许多对立面，会限制设计师的想法。铂傲希望用这种工作方式，在两者之间寻求一种适度的平衡，从而保证铂傲产品的独特性。

设计项目管理是以设计项目为对象的系统管理方法，它通过整合设计师、工程师等专业人员组成临时性的设计团队，对设计项目进行高效率的计划、组织、指导与控制。通过对设计全过程的整体规划，实现对设计所需资源的合理配置，对设计项目进行协调与优化。

为了完成特定项目，建立相应的符合需求的设计小组，该小组与其他有关部门保持密切联系，形成产品开发设计的矩阵体系。设计团队的组织取决于产品类型，同时也由设计项目的复杂性决定。相关人员在设计项目需要时加入，完成后则退出。

同时，为了让设计师能够更清晰地理解并运用铂傲的最新技术，了解客户的真正需求与体验，在铂傲总部有一处名叫"创意工场"的空间，为设计师、工程师与管理层提供相互交流沟通的机会与平台。

5.1.3 铂傲的设计策略

设计战略是企业战略的重要组成部分，是企业有效利用设计资源提升产品品质、增强市场竞争力的途径。设计策略间接来说指的是通过产品设计获取竞争性优势的计划。铂傲之所以可以取得如此大的成就，与其成功的设计与品牌策略密不可分。

拥有延续性活力的设计团队

铂傲自己没有专门的设计部门，而是通过精心的设计管理来使用设计师，其设计特色在国际设计界久负盛名。自由设计师使铂傲拥有最具活力的设计力量，这些国际性的设计师为铂傲积累了丰富的设计经验。公司也大胆起用年轻的新兴设计师，使产品保持风格统一的同时为公司注入创新与活力。铂傲的设计理念是：设计其实就是各种不同传统技术的呈现而已，设计可以增加技术的价值。铂傲向来崇尚严谨的制作、细腻的做工，这使得其产品独树一帜。从铂傲许多技术上的细节，都可以看到设计师们的精巧用心。

树立明确的设计原则

铂傲的设计是以用户为核心，将家居设计和音响设计融为一体，力求让音响设备完全可以作为家具摆设，增加家居的氛围。它力求品牌与用户的沟通，把产品作为制造梦想和讲故事之物，从而博得用户的认可。铂傲秉承北欧设计传统，简约、理性和精致的现代风格为其主要的设计特点。为了让用户和产品之间建立起最直接的联系，功能性和简约性成为其两条重要的设计原则，这充分体现了“少则多”的现代主义特点。在保持设计原则延续性方面，铂傲也摸索出了使自由设计师有效遵循公司理念的方法。通过建立一致的设计思维方法和设计评价标准，在材料、工艺、色彩及质感上都延续传统，从而使不同设计师的设计都体现出相同的简洁、高雅的铂傲特色。

品位与质量优先于价格的设计理念

铂傲将品牌定位于国际市场的最高层次，不以市场占有率为基准。它与一般产品先开发科技再谈设计之发展理念刚好相反，是先发展出设计的概念，然后再从科技面寻求解决的途径。铂傲有根深蒂固的企业文化与价值，从来都是以其走在时代前端的设计与产品品质为荣，早期更是走过一段“不论市场，只问设计”的惨淡经营期。铂傲产品的市场定位是追求品位与品质的高端消费群体，这种定位确立了铂傲的设计理念与管理模式，也形成了公司的鲜明形象。它认为，人们将拥有一套高质量的视听设备作为一生的梦想，就好像在买一部车时，你不只是买一部车，你还同时在买一个梦想。为此，用户当然是要付出更高的代价的。

5.1.4　铂傲的品牌管理

铂傲在品牌构建上有两种定位：内容定位和表面定位。

内容定位

铂傲的品牌价值是以人为本，其建立初始就将品牌定位于追求高生活品质的消费市场。这种定位帮助铂傲明确了独特的设计战略与管理模式，为品牌继承与延续明确了方向。

表面定位

为了传递品牌特征与价值，铂傲在形态、色彩、技术及操作界面等方面进行构建。形态方面，铂傲产品以现代主义简洁的造型风格体现其高技术及高品质的品牌价值，同时又能与当代家居环境有机地融为一体。色彩方面，早期的铂傲坚持现代主义高度理性的灰白黑的中性色系，但为顺应时代发展，之后也引入丰富的色彩来丰富自己的品牌形象，但其色彩系统仍然经过了精心的设计与规划。技术方面，铂傲利用设计与工艺改进增加传统技术的附加价值，尊重传统技术，不盲目追求最新技术，也是品牌价值的体现。操作界面方面，铂傲重视以人为本，强调操作的便捷性，同样为了顺应时代发展，推出移动平台应用，以及触摸式的整体空间多媒体控制系统。

5.1.5 铂傲的未来——研发与市场并重

展望未来，安德斯·克努森指出："人的生活形态可分成两方面来看：一是以价格因素为中心思考，所以大型平价卖场是最终目的地；一是从产品的观点来看，以品质与梦想为最重要考量，而未来是属于制造梦想的、有故事可说的品牌。"虽然誉满全球的铂傲产品如此成功，但和所有的产品一样，铂傲同样经受着时代变迁的挑战，国际设计管理协会的一篇论文中，这样描述了铂傲公司未来面临的威胁：过快的媒体形式的改变与力求经典永恒的铂傲理念相矛盾；价格竞争正逐步缩小以高品质设计和用户体验为基础的铂傲用户市场；视听技术逐步向非物质化发展，使用者逐步依靠互联网这种虚拟界面，对机械产品的依赖逐渐减弱。

为了应对时代发展中消费者口味与需求的变化，铂傲不敢懈怠，抓紧新产品的设计与研发，已经正式进军无线音频市场。铂傲的CEO发言称，和其他公司相比，铂傲公司设计和研发并重，虽然研发周期冗长，耗资巨大，但他相信不懈的努力会带来优质的产品。尽管铂傲面临时代的重重挑战，但其仍然用不断发展的设计管理理念生产出更多个性鲜明的产品，保持独立超群的领先地位，与时代一同前进。

除了产品研发及市场竞争令公司管理层煞费苦心外，市场的开拓与发展也是公司需要面对的难题。在中国市场，铂傲针对中国顾客采取了一系列全新的举措，比如全面收回在中国的零售店运营权，并于上海开设铂傲办公室，不再以开设更多店面的方式来获取销售业绩的增长。总裁曼托尼认为，眼下最大的挑战是如何让更多的中国消费者亲身体验铂傲，并获得其满意和信任。铂傲全球首家体验馆落户北京，通过模拟真实的居住环境，为消费者展现铂傲的产品可以置于家庭的每个角落，为中国家庭带来更为丰富的视听体验。

如今，铂傲积极拓展家用客户之外的潜在市场，如已经合作的客户有奥迪、宝马、奔驰等一线汽车品牌，更多国际精品品牌、星级酒店等都是铂傲锁定的合作对象。铂傲希望以全面而有针对性的营销策略真正走进中国家庭。

5.1.6 铂傲的成功对国内企业的启示

一个企业的成功（包括企业的文化、产品理念、经营策略、组织管理）离不开设计管理。它贯穿于企业生产发展的各个方面，包括产品的定位、生产、包装、营销等。设计与管理相互结合，设计管理就是两者之间的桥梁。铂傲简洁、高雅、高品质、高价格这种独特风格的形成，更离不开设计管理。

当前，国内各企业都充分认识到工业设计的重要性。信息时代，企业的竞争环境与条件趋于同化，需要新的竞争力以获得优势，因此企业纷纷大力扶持工业设计，希望设计有助于提升企业形象与品牌。然而实际情况并不如想象的乐观，企业与设计师的合作往往让人失望，其主要原因是管理者在管理过程中缺乏针对性的设计战略，而缺乏科学管理的设计师也难以满足企业要求。与此同时，工业设计师得不到企业与市场的认可，无法发挥自身能量。如何有效管理设计战略与设计团队，如何让设计师不再成为游离的个体，而是成为产业链上不可分割的一环，高效的设计管理可以给我们答案。

北欧产品风靡世界，是因为北欧的企业拥有先进的设计管理理念与模式。铂傲的设计管理特色和成功经验可供中国精品品牌企业借鉴与参考。通过科学高效的设计管理，发挥设计的力量与价值，才能赢得未来市场竞争的胜利。

参考资料：

铂傲官方网站：www.bang-olufsen.com。

《了解铂傲设计策略》，互联网文档。

何人可，《铂傲设计——一段 75 年的传奇》，《设计新潮》，2001 年第 1 期。

洪微，《铂傲公司设计管理案例分析》，湖北汽车工业学院。

5.2　创新是精品品牌设计的灵魂

不断变化的市场环境给国际精品品牌带来了极大的挑战。如何在坚守品牌传统的基础上努力富有时代气息，给人以新鲜和充满活力的感觉，这对国际精品品牌来说非常重要。不断创新是保证国际精品品牌历久弥新的唯一法宝。

大家都对知名的国际精品品牌的经典款式津津乐道，很多精品的消费者也都非经典款不买，非国际大牌不买。其实，这些国际精品品牌之所以能持续获得成功，主要原因就是创新。所有成功的国际精品品牌都是创新的能手。

例如，路易威登在创立之时之所以成功是因为其创始人作为打包行李的工匠，知道传统行李箱包材质的脆弱性和缺陷，找到了新型的耐磨材料，并结合自己的经验，研发出既美观又结实的旅行箱，从而获得了市场的认可和客户的青睐。再如，可可·香奈儿女士作为香奈儿品牌的创立者和设计师是那个时代当仁不让的创新者，把一系列现代化的设计应用于女性服装之上，代表了独立创新的时代女性风貌，让大批的女性摆脱繁复装束的束缚，走出家庭，进入社会，参加生产和工作，为社会直接创造价值。这样的创新精神在所有成功的国际精品品牌的发展历史上都能找到鲜活的案例和产品，它们至今仍然熠熠生辉。传统只有在创新的时候才真正有价值。

创新首先是品牌理念的创新，然后才以设计和艺术的语言和形式呈现出来。路易威登、爱马仕和香奈儿的创始人都是在理念上回应和引领了时代的潮流，为他们的客户在面临时代挑战时提出了解决方案，通过设计在产品和服务上落了地，创造了价值，才获得了世界范围内的成功。所以，精品品牌的独特性是通过不断落地到产品服务上的创新设计才最终实现的。由此可见，所有仿冒者、人云亦云者和跟随者都不可能引领时代和市场，也不可能发展成为成功的国际精品品牌。

国际精品品牌的打造不是一朝一夕的事情，它们都经历了上百年的修炼，在各个时代不断创新，才具有了悠久的历史和丰富的文化内涵；它们历来都受到顶级客户的青睐，有着永不停息的创造力，将技术与艺术完美地结合在一起，充满对未来的启示。正是这样，国际精品品牌才以其不朽的风尚、卓越的品质、独特的个性成为优雅生活的象征、奢华与品位的代名词。

5.2.1　创意活动

多数情况下，精品行业可操作的创作过程开始于公司的销售部门（我们称作“发号施令者”）发现了针对一个特定的细分市场的特定的产品，它们将产品委托给创意部门，同时提供一张价格和功能说明书。

对于技术产品设计，按类别不同，决策者可能是营销或贸易部门或者首席执行官。在这种情况下，创造功能可能与产品概念、设计和工艺相割裂。在高级成衣及配饰领域，决策来自产品布置经理。很多精品品牌的创始人既是设计师又是首席执行官，这时给人的错觉应该是设计师对最后设计把关，但实际上应该是企业的决策者。因为设计出来的产品需要得到多方的认可，特别是商业上的认可。这一结果需要企业的决策者承担。

任何类型的产品或服务的共性在于设计/创意活动总是系统地遵循着商业的理念。业界著名的精品品牌公司在宣传时往往将设计师的天才置于任何类型的商业或市场考量之上。路威酩轩集团的时装品牌克里斯汀·拉克鲁瓦自 1987 年创立，一直到多年后的 2005 年卖给 Falic 集团（美国第二大免税品经销商），从未达到过收支平衡。这种案例在国际精品行业中比比皆是，所以说，纯粹和公认的创造力也要置于有竞争力的商业框架之中。

每一家公司都必须有理念和产品创新的源泉，这一源泉要么来自企业的决策者，也就是一把手，要么来自承担责任的产品经理。设计师是创新理念的执行者和应用者。如果设计师是企业的决策者，那么他必须承担起产品经理的责任，必须对自己设计的产品在商业上负责。也就是说，设计师出身的品牌创建者，必须完成从一个设计人员到产品经理的转变，也就是从技术人员向经营者的转变。

精品品牌公司中能够连接设计和市场的重要环节除了产品经理以外，还有可能是产品布置经理（merchandiser）。这一职位在每一家精品品牌公司的职责范围和工作描述不太一样，一般有两种：一种是视觉陈列经理（visual merchandiser），负责零售店面和橱窗的视觉陈列；另一种是产品的商业买手（commercial merchandiser），负责零售店面的产品选择和采购，同时也承担采购和销售比例的责任。

产品布置经理中的商业买手从竞争对手和自身的零售、批发网络搜集所有的市场信息，整合成为我们称作“产品系列计划”的形式，来描述产品的数量、类型、使用场合、预期销售额、他认为产品可以售出的地点和价格。

价格指标决定了产品制造的最高成本，因为零售和批发的直接毛利不能低于一定限度。这对于路易威登这种高利润的品牌可能不是一个问题，对于大多数国际精品品牌来说，55%的期望零售毛利润率和30%的最低批发毛利润率，是一项重要的指导方针。这将直接影响手提包的皮革质量或男式西装面料的选择，决定通常由设计团队做出。

从产品部接到具体任务后，设计团队必须制造出要求的产品样本，为此，要密切与公司内部的产品部门沟通，或者更多的时候，与该公司签约的制造厂商一起工作。

设计和产品部门之间协作的有效性，是精品行业竞争优势的主要来源之一。核心战略功能在于这两个部门之间的联系。由于今天大多数设计师没有技术知识，不能将自己的理念转化成实物，对高效率的“版型师”或者“模具开发师”的需求十分迫切。他们是手工专家，有能力解读设计和设计创意团队的理念。但这种专业工匠越来越难找。许多著名的意大利皮鞋“版型师”或者珠宝的“模具开发师”退休后会到中国担任中国品牌的制造和设计顾问。

今天的设计师大都是“视觉的”，他们绘制二维设计图，因此需要有才能的产品开发者。当开发制作模板业务纳入公司后，我们通常能看到设计和开发部门的合并，因为它们的能力是相辅相成的。产品开发阶段并非单纯指样品生产。以鞋为例，整个过程科学、保护谨慎、很少形式化，并只有个别人掌握，这些人在样品和提前生产小型系列的时候发挥重要作用。另外，产品开发部还应该把生产制约因素考虑在内。

作为最普遍的约束，设计师理应尊重和不断提升品牌。不变的审美成分很少形式化，它有赖于设计师的天赋和对品牌美学的感性演绎，使其符合当下的时尚和长远的文明趋势，确保它继续有效地反映品牌的价值。品牌理念需要一个清晰的、形式化的品牌视觉识别系统来表达。表达我们品牌哲学和美学要素的不变的视觉识别系统就像品牌圣经，应该放在每个设计师的案头，无论他是最初级的工作人员还是创意总监。

这些创意产品要在有限的时间内完成，多重异质功能和文化因素的融合，对时间和资源的协调提出了严格的要求。公司组织如何使紧张的节奏最小化并使所有这些存在文化差异的人一起有效地工作是个必须解决的课题。这需要建立一个高效协同的工作体系，否则滚滚向前的时间车轮是不会给一个以设计取胜的公司有任何喘息的机会的。所以设计师品牌要成长为一个真正的精品品牌，就必须迅速建立起国际精品品牌的管理体系，否则当创作源泉枯竭之时，若没有稳固的商业模式做基础，就必然要退出市场，做强做大更是无从谈起了。这也是设计师品牌越来越难成长为国际知名品牌公司的主要原因。这是市场竞争格局所决定的，并非以设计师个人意志为转移。

5.2.2　设计和创意管理的组织结构

国际精品品牌的组织结构根据产品种类、设计的文化方式、品牌美学的朴素程度、图形符号识别的强度、设计者的名望、公司的规模等因素而有所不同。

买手专家由“专业买手”组成，他们不仅通过一个精品品牌所有的商店及批发商推销自己的产品，还根据团体数量、型号、价格、使用功能等因素列出他们的需求订单。在这种制度下，销售和利润总额明显取决于买手对于市场需求和客户的把握，同时也取决于销售部门的能力和职责。产品经理开始定制开发过程，不断协调参与其中的各部门。最重要的是建立规则，使产品经理和买手经理无法涉足审美事宜。同时会留出20%份额供设计师没有任何限制地自由设计和发挥。

物流即产品的运输。对供应商来说，物流具有战略重要性，需要与设计师、产品经理和商品买手共同制定物流决策。

最后，我们要把那些确保和负责审美的具有各种专长的设计师整合起来，形成具有战斗力的动态的产品设计开发体系与商业体系的组合。

在一个国际精品品牌的初创阶段，企业的决策者必须充当产品的最后把关人，如果本人不具备这方面的能力，必须任命一个经验丰富并且能够承担责任和风险的产品总监进行新产品的把关。所以在组织架构中，我建议设计研发总监、产品总监两项职能分开，互相配合。在产品总监部门之下，包括商品企划人员，这部分人员可以是设计师出身的人员，也可以引进“自由编辑”，其中有时尚人士、精品领域的意见领袖，这些人可以给公司提供最近流行趋势、竞争动态，并对过去和目前的系列产品做出反馈。这个设计创意管理的组织体系可以是全球化的团队和设置，有可能分布于品牌公司在全球的各个分支机构。所以说，建立和维持这样一个具有国际竞争力的国际精品品牌是需要前期规划和投入的，这正是成为一个国际精品品牌公司所必须面对的挑战。

设计虽然重要，但是不能孤立存在。因为设计所创造的价值必须附着在一个独立的价值创造环节中。设计理念要么可以通过品牌这个环节体现出独特的价值，要么可以通过产品这个环节体现出来。所以一个精品品牌要以不断创新体现其始终精益求精的精神和灵魂，创新设计就是创新理念最直接的体现和价值创造。

5.3 世代传承的ttf

中国80%的珠宝加工都来自深圳罗湖区的水贝，这里有3000多家珠宝加工企业。只有ttf一家中国企业，坚持独立自主品牌，走国际精品路线，稳步发展成具有独特风格的高级珠宝品牌，并初见成效。

ttf品牌名字三个字母的含义是今天（today）、明天（tomorrow）、永远（forever），也就是世代传承的意思。ttf秉承追求极致的工匠主义精神，打造世代传承的高级珠宝。自2011年始，ttf就入驻瑞士巴塞尔钟表珠宝展国际顶级珠宝品牌展馆2.1馆，成为继御木本（MIKIMOTO）、美丽宝石（Beauty Gems）之后亚洲第三个国际公认的高级珠宝品牌，是中国首家获邀永久进驻国际顶级珠宝阵营的珠宝品牌。ttf在巴黎旺多姆广场（place de vendome）设立了高级珠宝工坊和设计研发中心，其设计创意、制作工艺水准比肩国际顶级珠宝品牌。

ttf董事长吴峰华出身于工匠世家，本科毕业于中国沈阳黄金学院，留校任教多年。专业珠宝院校的数年积淀，让他成长为国际知名的黄金材料学专家。2002年，吴峰华来到中国“设计之都”深圳，创立高级定制珠宝品牌ttf Haute Joaillerie，于2013年将品牌总部落户法国巴黎，与世界各大精品品牌展开广泛交流和合作。

ttf品牌之所以能够获得国际的认可，是因为在品牌理念上坚持独特的东方美学风格，产品材质上以中国的翡翠和和田玉为主进行加工和创作，技术上有多项珠宝加工专利，不模仿任何国际品牌。其店面设计也是如此，位于巴黎旺多姆广场和平大道上的ttf第一家店面的设计灵感就来源于中国宋朝皇帝宋徽宗的书房，与品牌的东方美学理念相一致。

ttf在巴黎旺多姆广场和平大道上的店面

ttf巴黎旺多姆广场和平大道店的店面设计

ttf的创新之处可归纳为以下三个方面。

设计创新——东方美学风格的当代顶级设计。

工艺创新——中国翡翠、和田玉雕刻艺术与欧洲金属镶嵌工艺相融合。

技术创新——拥有十余项卓越专利技术解决珠宝制作问题。

ttf高级定制翡翠项链“雅鲁藏布”

ttf高级定制翡翠项链“玉兰花开”

国际精品品牌必须要走独立自主且独特的发展道路才有可能获得成功。因为独特的价值创造才是支撑起一个国际精品品牌的根本。在互联网和科技发展的今天，所有信息和技术全部透明，模仿原创产品的方式无法获得消费者对于独特创新价值的认可，也就不可能走精品路线，相应的定价就不可能包括这一部分的价值创造。也就是说，一旦模仿和拷贝原创品牌的产品，那么这个企业必然走的是质次价廉的大众消费品路线。

参考资料：

ttf官方网站：www.ttf.com。

《时尚晓说·ttf高级珠宝巴黎生肖设计展纪实》，2017年3月18日，“生活的艺术”（art_de_vivre）微信公众号。

5.4　蒂芙尼的产品设计和创意管理

在一部叫《蒂芙尼的早餐》的电影中，奥黛丽·赫本穿小黑裙、戴蒂芙尼珍珠项链的画面深入人心，从此成为永恒经典。1987年，奥黛丽·赫本写给已经150岁的蒂芙尼：“我带着爱，也带着嫉妒，祝你生日快乐。经过了150年，你依然没有皱纹，因为经典可以永恒。”

蒂芙尼作为珠宝界的皇后，是全球知名的精品品牌公司之一，长久以来以钻石和银制品闻名于世，被推崇为美国设计的象征。作为珠宝品牌，它制定的宝石、铂金标准被美国政府采纳为官方标准。它以爱与美、浪漫与梦想为主题，风靡了近两个世纪。它的珠宝化身为爱情与高贵的象征，凝聚了人们的美好心愿。

蒂芙尼由查尔斯·里维斯·蒂芙尼（Charles Lewis Tiffany）于1837年在美国纽约创立，起初只是一家小小的文具饰品店，因银质餐具而崭露头角，1851 年推出 925 银质饰品后更加著名。在 1867 年的巴黎世界博览会上，蒂芙尼精湛细腻的银质制造工艺获得了至高奖项，这是蒂芙尼首次获得国际赞誉，将最精美的美国设计展现在世界的面前。19 世纪 70 年代，蒂芙尼已一跃成为美国首屈一指的珠宝、钟表乃至豪华餐具和家居饰品的制造商。回顾蒂芙尼的发展历史，展现在我们面前的是一个辉煌的美国梦。而在这漫长的岁月里，蒂芙尼已从一家小小的文具饰品店成为代表地位与财富，闻名于世的精品珠宝品牌，这要得益于其独特的设计理念和对艺术设计之美的不断追求。

无论是蒂芙尼的创作精髓还是其创作理念皆焕发出浓郁的美国特色，它从自然万物中获取灵感，经过提炼、分析、再创造，去除烦琐与矫揉造作，留下简洁明朗，每件作品都反映出美国人民所具有的直率与乐观。蒂芙尼的每一件作品都能够在历史的长河中经久不衰，世代流传，正是因为蒂芙尼长久以来将“经典设计”作为自己产品的定义。蒂芙尼一直将设计富有惊世之美的原创作品视为自己的设计宗旨，在设计上也不会去迎合起起落落、变幻莫测的时尚，因此它不会落伍，不跟风，不媚俗，不论何时都可以凌驾于潮流之上，创造世纪经典。从创作精髓和设计理念上看，蒂芙尼的每一件作品都追求极简风格，简约明了的线条配以明快的几何图形，在比例与形状上追求和谐与统一。近 200 年来，它的每一件作品都堪称艺术品，将其代表的优雅与高贵体现得淋漓尽致又恰到好处。甚至它的包装盒都能体现出浓浓的设计感，成为其品牌的著名标志。白色丝带和蓝色礼盒的运用，为珠宝首饰增加了梦幻浪漫的气息。从整体到细节，蒂芙尼将设计感融入每一个部分，缔造了超凡的珠宝首饰品牌。

蒂芙尼最负盛名的当属它的六爪镶嵌设计：把钻石托镶于戒台之上，将钻石的闪烁光彩提升至极点。这款戒指正是蒂芙尼于1886年独创的闻名于世的Tiffany® Setting。

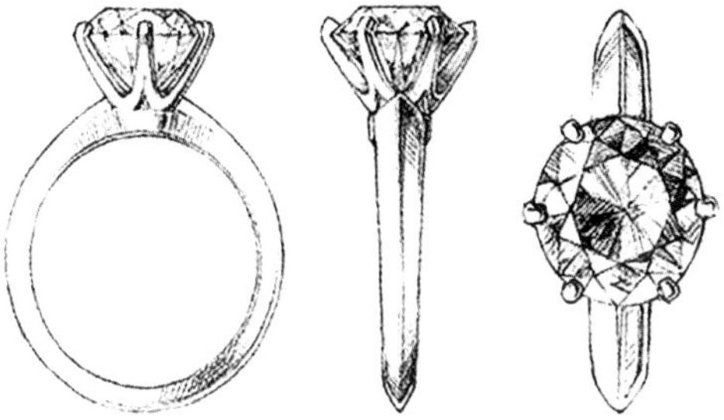

蒂芙尼钻戒的六爪镶嵌设计

Tiffany® Setting被誉为“钻石中的钻石”，是最光彩夺目的一款，闪亮的钻石被六爪铂金高高托起，衬托出钻石的光芒，使得钻石最大化裸露以全方位折射，散发最迷人的光芒。六爪镶嵌使钻石更加坚实牢固。这一独创的“六爪镶嵌法”一面世就成为订婚钻戒镶嵌的国际标准，直到今日，此款设计一直是蒂芙尼的经典之作，受到人们的长期追捧。为了达到首饰的最佳效果，蒂芙尼挑选钻石的标准也严格于其他珠宝品牌，数据显示，只有2%的珠宝符合蒂芙尼的钻石定级标准，而正是这种苛刻的标准，使各大富豪乃至林肯总统都青睐于它，最终使蒂芙尼脱离大众，逐渐成长为国际精品品牌。同样，正是这种精益求精的态度为蒂芙尼的发展奠定了基础，使其在众多闪耀珠宝中脱颖而出，成为备受瞩目的焦点。

Zellige系列是蒂芙尼的另一经典款，“马赛克”可以作为此款作品的关键词，其灵动的几何图形构造给人耳目一新的感觉。此系列作品出自蒂芙尼的王牌设计师帕洛玛·毕加索（Paloma Picasso）。毕加索将绘画艺术与时尚珠宝艺术融为一体，创作出充满独特品位、灵动感十足的Zellige系列。其设计灵感来源于摩洛哥一幢拥有几世纪历史的别墅上的马赛克图案，毕加索以将几何图形融入彩色珐琅瓷砖的艺术形式，创作出古典与时尚相结合的全新作品。

这一系列的设计运用几何图形的镜像、拼接、重复等方式将简单的图形复杂化，创造出新的几何表现形式，凸显出独树一帜的设计风格和理念，将内在精神与能量充分表现。几个图形的重复、叠加、镜像，使得原本平面的几何图形富有立体感。利用美术的基本原理，结合巴洛克时期的表现形式，将基础的几何图形的重复与夸张艳丽色彩相结合，令作品简洁大方又不失高贵优雅，整体风格具有浓厚的设计感。这一系列作为蒂芙尼的经典款式，长期受到人们的追捧。

纵观蒂芙尼一百多年的品牌发展历程，设计的传承及创新从来也没停止过。

1837 年，美国康涅狄格州一位磨坊主的儿子查尔斯·里维斯·蒂芙尼来到纽约百老汇，开设了一家不起眼的小铺子，经营文具和织品，后来转为经营珠宝首饰。第一天的销售额只有5美元，但不久，他便凭借独一无二的作品，让纽约的富贾名流们为之倾倒。

1877年，南非甘巴利矿石场采到了全世界最大也最完美的黄钻石。其后，蒂芙尼购得这颗黄钻，将其切割成90面钻石，仿佛一团向外燃烧的火焰，璀璨夺目。而此举也将蒂芙尼品牌推向了另一个巅峰。

1886年，著名的蒂芙尼六爪镶嵌法面世，立刻成为订婚钻戒镶嵌的国际标准，而其对蒂芙尼的品牌发展也起到了至关重要的作用。从此，蒂芙尼似乎成了女孩们最梦想得到的订婚戒指，而这种情感，延续至今。

到了20世纪50年代，纯银螺丝球钥匙扣成了蒂芙尼的经典之作，它继承了蒂芙尼设计一贯的线条简洁、华美实用风格，成为当时最得人心的馈赠佳品，也将蒂芙尼品牌带到了更广大的消费群体中。

得益于技术的进步，电影在20世纪初已经成了人们了解世界、娱乐休闲的前卫方式，而蒂芙尼利用其做的营销更是让这个品牌大放异彩。1961年由奥黛丽·赫本主演的《蒂芙尼的早餐》风靡全球，成为电影史上的经典之作。而以蒂芙尼开头的片名，以及不断出现的有蒂芙尼的场景，令这个世界级的珠宝品牌传遍了世界各地。

到了21世纪前叶，蒂芙尼推出了一款独家设计的利用全新钻石切割法及镶嵌法制作的戒指Lucida，再次轰动了全球，也让蒂芙尼婚戒在竞争异常激烈的珠宝行业再次绽放光芒。

蒂芙尼的创作精髓和理念皆焕发出浓郁的美国特色：简约鲜明

的线条诉说着冷静超然的明晰与令人心动的优雅。和谐、比例、条理，在每一款蒂芙尼设计中都能自然地融合并呈现出来。

参考资料：

蒂芙尼官方网站：www.tiffany.com。

吕皓，《淡蓝色中游走的精灵——蒂凡尼（Tiffany）饰品欣赏》，《科学生活》，2006 年第 8 期。

本章小结

设计和创意管理非常重要，是品牌创新的源泉。设计师要对品牌的非物质性的理念、价值观体系和产品的特性有充分理解，才能根据自己的经验方法和才华创作出适合新时代的创新产品。一个天才的设计师如此工作，一个设计师团队如此工作，才有可能使品牌在决策者的带领下不断地做强做大。

越来越万物互联的世界中，信息和技术已经高度透明，高度国际化让世界变得非常小，随时触手可及。这对设计管理既是福音也是挑战。福音是指设计师可以从浩瀚的前人创造和人类文明中汲取精华，挑战自然是要在此基础上有所创新。这对根据数据库和互联网资料拼凑前人创造的拙劣设计是一个必然的清除过程，消费者在信息对称和透明的环境下，对于时尚精品创新的认知将会越来越成熟和有效。

第六章

国际精品品牌的国际营销

一个成功的精品品牌公司必须在世界范围内都具有先进性的理念和管理实施能力，才有可能成长为世界500强企业。

6.1 路易威登和爱马仕，该学谁？

与高科技公司和金融行业不同的是，国际精品品牌公司财富的创造和增长是长期稳定的，而不是忽高忽低、极不稳定的。国际精品品牌以其稳固高效的商业模式成为财富的最佳承载者。

中国已经是世界上第一大精品消费市场，而本土却从未诞生真正的国际精品品牌。国内有志于打造国际精品品牌的企业，当从国际精品品牌的管理上汲取哪些经验？

强势的国际精品品牌的管理形态可以归为两大类：一类是多品牌管理集团，例如路威酩轩集团、开云（Kering）

集团等；另一类是独立的品牌公司，例如香奈儿、爱马仕、百达翡丽等。两种类型的公司都可以管理和运作非常成功的品牌，一个品牌并不会因归属于多品牌集团就会比独立品牌获得更高的成功概率，反之亦然。

能够代表两类管理形态的成功品牌有很多，其中路易威登和爱马仕是两个类别中当之无愧的代表。我们或可以这两家公司为例来分析和归纳国际精品品牌管理的共性和独到之处，为中国的品牌找出更可行的发展模式。

6.1.1 品牌故事

关于路易威登的历史，第三章、第四章均有详述，在此不再赘述。

爱马仕公司由蒂埃里·爱马仕（Thierry Hermès）于 1837 年在巴黎创立，专营马具。法国的拿破仑三世和俄国沙皇都成为爱马仕的顾客。蒂埃里的孙子、公司第三代负责人埃米尔－莫里斯·爱马仕（Emile-Maurice Hermès）让爱马仕的事业版图朝向多元化发展。自 19 世纪 90 年代开始，以制作马具的技术为基础，爱马仕制作出了第一款手提袋。此后，公司又陆续推出手表、服装、首饰及装饰品等产品。爱马仕所有产品的设计和制造全部由公司内部统筹规划，没有任何代工工厂。20 世纪 20 年代，在积极拓展产品线的同时，爱马仕在纽约开设了第一家海外专卖店。20 世纪 50 年代，埃米尔－莫里斯的女婿罗伯特·迪马（Robert Dumas）接掌公司后，更陆续推出了香水、领带、鞋饰、瓷器、珠宝等新产品，让爱马仕真正成为横跨生活全方位的品位代表。

爱马仕最著名的是凯莉包和铂金包。凯莉包于1935年推出，原本是挂在马鞍上的附属袋，之后改良成为适合女士使用的产品。美国杂志摄影师拍摄到一张摩纳哥王妃、好莱坞女星格蕾丝·凯莉以该款包包遮掩怀孕时微凸腹部的照片，此包因而声名大噪，经过王妃的同意，于1955年正式改名“凯莉”（Kelly）。凯莉包从鞣皮、选皮、染色、剪裁到缝合，全部以手工完成，制作一个皮包需花费3天。在皮包内侧，还会标示制造工匠的代码，以后要送修、保养，就由同一个匠师来服务，并且会帮顾客缝上个人的英文名字。这样讲究的制作流程与后续服务，使得它的价格居高不下，且必须事先预订，有时甚至需要等上数年才能买到。

6.1.2 国际精品品牌的共性

从路易威登和爱马仕品牌创立和发展的历史来看，成功的精品品牌公司具有共性。首先，精品品牌公司都是从开发和制造经得起时间考验的经典产品开始的。这些产品需要有精品的六个特征：绝对优秀的品质、高昂的价格、稀缺性和独特性、高级美感和多级情感、悠久的历史传统和传奇的品牌故事、非功能性。六个特征融为一体，彼此影响，相互促进，使得每个特性都发挥到极致。例如，品牌丰富的历史和传奇故事，以及对美感和情感的追求，使顾客拥有更加美好的想象空间和特别的尊贵感受，从而突出了精品非功能性的重要特征，这是普通的功能性产品无法比拟的。

在推出经典产品之后，公司建立了稳固的精品商业模式，并且迅速地国际化。国际市场是展现产品卓越品质的绝佳平台，有助于树立品牌高端的国际化形象。

6.1.3 国际精品品牌的差异性

两家国际精品品牌的管理模式又有很大的差异性，其中最根本的差异在于两家公司的性质不同。路易威登属于法国上市公司路威酩轩集团的一部分，爱马仕公司则属于爱马仕家族。公司属性的不同导致了管理风格的巨大差异。两者在精品商业领域分别有着上市公司和家族公司的所有管理特征。

从公司风格上来看，路易威登公司更加激进，品牌运营更加强势，其母公司更注重收购式的快速扩张，以塑造多品牌的精品帝国形象，获取更高的市场份额。爱马仕公司相对温和，更注重品牌的传承、点滴的精耕细作，以时间和品质铸就品牌价值，追求的是内生性增长。

从管理逻辑上来看，路威酩轩集团以路易威登作为明星品牌，同时收购有潜力的规模较小的国际精品品牌，通过树立标杆，力图复制路易威登在全球的成功，给投资人和市场的信号是，集团旗下 60 多个品牌都有成为路易威登的可能，为集团企业的业绩增长留下了巨大的空间，同时也为潜在的投资者创造了对未来的强烈预期。这与资本市场所需的对未来现金流的预期完全一致。多品牌的集合是资本运作的结果，并不一定是因为国际精品品牌更好管理，这一点需要业界有清醒的认知。

相反，爱马仕公司的经营理念是一家更纯粹的精品品牌公司，保证事事精益求精，不急功近利，即使供不应求也不扩大生产，这一点在上市公司的管理模式下几乎是不可能的。社会化大生产和精品的稀缺性是矛盾的，如果精品的稀有性和难以获得性丧失了，也就成了大众消费品，其价格无法通过稀缺性来体现和支撑。

从发展阶段来看，爱马仕公司的发展模式是精品行业发展的基础，路易威登公司则在竞争中被淘汰，以至被酩悦－轩尼诗公司收购，家族成员不再拥有公司而成为公司的雇员，但是品牌通过资本运作在新主人手里获得新生。资本运作模式的前提是市场上有足够多的精品独立品牌，同时有些出现经营困难。这样，国际精品品牌才有可能进行重组、盘活和上市。

6.1.4　对中国品牌的启示

在中国改革开放 40 年的时间里，由于历史和现实的原因，精品自身的六个特征失去了存在基础，所以几乎没有诞生本土的国际精品品牌。

具体而言，从经济层面来讲，一夜暴富在房地产开发和金融两个领域频现，大部分资金和人才都流向有超高短期回报的这两个产业，这使得制造业和创新产业缺乏资金和人才。从社会层面来讲，社会氛围异常浮躁，价值创造者辛苦投入获得的相应回报低，“费力不讨好”的日用工业产品的精细制造鲜有人尝试，粗制滥造反而赚钱更快。从文化层面来讲，文化产业现代化缺失，文化精品的意识还处于较为原始的状态。从法律层面来讲，知识产权得不到有效的尊重，仿冒者致富要大大快于创新者。

中国高速发展的精品消费市场为发展精品品牌提供了地利，中国的消费者呼唤能够代表中国时代风貌和具有世界水平的国际精品品牌出现。中国品牌应该顺应天时、地利、人和，借鉴路易威登和爱马仕等国际精品品牌的成功经验，不断提高产品的工艺水平和内在价值，创造真正的本土国际精品品牌。

对于精品行业的新进者，虽然“悠久的历史传统和传奇的品牌故事”这一特性无法复制，但如果能秉承工匠主义精神，在另外几个特性上下足功夫，同样可能获得成功。例如美国品牌蔻驰，虽然只有 70 多年的历史，但却很好地秉承了工匠主义精神，其皮具和手袋凭借耐久的质量和精湛的制作工艺，逐渐在美国女性消费者中建立起声望，并最终跻身国际精品品牌之列，成为美国本土国际精品品牌的典范。

目前，中国企业采用路威酩轩集团的发展模式的可行性不高，这种模式发展的前提是有大量的精品品牌不断涌现，通过市场的竞争促进企业的成长和壮大，其中优秀的企业会成为强势品牌，引领行业向前发展。同时，经营不善的企业会被收购或并购，成为精品集团成员之一。当然，由于所处的历史时期不同，中国品牌所处的经济环境和市场状态与路易威登和爱马仕诞生时也非常不同，中国品牌成功的路径更加丰富和快速。例如在品牌创立之后，可通过进行资本运作以谋求更快速的成长。但是国际精品品牌发展的前提还是要创造出真正深受消费者喜爱的精品。

6.2　国际精品品牌的原产地问题

大量的国际精品品牌公司从20世纪80年代开始由于受到生产成本和消费市场萎缩的影响，不得不面临是否关闭工厂，把生产转移的抉择。这是精品行业在国际商务领域面临的紧要问题。

这些问题在时尚与精品领域很具有代表性。这些公司面临的处境很清楚：重振公司品牌形象和拓展全球新市场的计划已经获得回报，但是从赢利角度考虑却没有取得大的改善，原因是规模扩大后成本随之大幅攀升。所以公司面临着是否该把法国或者英国工厂关闭，将生产部门移师海外的抉择。这当中将涉及两个棘手的问题：一是工厂外迁是否会影响品牌所谓的纯正欧洲血统；其次，关闭工厂将导致大量工人失业，品牌公司因此将面临来自工会、政府、媒体等多方面的巨大压力。

在这种情况下，我认为最好的解决方案是：在适合的国家和地区（比如说中国）建立自己的新工厂，负责生产适合海外市场的产品和需要降低成本的款式，以满足国际市场逐年增长的销售需求；同时保留欧洲工厂，负责生产公司最传统的产品，如特殊订单和用于产品发布的限量款产品等。需要注意的是，应该控制并逐渐缩小欧洲工厂的规模（每年会有工人退休，但不再招聘新的工人）。这样一来，品牌公司不仅可以解决成本问题并进而增加利润，还免去了工人失业所引发的社会危机，更捍卫了品牌的纯正血统。

全球化不仅推动了全球资源的重新配置和优化组合，更将那些在资源优化链条上具有优势的国家或地区凸显出来。因为资源优化是保持竞争力的关键，这不仅适用于制造业，也适用于一些时尚产业。对于国际精品品牌公司来说，在全球化背景下，中国市场有着无限的诱惑力：低廉的生产成本、丰富的原材料供应、熟练的加工技术和现代化的生产线、充足的劳动力、占世界五分之一人口的巨大市场、稳定高速增长的经济，以及逐年增加的富裕人群……在这些优势面前，品牌公司是不可能顶着高昂的生产成本和巨大的赢利压力而非理性地坚持本国生产的——这是一个生存还是毁灭的问题，正常的思维自然是选择生存，也就是移师海外生产。

然而，优化供应链，在海外开设工厂不是一朝一夕即可完成的，这要求品牌公司具有前瞻性的全球战略眼光，因为目前它就已经遇到了实质性的问题：如何既降低成本，又保证质量，同时也保持品牌的血统？对此，品牌公司应该做到以下两点。

第一，在生产上做到由品牌完全控制，以确保产品质量。例如，路易威登在许多国家都有“作坊”（它们从来不用“工厂”一词，以避免和工业化大生产联系在一起），如西班牙、美国、印度等，这意味着路易威登的产品并不都是在法国生产的，当然它们也从未否认过这一点。但是这些“作坊”无一例外全部是路易威登的产业，完全在其掌控和管理之下，这样生产出来的产品才能够在世界范围内保持完全一致。

第二，淡化产品生产地，强化品牌形象。实践证明，强势品牌往往不会受到生产部门移师海外的负面影响，如阿玛尼很早以前就将生产转到中国，但在日常的品牌形象宣传中，它强调的是扎根于本国传统和生活方式之中的品牌精髓，而非本国工人的制造技术，因为中国拥有世界上最好的能工巧匠。

在全球化的巨浪中，将生产部门外迁到低成本地区将是时尚和精品行业的大势。如果各大国际精品品牌能够掌握从“某国制造”向“某品牌制造”转变的诀窍，那么由此创建的强势品牌的力量最终会战胜产品的原产地困境。也就是说，精品品牌首先要建立品牌制造的效应，才能突破原产地效应的枷锁。

6.3 国际精品品牌的国际分销体系

国际精品品牌商业模式中非常关键的一个环节，就是国际分销模式和体系的建立。这是国际精品品牌非常重要的价值创造阶段，为全球的客户能够购买和消费到顶级的世界精品提供了非常重要的保障。运输、仓储、保险、分销过程创造了价值，同时也承担了金融风险和成本，还发挥了品牌营销推广的作用。这些隐藏在光鲜的品牌形象背后的重要环节，不管是物流，还是供应链或者管理信息系统，都是围绕着国际分销体系的高效性展开的。

下图是精品品牌公司在全球的分销体系简图。母公司通过一套包括外部分销商、合资企业或者分支机构的分销体系进行产品的分销。对于那些不能或不想直接生产、加工和分销的产品种类，它们也可通过与其他企业签署生产开发特许合同，让其他企业生产和开发这一产品种类，再通过分销特许合同，在世界各地市场选择自己的分销商。这样的体系就使这些拥有品牌的母公司在世界各地都有了销售代表，同时在各种产品种类中都有了一席之地。从这个体系中我们可以看出，某些市场的分销和零售商并不是直接由母公司来控制的。

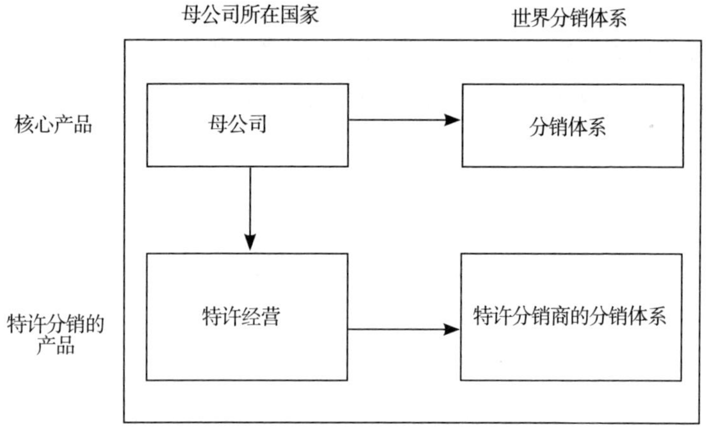

国际精品品牌的全球分销体系简图

舍瓦利耶、马扎罗夫和我在《奢侈品品牌管理》中文第二版中把国际精品品牌在国内国际市场上的分销模式分为以下几种。

6.3.1　来自精品品牌总部的特许销售

在精品行业，大部分领域每年都会举行一次或两次展览会，来自世界各地的行业人士都会出席，产品分销商则会穿梭在展会的各个走廊之间寻找新的想法或新的产品。如果他们被一个新的品牌吸引，就可能会决定签下一个合同，成为本国的唯一或普通经销商，并计划在他们的商店里出售这种新产品。

对于精品中的高级成衣来说，分销体系非常类似。不同的品牌会在同一周或两周内推出其本季新品系列，所有的主要买家都会在这一时期来到巴黎、米兰。他们都是带着购买预算或者没有预算限制来进行开放式购买的。各时尚品牌的销售人员会非常关注来自美国或日本百货公司的买家，这些买家有时会采购大批量的货物。在展览过后，厂家会为那些已确定下订单的买家开放一个专门的产品陈列室，在这里，买家先支付定金，并在本年之内收到货物。在产品陈列销售结束后，这些时尚品牌对它们下一季的销售情况就已经有了一个非常精确的估算了。

但是，有关下季产品新想法的提出并不是那么简单。百货公司的买家在到达巴黎和米兰之前，已经提前制订了“销售计划”和“购买预算”，为“开放式购买”划定了一个基本限额。如果某个品牌在上两季销售不佳的话，那么买家对于该品牌下季产品的“开放式购买”将肯定会减少。

新品牌的启动也是非常困难的，因为除非他们在时尚展览周之前已经同百货公司的管理部门进行过很好的沟通，否则他们的品牌将不会有任何“开放式购买”的机会，即使买家很喜欢这些新的产品，他们也不能很大批量地采购。所以，由于这种“开放式购买”体系的存在，销售工作必须在事先就做好，如果有可能的话，对一些精品的主要市场国家的全国性百货公司都要事先做好工作。

这种排外性的特许销售体系有很多的优点。首先，它的风险比较低，因为一般买家以定金的形式下订单，剩下的货款则在出货的当天以信用证的形式付清；其次，这种销售方式比较容易操作，那些百货公司或多品牌联合经营商店的买家只需以最少的投资每年进行一次或两次寻找新品牌和新想法的活动即可；同时，通过这种方法，品牌本身也可把自身限于世界范围内最高端的精品百货公司采购圈子之内，当然，当产品被摆放在百货公司的货架或是柜台上的时候，它们则很容易以全价销售出去。

当然，这种销售体系也存在一定的缺点，那就是品牌本身几乎无法控制百货公司或分销商的选择，它必须等待一个又一个重要客户的青睐。所以，该体系对于处在发展初期的品牌是比较有意义的，但是当一个品牌想要成长时，它就必须将这种销售方式与其他方式结合起来，否则该品牌将不会出现在一些比较小的国家，国际分销体系结构将会被冻结，不具备足够的活力。

6.3.2 世界各个市场的销售分公司

“全资掌控”的分支机构的销售并不是精品领域最为常用的分销方

式。精品品牌公司绝大部分商业活动不是通过直接的分支机构进行的。

采用分支机构销售的意义在于它可以很好地发挥市场营销的作用。而且通过分支机构的销售额可以以产品销售的全价（批发价）而不是出口价进行财务报表的合并。在本国内，能够拥有直接分支销售机构体系的公司一般规模都比较大，实力也比较强。同时，高层管理者也会以其远在美国、日本或是中国地区的分公司的运营管理而感到骄傲。但是，这是精品品牌公司在进行全球运作时最为有效的唯一方法吗？并不是。

第一，在很多国家或地区，比如在中东或拉丁美洲地区，那些将国外生产的产品进口到国内进行分销的公司，其国外总公司是不可能拥有百分之百股权的。在有些情况下，这种销售分支机构的形式是被禁止的。在另外一些情况下，绝大部分股权必须被当地的合作者所控制。在俄罗斯或中国，是有可能拥有一家全资控股的分公司的，但是这些公司经常会被建议吸收一家当地的、在其他领域的合作伙伴，负责与当地相关职能部门打交道。

第二，设置分公司的成本很高。单凭经验来说，是否设立分公司当然要取决于国家的大小及产品的类型，如果预期销售额低于500万美元，分公司的设置是没有意义的，因为其销售的毛利不足以支付办公场地租金、年度法律成本、总经理和财务经理的薪水，这还没考虑销售人员的成本支出。同时也有可能出现的情况是预算比较乐观，但有时销售会下滑，一个本该赢利的分公司这时就会变成一场噩梦。

第三，分公司的设置是需要现金的：当地的存货成本和应收账款都需要总部来承担。所以，如果在现金有点吃紧的情况下，分公司的设置并不是最好的方式。通过设立分公司体系的模式获得增长要比通过分销商的销售网络获得增长慢得多。

同时，从哪种类型的分销商比较容易控制并且不会成长为自己的竞争对手这点来说，还存有一个误解，那就是：灰色市场的操纵者经常会说最容易的产品来源就是那些分公司的总经理，由于其销售额远远低于所制订的年度计划，因此在每年的 10 月或 11 月，这些分支机构经常会在不受总部控制的情况下被引诱低价倾销一些产品。

可能对于一些比较大的公司来说，销售分公司的设置将会是一种最为理想的销售体系，它们会把分公司设置在世界的各个角落。对于小的精品品牌公司来说，分公司的设置就不是一种最为常用的分销体系了。

6.3.3　当地市场的分销商

当地分销商用他们自己的资金采购产品，在当地形成一定的存货，并在本国范围内进行销售。当然，对于精品品牌公司进行全球性扩张来说，这是一种低投资的方式。

当地分销商一般会被赋予独家销售一个产品或一个品牌的权利。由于分销商一般会代理好几个品牌，这样就可以在这些品牌上平摊销售的人力成本。由于同时代理几个品牌，代理商们就会有更强的讨价还价能力，与百货公司和独立的销售商进行谈判，这对于相对比较小的品牌来说是一个优势。

当然，代理商们承担其代理的品牌在当地市场所存在的所有金融风险，他们会对本国的详细情况进行了解并熟记在心。由于是在他们自己的国家，他们知道如何通过谈判磋商为品牌在百货公司争取一个比较有利的位置，他们也能争取到在主流杂志或其他媒介刊登广告的机会并且获得最大的折扣，他们能以一种最有效的方法来处理所代理的品牌的日常事务。

当然，地方代理商也会有一些局限性。他们并不总是容易被控制。有时，他们会按照自己的意愿在当地进行市场营销，而不是严格遵循品牌对他们的要求。例如，如果代理商比较偏爱去年的广告活动，而讨厌今年新的广告内容，他们可能会有这种倾向——忽略新的广告宣传活动，仍然使用去年的。

对于经营好几个品牌的代理商，他们同样也会有一些方法来处理这些品牌混合经营的问题。对于一个与众不同的品牌，他们可能不会或者是不愿意去做相应的调整。

最后，当一个品牌在某个市场非常强势的时候，由于分销商的批发销售中利润百分比制度的存在，此时分销商的代理销售就会比该品牌的分支机构的销售昂贵很多。分销商制度对于开始经营和发展一个新的品牌是很理想的，当做得非常成功，达到 1500 万~2000 万美元销售额时，着手建立一个分公司将会变得十分有意义。

6.3.4　与当地企业合资经营的分销公司

合资经营体系也是品牌的一个分支机构形式。这个合资机构部分属于品牌总部，同时也部分属于另外一个合作者，比如原来的当地代理商。

当品牌刚进入某个国家时，代理商可能是最好的销售体系。当销售额增长到一个非常高的水平时，一个分公司就成为最为有效、利润最大化的机构。但是，从一种销售体系向另一种销售体系转变可能会存在一些困难。

有时，如果品牌以一种不友好的方式结束与代理商之间的关系，代理商会在其最为接近的消费者中组织对该品牌的联合抵制，这种事情在日本发生了很多次。当某家百货公司全权掌控一个品牌的时候，比如拥有一个品牌的独家分销权，而且还签署了独家总代理协议，如果这个品牌决定建立自己的分公司并收回代理权，只有通过与百货公司联合设立一个合资机构才可以顺利收回代理权，否则，出于对原百货公司的支持，其他的百货公司是会拒绝与这个品牌合作的（这些品牌一般是由巴黎销售团队建议或是以一种新的许可协议的形式推出合作方式）。这种悲惨的遭遇存在于各大香水品牌中。

合资经营体系可以说是一种以相对比较平稳的方式建立分公司，但是同时也把一个主要的角色留给了原来的分销商，这就意味着品牌公司将与当地的分销商在未来销售活动中联合起来。以这种合资经营的方式，品牌公司可以随着时间推移，逐步提高控股比例并最终达到百分之百控股，完全收回在此市场的代理权。原来的那些代理商将会提供办公空间，支持各项活动，以及分享他们了解的市场信息。

然而，什么是最好的结构呢？如果既能够兼顾国际精品的品质和创新性，又能保证在全球市场上的合理快速发展，一个处于“平均水平”的国际精品品牌将会直接与一些百货公司进行合作，拥有5~10家全资控制的子公司，5~20家与原来分销商建立的合资公司，以及40~60家覆盖全球的独立代理商。

6.4　国际精品品牌市场进入理论和运营模式选择

6.4.1　市场进入理论

就外部影响因素而言，市场因素、生产要素、经济环境因素、政治因素和社会文化因素也是构成东道国国家风险的主要因素，这些是企业选择市场进入模式时需要考虑的因素。这些影响因素与交易成本理论中的环境不确定性较为类似。国际精品品牌早期进入中国市场时面临着外部因素影响的高不确定性和高风险。对于内部因素而言，产品因素包括知识价值、隐含知识和适应知识。根据传统理论，如果公司产品所包含的技术含量和差异化程度高，或公司产品在目标国容易被恰当地应用，则公司就会倾向于使用控制度强的进入模式，以确保这些资产不被外人利用。但是，国际精品品牌公司的产品由于具有高价值和高差异性，品牌成功进入模式并不单一，所以传统市场进入理论逻辑无法解释国际精品品牌市场进入模式多样化的现象。

从公司自身资源的内部因素角度，如果公司规模大，资源充足，愿意并能够为进入外国市场付出较多资源，能够承受由此产生的风险，就可以采用资源承诺度高的进入模式。如果公司缺乏一定的资源，就会寻求合资企业的模式，以获得必要的资源或者采用许可经营等不需要太多资源投入的形式。企业所拥有的管理知识、资本、技术、生产技巧和营销技巧等资源越多，企业可以选择的进入模式也越多。相反，企业所拥有的资源少，则通常选择资源承诺低的进入模式。

国际精品品牌大多属于中小型企业，企业规模相对能源和机器制造业等领域的企业来讲非常有限，根据传统市场进入理论应该选择低卷入的进入模式，但是在中国市场中，很多成功品牌选择的是高卷入的进入模式。为什么在高风险的新兴市场中，有些企业资源并不丰富的国际精品品牌会选择高卷入的市场进入模式呢？

6.4.2 市场运营模式的划分

从资产特殊性角度来讲，国际精品品牌具有品牌国际知名度高、附加值高、轻资产、高知识产权等特点。环境不确定性方面，国际精品品牌早期进入中国市场时风险较高，在中国加入世界贸易组织后随着零售市场的开放，风险逐步降低。行为不确定性方面，国际精品品牌来自与中国文化距离较大的法国、英国、意大利等国家。交易频率由于每个品牌的产品种类的差异和自身占有资源的差异会有所不同。根据交易成本理论，精品产业有着自身的特点，由于全球分销和零售模式的建立，也形成了自身独特的市场运营模式，我将其分为三类：全部直营体系（direct controlled），直营与代理并存体系（direct controlled with agencies），全部代理体系（fully agencies）。这种新的分类方法更加精准，并且更加符合国际精品品牌在国际市场运作的实际情况，与传统理论模式划分有以下不同之处：市场进入模式并非单一化，而有可能是多种模式的组合；模式的划分以品牌拥有企业为基准，并非以品牌运营企业为基准，运营企业有可能是在国外市场的全资子公司，但并不等于品牌企业已经进入了该市场。传统的市场运营模式的划分方法会造成概念的混淆，不利于对国际精品品牌进入新市场的核心策略进行分析。

路易威登于 1992 年进入中国市场，其成功和其在全球建立的直营体系有着直接的关系。同是在法国诞生的鳄鱼品牌虽然定位没有路易威登高，但同属于精品大类，属于较易获得的精品，是法国精品协会的创始会员。鳄鱼品牌在全球不拥有任何一家店面和工厂，全部采用代理模式进入市场，于 1994 年进入中国市场，是研究代理模式的经典成功代表。此外，登喜路（Dunhill）是英国的老牌国际精品品牌，与英国绅士所穿着的西装和英国贵族生活方式紧密相连的品牌形象很早就在国内外市场享有很高的知名度，是最早成功进入中国市场的国际精品品牌，建立了直营和代理相结合的模式，成功地在中国市场运营。

除了以上 3 个典型品牌，我们又选定了 9 个国际精品品牌，包括卡地亚、香奈儿、爱马仕、蔻驰、古驰、博柏利、杰尼亚、波士（Hugo Boss）、卡尔文·克莱恩（Calvin Klein），对其在中国的市场进入模式和运作模式进行了总结。在调查的 12 个品牌中，4 个品牌采用全部直营的模式，2 个品牌采用全部代理的模式，6 个品牌采用直营和代理相结合的模式（见表 6–1）。

表 6–1　国际精品品牌进入中国市场的时间和模式

品牌	进入中国年份	在中国运营品牌产品的公司	中国市场进入模式	中国市场运营模式
路易威登	1992	路易威登（中国）商业销售有限公司	资产进入模式	全部直营
登喜路	1993	登喜路中国有限公司	资产进入模式	直营和代理
鳄鱼	1994	上海梦田服装有限公司	非资产进入模式	全部代理
卡地亚	1990	卡地亚（中国）有限公司	资产进入模式	直营和代理
香奈儿	1993	香奈儿（中国）贸易有限公司	资产进入模式	全部直营
爱马仕	1997	爱马仕（上海）商贸有限公司	资产进入模式	直营和代理
蔻驰	2000	蔻驰中国有限公司	资产进入模式	直营和代理
古驰	1996	上海纳梵投资管理有限公司	资产进入模式	直营和代理
博柏利	1993	上海古丽贸易有限公司	资产进入模式	直营和代理
杰尼亚	1991	杰尼亚（中国）有限公司	资产进入模式	全部直营
波士	1994	骏思集团	资产进入模式	直营和代理
卡尔文·克莱恩	2002	利丰集团	非资产进入模式	全部代理

6.4.3　市场运营模式的核心

国际精品品牌市场运营的核心表现在 3 个方面：品牌管理、分销零售、财务运营。这 3 个核心方面与大众消费品的差异性造成了国际精品品牌商业模式的独特性。具体来说，需要考虑以下 9 个方面的 14 个问题（见表 6–2）。

表 6–2 市场运营模式中需要具体分析的问题

国际精品品牌市场运营模式的 3 个核心	具体考虑的 9 个方面的 14 个问题
品牌管理	（1）品牌形象控制：是否可控？控制度高低？是否可以提升？
	（2）品牌知名度：是否有利于提高知名度？
	（3）服务质量控制：是否可控？是否可以提升？
分销零售	（1）市场渗透管理：渗透速度快还是慢？渗透率高还是低？
	（2）市场层级管理：是否进入一线、二线、三线城市？分别用什么样的运营模式？
	（3）销售人员管理：是否需要管理销售人员？
财务运营	（1）品牌利润率：高还是低？
	（2）运营管理成本：高还是低？
	（3）投资额度：高还是低？

品牌管理

根据精品产业的特点，品牌在国际化过程中处于最重要的核心地位。品牌管理需要分析三个具体方面。

品牌形象控制：当精品在选择市场进入模式时，关于品牌形象需要分析三个问题——这种模式对于品牌公司来讲品牌形象是否可控？控制程度如何？品牌形象是否可以通过这种市场进入模式进行提升？通过对三个典型精品品牌公司进入中国市场的模式进行分析发现，直营、代理和直营代理混合体系对品牌形象都是可控的，但是控制的程度不同，有效性差别很大。直营体系对品牌形象的控制最强，代理体系最弱。所以在直营和代理并存的体系中，品牌形象有很大差异。直营的品牌店形象一致，可以达到品牌的设计标准，整体形象好；但是代理店面形象有很大差异，主要与分销商对于国际精品品牌管理理念的认同程度、管理水平、国际精品品牌管理经验和资金实力等因素有关。所以在三种模式中，对于品牌形象的控制和提升最有效的是全部直营模式。代理模式在整个市场运营体系中占比越多，品牌拥有者对品牌形象的控制和提升力越弱。

品牌知名度：与品牌形象直接联系的美誉度不同，品牌知名度涉及消费者对品牌认知的广度。有效的市场进入和运营模式可以在较短的时间内提升品牌的知名度。直营和代理方式的市场进入和运营策略都有助于提升品牌的知名度。零售店面的建立本身就是品牌和企业最好的广告。这一问题与市场渗透速度紧密相连，市场渗透速度越快，店面开设得越多，品牌市场知名度就有可能越高。因为会有更多的消费者可以接触和获得品牌和产品。

服务质量控制：服务质量是国际精品品牌体现高附加值的重要方面。高质量的服务需要与品牌高端定位和高美誉度相一致，否则将对品牌形象造成损害，直接影响客户满意度和公司业绩。不同的市场运营模式对服务质量都可以有较好的控制，客户之所以感受到服务质量的差异，是受到品牌经营者管理水平的限制，与市场进入和运营模式没有直接关系。当品牌经营者没有意识到服务是品牌管理的重要组成部分时，零售店面中销售人员的服务质量就不会有好的表现，客户感受到的服务和品牌形象就会与心理预期有较大的落差。当品牌是直营模式时，管理者意识到服务是品牌管理的重要组成部分，可以较快地在销售管理中执行提升服务的措施，可以较快地产生明显效果。但当品牌是代理模式时，需要品牌拥有者和品牌分销者两家公司的管理者都意识到服务的重要性，才有可能较快地提升服务，从而提升品牌形象。当品牌拥有者和分销者当中有任何一方，特别是品牌分销者对服务不重视时，品牌形象会受到严重的影响，从而影响销售的业绩。

因此，销售人员的服务需要与品牌形象树立统一起来。只有卓越服务才能与国际精品品牌的高端定位和高价格相匹配，才能对品牌形象有提升作用。作为代理模式的分销商，对于服务的质量控制需要达到并高于品牌公司要求，才能达到品牌销售和品牌形象俱佳的双赢局面。

分销零售

国际精品品牌市场运营主要是通过有效地建立分销和零售体系。中国市场由于经济发展水平不平衡，所以商业城市呈分级分布。国际精品品牌根据每个城市人均收入、人口数量和GDP总量水平，把中国的商业城市分为三级。第一级超大城市，如北京、上海、广州和深圳，是中国高端消费品市场最大的城市。第二级城市又分为三个层级：2a级由于人口众多、个人收入高、GDP规模大，被称为“明日之星”，包括杭州、成都、重庆、天津、南京等；2b级由于城市消费者可支配收入较高，但城市规模较小，被称为“利基”，因为精品消费者较为集中，如宁波、苏州、厦门、无锡、温州等；2c级城市由于个人收入较低，但城市人口众多，所以被称为“主流”城市，如福州、太原、青岛、昆明等。三级城市又划分为3a和3b级：3a级城市人口超过100万，市场持续成长，虽然个人收入较低，但是人口数量众多，被称为“新疆域”城市群；3b级城市人口低于100万，人均收入偏低。

对于销售人员的管理，直营和代理的模式差异较大。直营模式中，销售人员需要品牌公司直接招募、培训和管理，建立较为庞大和复杂的销售人员管理体系，同时与零售店面管理体系、物流管理体系及企业资源计划管理体系相联系，形成全面立体的管理系统。例如路易威登公司，在中国建立了完整的人力资源管理体系，对所有零售体系中的员工进行招募、培训和管理，不通过任何第三方合作伙伴管理其销售人员，以便保证员工对品牌和产品的深入了解，为客户提供最优秀的服务。但是代理模式中，销售人员由分销企业招募、培训和管理，品牌公司不需要雇用任何销售人员和建立管理体系，不用对人员管理做任何投入，这一部分都由代理公司负责。例如登喜路、古驰等采用直营代理相结合市场进入模式的国际精品品牌，会对分销商企业销售管理人员进行产品和品牌的培训，但是销售人员的管理和运营都是由代理企业负责，品牌公司不介入也不承担运营费用。

财务运营

国际精品品牌商业模式的特殊性在于由多重分段式商业模式组合而成，每一段商业模式都有利润，包括品牌利润、生产利润、批发利润和零售利润。不同市场进入和运营模式，其品牌利润率、运营成本和投资额度都有较大的差异（见表6–3）。我们对三种市场进入和运营模式的情况分别进行分析。首先，当采用直营模式时，多重分段式商业模式组合产业链上所有的利润都被品牌商获得，所以其利润率最高。同时，组建多重分段式商业模式需要对生产、分销和零售进行资金、人员和管理上的投入，运营成本最高，占压资金和投入也最高，因此风险也最高。例如路易威登公司，从品牌拥有、产品设计、生产、分销到零售都由品牌公司一手操办，所有资金投入和人员管理都由品牌公司一力承担，所有环节利润都由品牌公司占有。其次，当采用纯代理模式时，品牌公司只获得品牌利润，而生产利润由生产商获得，批发利润由批发商获得，零售利润由零售商获得。所以，品牌公司的利润率比采用直营模式的品牌公司要低，只占有多重分段式商业模式产业链上最高端靠近品牌的利润，而其他利润都被产业链上的合作伙伴分享了。这种模式对品牌公司的资金要求最低，公司的运营成本也最低。例如，法国鳄鱼公司，只拥有品牌，从特许经营合作伙伴公司中收取品牌使用费，即品牌利润，但是对品牌产品的生产、分销和零售都不进行投入，所以运营成本和资金投入几乎为零；同时，品牌授权制造商、分销商和零售商对品牌的生产、批发和零售进行投资和管理，并分享其中利润。最后，当采用直营和代理相结合的模式时，随着直营在整个体系的占比从高到低，公司的利润率也呈从高到低的状态。直营模式占有更多的利润，但运营成本和资金投入过高；代理模式占有的利润较少，但运营成本和资金投入很低。所以国际精品品牌公司根据自身在华市场发展的需要，选择合适的直营和代理的比例。例如，爱马仕的绝大部分在华零售店面都是直营的，只有少数在机场、火车站和某些城市的店面采用代理模式，香水和腕表两个产品种类的店面采用代理模式，在这种情况下，爱马仕的利润率还可以保持在一个较高的水平，但运营成本和资金投入都保持在中等水平上。

表 6–3　国际精品品牌运营模式、品牌利润率、运营成本和投资额度

样本品牌	中国市场运营模式	品牌利润率	运营成本	投资额度
路易威登	全部直营	高	高	高
登喜路	直营和代理	中	中	中
鳄鱼	全部代理	低	低	低
卡地亚	直营和代理	中	中	中
香奈儿	全部直营	高	高	高
爱马仕	直营和代理	高	中	中
蔻驰	直营和代理	高	高	高
古驰	直营和代理	中	中	中
博柏利	直营和代理	中	中	中
杰尼亚	全部直营	高	高	高
波士	直营和代理	中	中	中
卡尔文·克莱恩	全部代理	低	低	低

通过对国际精品品牌在中国市场的运营模式进行分析，我们可以得出以下结论（见表 6–4）。

首先，三种模式中对品牌管理最有利的是全部直营模式，可以有效地对品牌形象和服务质量进行直接控制和管理，从而使品牌知名度逐步提升，但是提升速度并不是最快的。全部代理模式对于品牌管理最不利，因为品牌形象和服务质量不受品牌公司直接控制和管理，需要依靠一家或多家代理商进行管理，所以受代理商因素的影响较大。综合提升品牌知名度速度、保证良好的品牌形象和服务质量三方面的因素，直营代理相结合模式是最佳市场进入模式，因为一方面可以通过直营模式控制一线和重点二线城市店面品牌形象和服务，另一方面可以通过代理模式快速地进入其他二、三线城市，迅速地扩大品牌知名度，较好地平衡质量和速度两者在市场拓展中遇到的矛盾，使高端品牌在市场上迅速获得良好表现。

表 6–4 三种国际精品品牌市场运营模式总结

国际品牌市场进入模式		全部直营	直营代理并存	全部代理
品牌管理	品牌形象控制	高	中	低
	品牌知名度	中	高	中
	服务质量控制	高	中	低
分销零售	市场渗透速度	低	中	高
	市场渗透率	低	高	高
	城市层级	一线为主，二线为辅	一线直营，二、三线代理	一、二、三线城市全线铺开
	销售人员管理	需要	部分需要	不需要
财务运营	品牌利润率	高	中	低
	管理成本	高	中	低
	资金投入	高	中	低
样本企业		路易威登、香奈儿、杰尼亚	登喜路、卡地亚、爱马仕、蔻驰、古驰、博柏利、波士	鳄鱼、卡尔文·克莱恩

其次，对于快速建立分销零售体系，三种市场进入模式中最为有利的是全部代理模式。因为，全部代理模式市场渗透速度和市场渗透率最高，覆盖所有城市层级市场，不需要直接管理销售人员，可以快速地通过代理建立起分销和零售体系。对于直营模式，市场渗透速度和渗透率都最低，因为开店数量有限，覆盖市场也只是一线城市和少量二线城市。采用直营、代理还是直营代理相结合的模式，需要根据品牌公司在新兴市场的营销策略和短中长期发展战略进行选择。

再次，三种市场进入模式中，财务运营风险最低的是代理模式。因为代理模式不需要品牌公司投入资金建立直接控制和管理的分销零售体系，管理成本最低，但是品牌利润率也是三种模式中最低的。三种模式中品牌利润率最高的是直营模式，因为其控制全产业链上各个部分的利润，但是资金投入和管理成本最高，所以财务运营风险最高。在企业国际化过程中，市场进入理论和交易成本理论指出，在企业规模小、资金紧张、对新兴国际市场不够了解的情况下，应该采用代理模式，尽管品牌利润率不是最高的，但是可以有效规避企业在国际化过程中的财务风险问题。

最后，综合品牌管理、分销零售和财务运营三方面因素，国际精品品牌在中国市场最为有效的市场进入模式是直营代理相结合的模式，一方面可以较为有效地进行品牌管理，建立良好的品牌形象和提供优良的服务，另一方面可以快速广泛地占领各级城市市场，快速地提升品牌知名度，投入较少的资金、人员和管理成本就可以达到较好品牌形象和较高销售额的平衡，从而降低交易成本中的不确定性。特别是在中国这样具有巨大市场和复杂市场结构的新兴市场中，这一市场进入模式可以较好地控制新市场投资风险，并且可以较为快速地获得资金回报。对于成功的直营模式企业，大都占有明显的市场优先进入优势，可以建立起品牌知名度和全部直接控制的分销和零售体系。这种模式在目前开放并且完全竞争的环境下，已经很难复制，除非新进入企业愿意支付高额的品牌沟通费用。

6.4.4　对中国的国际精品品牌的建议

这一节我们对国际精品品牌进入中国市场的模式进行了研究，提出了国际精品品牌市场进入理论，总结了三种新的模式——全部直营、全部代理和直营代理并存，突破了传统理论中基于所有权归属非黑即白的划分方式，更加贴近企业在国际市场营销中复杂的现实，也帮助中国品牌在传统营销理论基础上更加深入地了解国际精品品牌独特的市场运营方式，以打破中国品牌多而不强的现状。这一理论是建立在国际精品品牌国际知名度高、商业模式附加值高、企业轻资产、知识产权密集等基础之上，通过对国际精品品牌管理三个核心——品牌管理、分销零售和财务运营进行综合分析、评估和总结之后提出的，对中国精品品牌的管理实践有以下建议。

第一，国际精品品牌市场进入理论是高端品牌市场营销的第一利器，是品牌提升和企业向高附加值领域转型的道路。中国品牌经营多年，但是始终面临多而不强的困境，强势中国品牌始终久呼不出。究其原因就是没有掌握高端品牌市场营销和运营的一般规律，而是根据营销传统理论和大众品牌营销和运营模式指导实践，造成偏差甚至运营失败。国际精品品牌市场进入的三种模式总结建立在成功经验和案例基础之上，通过不同模式对品牌管理、分销零售和财务运营的直接影响和产生的效果进行分析，可以清楚地解释国际品牌在中国及国际市场的运营模式，为中国企业向高附加值领域发展和品牌国际化提供理论指导。

第二，中国企业需要树立以品牌管理为中心的商业模式。以上三种模式都是建立在品牌管理的基础之上，没有品牌就没有建立国际精品品牌商业模式的可能性。品牌管理是企业转型和商业模式提升的关键一步，是企业国际化的必备条件。同时，品牌是承载无限财富的载体，是企业获得高附加值最直接的手段。没有品牌所创造的财富始终是有限、短暂和不确定的，例如代工制造和金融投机。品牌却是无限、长期和稳定的。

第三，中国品牌需要有明确定位和持久的品牌发展战略。特别是对高附加值的国际精品品牌来说，准确清晰的市场定位是成功的第一步，然后要在较长一段时间内保持稳定，以便通过市场进入和运营模式树立强势品牌形象和在市场上稳步发展。三种模式都可以成功地在新市场中树立强势品牌形象和具有良好经营表现，要选择适合品牌定位和企业自身特点的市场进入模式。品牌是一个企业真正实力的体现，是一项系统工程，对企业提出了更高的要求，同时把企业“打得赢就打，打不赢就跑”的后路切断了。品牌实力理论要求企业把所有责任通过品牌记录下来，接受国家、社会、市场、消费者的监督和检验。也就是说，企业要从没有品牌、处于市场暗处的游击战向到市场明处大规模作战转变，就要有做市场主人的决心和气魄，品牌就是企业在市场上的名字。中国品牌企业需要不断创新，同时运用创新品牌管理理论，吸收世界各国优秀成功的品牌管理理念，与中国市场实际相结合，走具有中国特色的品牌管理之路。

第四，中国品牌需要走国际化道路。本理论可以直接指导具备条件的中国品牌加速国际化进程，通过进入新市场达到提升品牌形象和企业业绩的目的。成功的国际精品品牌的三大要素包括卓越的产品、顶级的艺术美感和高度国际化。国际化可以在全球范围内树立强势品牌形象，为企业不断带来利润，同时降低企业对单一市场过度依赖的风险，使企业可以进一步做强做大。

本章小结

国际精品品牌的战略体系在国际分销部分的价值创造是至关重要的。一个品牌能够发展为某一产品种类的佼佼者非常不容易，但是不能沾沾自喜，止步不前，需要尽早总结，提炼出自己品牌的理念体系，从而为建立起稳固的商业模式指清道路。当商业模式和品牌开始稳固的时候，国际分销体系的建立是一个精品品牌发展成长的关键节点和瓶颈，也是一个品牌长大成熟的标志。

从商业模式的角度来看，国际分销体系的建立是一个国际精品品牌商业模式稳固（已超过收支平衡点），精品品牌的合理性和合法性都获得确立之后（行业地位和竞争对手认可），向潜在客户群体比较集中的国际市场扩展的必然发展节点和台阶，也是一个精品品牌和商业模式向全球复制和传输的开始。国际化是一个国际精品品牌发展的必然趋势，同时也是将商业模式做强做大的必然道路。所以任何一个成功的精品品牌必然是国际的，这也是为什么精品品牌战略之前必须加上“国际”两个字的原因。

第七章

国际精品品牌的全零售管理

没有一个成功的世界级企业是靠投机倒把和走捷径发展起来的。

7.1 “爱马仕之家”的橱窗

实体店的魅力是什么？对于客户来讲有什么不可替代的价值？精品品牌的橱窗就是品牌店面的眼睛，有没有魅力，漂不漂亮，有没有神，都直接关系到一个精品品牌的整体形象和商业业绩。

国际精品品牌爱马仕是获得全球成功的典范，它用艺术的精神来打造自己零售店面的橱窗，给客户独一无二的精品零售体验。上海“爱马仕之家”每年在全球选出四位艺术家为其设计春夏秋冬四季的橱窗艺术展，这里我们把2016—2017年的部分橱窗设计及最新店面形象和大家分享一下。

企业在打造产品和品牌的商业活动时经常会用到一个词"跨界"(crossover)，其实，在真正的精品品牌管理中并不存在"跨界"，因为精品的一个重要特征就是具有高级美感和多级情感的丰富而立体的艺术内涵，所以艺术就是精品的一部分，还怎么"跨界"呢?!那真正的精品品牌是如何把艺术的精髓融入品牌和产品的呢?那绝不是简单机械的复制和粗暴的嫁接，让我们来看看爱马仕是怎么做的吧。

7.1.1 2016年冬季橱窗

2016年，上海"爱马仕之家"携手中国的陶瓷艺术家辛瑶遥女士共同创作了冬季橱窗及"水光·瓷色"陶瓷艺术展，把自然界中水的不同肌理，通过光与瓷的微妙配合进行不同以往的观视与表达。这是上海"爱马仕之家"首次将艺术家的创作从橱窗延伸至个人艺术

陶瓷艺术作品《露》

《露》透过蜂鸟的视野环境，模拟光线柔和的清晨，露珠中装载的世界场域，从不同高度直观捕捉光的旅行轨迹

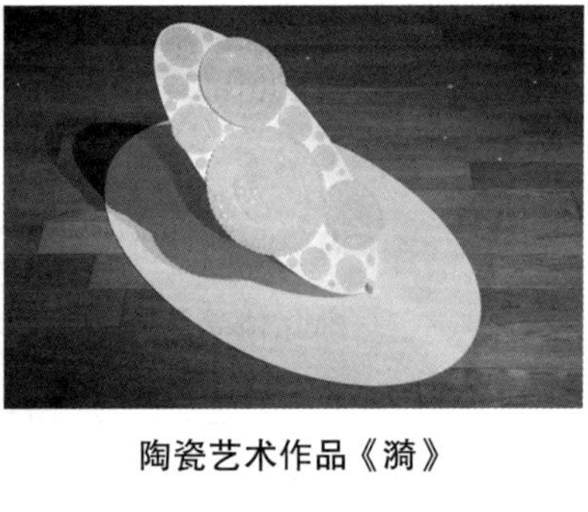

陶瓷艺术作品《漪》

《漪》让微小而富有韵律的涟漪动态渐次跃动为自然脉动

陶瓷艺术作品《漩》

《漩》彻底颠覆了人类的视觉角度，引领观者从水底体验漩涡的游弋与变换。落地装置采用三菱镜面结构，透过镜面反射传递刚柔并济的自然之力。悬挂装置则开辟别致视角，由内至外的六层瓷环，以近似于圆的多边结构容纳光线折射的光晕与优雅

展，在充沛而全面地呈献完整艺术脉络的同时，传递爱马仕对于自然、人文与艺术的探解与体悟。

艺术家还把展览的艺术理念应用在品牌和产品的橱窗之中。

艺术家以东方美学中罕见的几何形状与薄至一毫米的瓷片单元组合作为创作语言，着意于人类面对自然时本体的主观感受，不仅赋予艺术作品对生命与自然最直接热切的理解，更从自然、自我与自由三个交错维度观照艺术，诠释东方文化传统对内在精神与人文情愫的解构与求索。她将自己对自然的体悟充分表达在冬季艺术橱窗之中，以象征表达自然界中水的不同存在方式为主线，经由陶瓷的介质与互动，直抵人与自然的抽象衔接，将水的“倒影”之美意蕴呈递。通过对瓷、泥土、光与水的潜心探索，用独有的瓷语言表达了三种不同的水：倒影、涟漪与漩涡。

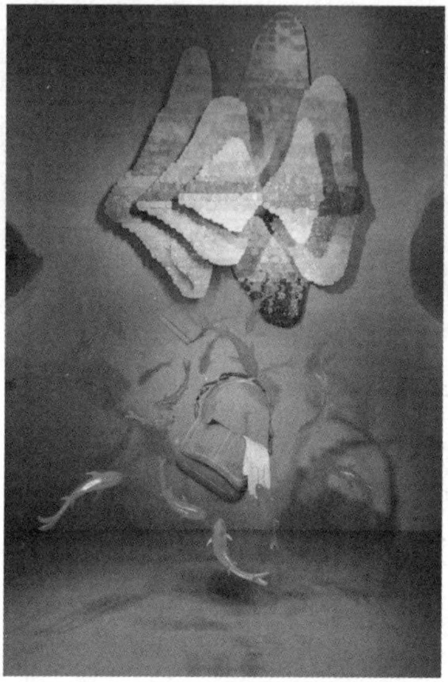

“爱马仕之家”2016 年冬季橱窗《倒影》

艺术家细致衡量瓷与光的独到配合，用无数悬空的通透薄瓷片表达水面倒影的美感与色彩。而青鸟与锦鲤作为自然中的生灵，巧妙地衔接起爱马仕工艺臻品与山水的关系，将有限的橱窗空间打造成无限的自然缩影

7.1.2 2017 年春季橱窗

为致敬爱马仕 2017 年年题“物之本意”，上海“爱马仕之家”邀约法国艺术家莉莲 · 多比斯（Lilian Daubisse）为其设计了 2017 年春季主题橱窗。

多比斯汲取神秘古老的洞窟文化精髓，精致构筑源自未知自然的珍宝妙境，传递爱马仕对于“本源之美”的汲汲追求。

多比斯出生于法国，钟情于散发着强烈工业气息的瓦楞纸材质，最擅长于运用天马行空的想象力，以精湛卓绝的手工技艺与超群异禀的创造天赋，将瓦楞纸演绎为各类艺术作品。在多比斯的作品中，物质和幻象在对立中和谐相融，寻常事物亦能绽放梦幻般的极致魅力。

“爱马仕之家”2017 年春季橱窗

多比斯将瓦楞纸艺术应用于2017年上海“爱马仕之家”春季主题橱窗，以大地色调及充满原始风貌质感的作品展现洞窟文化，引领众人感受精妙绝伦的人文崇拜。结合爱马仕匠心创制的作品，诱人在领会与感悟中探寻爱马仕广阔的文化视野，以及其对超凡创意与卓越品质的不懈追求。

7.1.3 2017年秋季橱窗

我们对于身边大小物件的存在已经习以为常，然而你是否思考过，物，何以为物？当我们将其定义、归类之时，我们选择的依据又是什么？2017年秋季，上海“爱马仕之家”邀请的韩国艺术家权五祥先生打破陈规，将我们早已习以为常的日常之物进行解构与重塑，挖掘其内里的艺术属性，结合爱马仕全新手工臻品，打造出充满趣味哲思的主题橱窗，传递爱马仕对于物之本意孜孜不息的思考。

1974年出生的权五祥是一名雕塑家，但他在多年的艺术生涯中，始终致力于探索如何打破雕塑与摄影这两种艺术形式之间的界限。他擅长利用各种摄影手法，操控和变换工作室里的每件实物，并借此观察和研究它们形而上学的意义。在他看来，从三维实物到二维图页，并非是不可逆的过程，这两者在他手中任意转换、交错交融，更似一场视觉游戏。权五祥将这样的艺术理念应用于爱马仕“物之重塑”主题橱窗，以突破常规的逆向思维，将杂志和产品手册中的图片转换成可触摸的结构，引领观者对周遭的一切进行后现代主义的审视与思考。

“爱马仕之家”2017 年秋季男士橱窗

男士橱窗中，大型机械与火把的组合带来粗狂不羁之感，巍峨的雪山与近景的象棋又将清冽舒畅的远方气息引入其中，带人进入男士的异想世界

“爱马仕之家”2017 年秋季女士橱窗

女士橱窗则不囿一隅，铺陈出机械工业时期的质感。手提包悬浮其中，仿佛因时间停滞而瞬间凝固，在二维的世界中成为尤为突出的亮点

权五祥不轻易定义何为艺术珍品，在他眼中，所有生活化的器物都有自己的艺术潜质。他用后现代主义的方式消解权威，以自己独特的视角解构物品、提炼内核，将最普通的物件重塑幻变成艺术品，一如爱马仕一直以来追寻物之本意、展现物之大美的至臻理念。2017 爱马仕秋季橱窗将这一哲思揭之于众，结合爱马仕匠心工艺打造的精良珍品，为观者带来一场全新定义的艺术展览，也希望借此予人启发：摒弃定义的束缚，在更广阔的世界中寻觅到自我的理想价值。

“爱马仕之家”2017 年秋季配饰橱窗

男女配饰橱窗里分别选取生活中的常用物件，看似无规无序、任意悬挂，却是日常生活中最坚定温润的陪伴。摩托车头盔、宝丽来、圆顶礼帽、老式电话机……这些具有年代感的复古物件将时光定格在 20 世纪，轻拂尘埃看见的是一如既往的存在

一个精品品牌的设计是一个复杂的系统工程，如果没有一个强大而成熟的品牌理念和灵魂体系，要实现具有丰富艺术内涵的产品和服务及全球分销和零售体系的可能性几乎是零。所以精品品牌是在考验设计师们将思想和艺术表现体现在工业品上的功力，中国的艺术家们只有创造出代表中国的具有时代特色和美感的艺术作品才有可能真正得到时代和公众的认可。

7.1.4　爱马仕的店面设计

大家都知道一个精品品牌的零售店面至关重要，空间设计是精品品牌必不可少的，是品牌理念在空间上的诠释，是品牌的语言和为客户创造价值的重要体现。即使在香港中环这样寸土寸金的环境中，国际精品品牌的艺术理念也同样可以驾驭得游刃有余，将具有艺术性的空间设计应用在商业中。

爱马仕在香港圆方商场的专卖店在 2016 年底进行了重新装修并且扩大了面积，用最新的品牌理念重塑精致创想空间。

爱马仕最新的店铺理念经过全新的设计与打造，宽敞的空间与开放式的布局为顾客营造出更舒适的购物体验。爱马仕旗下 16 个品类的手工艺精品在此逐一呈现，诠释了爱马仕品牌一直以来对精致素材的热衷，对美丽事物的追求。

卓越与创新是爱马仕 180 余年来不懈追求的精神。因此，专卖店的装潢风格不仅沿袭了 2009 年初开业时爱马仕一贯的经典和瑰丽，更首次呈现数字化橱窗，虚实交融之间，使人犹如置身巴黎福宝大道的马鞍工坊之中。

爱马仕香港圆方商场店

爱马仕香港圆方商场店入口

正门入口处，爱马仕经典的“藏书签”标志仿佛诉说着品牌故事，与建筑的气派格调相得益彰

爱马仕服饰陈设

继续延伸至男性世界与女性世界，分别展示鞋履、帽子、手套、皮带等多款成衣和佩饰系列

进入爱马仕的空间，大家可以感受到爱马仕品牌产品与概念浑然一体，立体而精致地展现在你面前，这就是在精品品牌理念指导下空间设计的魔力。这也是成功的精品品牌在电商蓬勃发展的今天，在实体空间中所做出的独一无二的价值创造，使客户能够真切感受到品牌的温度，与其理念在精神层面产生共鸣。

7.2　精品的选择性零售

精品百货公司是国际精品业分销和零售的重要形式，是精品品牌进入国际国内市场比较便捷的途径。但是作为独立的品牌经营，我们还需要了解精品零售背后的商业模式和决策选择，因为这是一个动态的体系。

国际精品品牌在国际化的过程中根据不同的情况采用不同分销系统。比如，它们在本土可能拥有多家零售店，而在海外市场可能就会实行批发的分销模式。它们也可以在百货公司内拥有自己的品牌店，从而进行销售。一旦国际精品品牌在海外市场积攒了足够声誉，它们会通过建立直营店的方式来进一步占据市场。

通常而言，大多数国际精品品牌会运用混合零售系统，在拥有直营店的同时也拥有特许经营店或联合经营店，然后是在百货公司中的品牌店或柜台直销，电子商务也可能是混合模式的组成部分。

精品品牌的分销和零售商业模式并非是单一化的。手表、香水及化妆品通常选用批发模式。而高端女装通常采用直营店作为其分销模式，但同时也有批发业务。品牌需要根据公司发展阶段和产品特性等因素决定采用哪一种分销和零售模式。

7.2.1 精品零售(选择性零售)

精品零售是国际精品品牌特有的零售模式，国际精品品牌利用这一先进的零售模式迅速占领世界各国的高端消费市场，并利用其优势建立起市场进入壁垒，使其他高端品牌发展十分困难。

精品零售，即选择性零售，这一概念是根据在渠道中的中间商数量，也就是分销密度（distribution Intensity）来定义的，是三种零售模式（独家销售、选择性零售和密集型分销）中的一种。每一个公司根据自己的品牌策略来决定其零售模式。一般大众品牌采用密集型分销模式。例如耐克公司，在一个商业区域内让产品进入（正常情况下允许销售此类产品）各种零售业态。一些特殊种类的产品会采用独家销售的模式，在一个商业区域中只允许一家零售商进行销售，以避免在同一区域内的竞争。而如奔驰汽车在中国北方大区的销售模式，就是通过北星公司独家负责区域内的销售。一般精品品牌则采用选择性零售模式，这种模式介于密集型分销和独家销售之间，对于零售商的数量和质量及零售环境有着严格的要求，所以称为选择性零售。例如劳力士手表公司在中国市场的分销模式就是通过选择少数几家符合标准的零售商进行的。由于大量定位属于大众消费品的品牌采用密集型分销模式，所以关于零售管理方面的理论和解决方案大都是以大众品牌密集型零售为背景和前提提出的。新建立的精品品牌必须掌握精品零售的客观规律才有可能顺利发展和成长。

关于选择性零售的成功案例，从 2000 年左右就不断出现，主要发生在精品零售业较为发达的西欧国家。例如，国际精品品牌路易威登与国际第二大零售商家乐福（Carrefour）之间的法律纠纷案例，其焦点就在于选择性零售中销售环境与精品品牌定位是否相匹配的问题，也就是说，在家乐福超市这一大众品牌密集型零售场所销售精品品牌路易威登箱包产品是否适合的问题。这一案例证明，精品品牌在零售店面选择上与大众品牌密集型零售模式有着本质的区别。这一 2000 年左右发生在欧洲零售市场的案例，在 2005 年到 2008 年间的中国同样多次发生，例如国际精品品牌登喜路与中国代理商华润集团终止合作，证明国际精品品牌在中国零售市场开放以后对市场进入模式进行了调整。国际精品品牌万宝龙与中国浙江分销商终止合作的案例证明，是否采用选择性零售作为零售模式是精品品牌选择分销商的标准。这些案例关系到选择性零售运行机制的两个核心问题：市场进入模式的选择和零售店面的选择。精品品牌重视对于市场进入中分销商的选择，以及在零售中店面位置的选择，其目的是为了使其品牌和产品在零售渠道中的品牌形象与品牌的定位相符，以提高顾客的品牌认知度，这就是选择性零售模式对精品品牌的积极影响和重要价值创造。

选择性零售模式的运用对于精品品牌的作用包括品牌形象的建立和提升，以及对客户产生积极影响。例如，美国的苹果公司（Apple）为了提升自身品牌形象，从密集型零售模式变为选择性零售模式，从而成功地提升了品牌形象和顾客满意度。

7.2.2 精品零售业的五大趋势

第一，与大多数人的预期相反的是，不同的零售模式正变得越来越非标准化。部分品牌运用直营店的模式，而有些品牌则选择批发模式。门店种类也因品牌而不同。零售策略对于不同的门店而言需要各自的独立与创新。一味模仿知名且规模大的国际精品品牌的分销策略对于新品牌和小品牌而言并不可行。

第二，客户与门店的信息交流越来越趋于私人化。客户关系管理系统的建立至关重要。随着移动互联、大数据、云服务和人工智能在商业和零售业的应用和发展，零售的概念会进一步人性化和智能化。

第三，创新已经成为主旋律。在一些国家，诸如中国与韩国，品牌可能会有特定的零售策略，然而到了美国，它往往会采用其他更实用的策略。尽管策略统一化对于品牌而言十分重要，然而在不同国家中，策略的制定往往需要更多的弹性。

第四，国际精品品牌的悖论在于，其属于全球化行业，但每个品牌又往往依靠于地方化的发展。蒂芙尼在美国的优势在于其是卡地亚的一个有力竞争对手。对于卡地亚来说，在美国的发展策略可能会与欧洲大不相同，甚至可能是相反的。

第五，品牌沟通必须在不同层面进行组织。全球范围的销售策略可能会有共同性，然而在不同地域，需要制定相应的地方策略。这样，客户可以从不同的渠道了解品牌信息，从而使厂商创造出一套独有的价值理念及品牌特性。

为了达到销售的目的，应根据不同客户、不同情况、不同环境，采取不同的策略，以掌握主动权，尽快达成交易。

7.3　国际精品品牌的线上零售

互联网成为人们新的生活方式的一部分，电子商务成了品牌和零售发展的重要渠道。国际精品品牌的线上销售日益发展，成为精品销售不可忽视的渠道，电子商务线上销售策略已成为国际精品品牌的重要战略之一。

中国精品消费市场这些年在整体上都是正增长的。随着互联网的发展，国际时尚和精品产品和品牌信息迅速透明化，中国消费者对国际精品品牌的认知速度提升，与此同时，中国的新富阶层和中产阶层数量迅速扩大，使得众多国际精品品牌纷纷涌入中国，同时也为精品品牌的线上零售发展提供了条件和基础。

精品的电商市场现状呈现三个发展趋势：不同定位精品购物网站差异化发展；二、三线国际精品品牌增多，品牌、品类选择面更广；精品消费更趋理性。

国际精品在市场的发展主要面临着两个问题。一是品牌认知度不够。很多品牌，甚至一线品牌在二、三线城市的品牌认知度都不足。二是中国地域广大，国际精品品牌很难在品牌认知度不足的情况下在每一个城市都开设实体店。因此，电子商务平台就是最好的市场和销售通路。线上平台不仅可以将品牌信息传递给全国各地的消费者，同时为那些苦于当地没有品牌零售店的客人提供了购买渠道。

7.3.1 线上零售为精品消费者创造的便利

摆脱商场购物的心理压力

部分消费者可能因缺少购物经验，或者不喜欢上街购买，或者因商场服务人员态度欠佳或过分推销，而对传统的商场购物方式抱有强烈的反感。还有些消费者可能因不愿让他人知道自己所购买的东西，或想拥有他人所没有的产品，希望采取较为隐蔽的购物方式，也不愿意去商场购物。而网上购物方式具有的隐蔽性让消费者足不出户就可买到称心如意的产品。

购物时间与地点的便利

消费者可能因购物场所离家太远，或者没有时间上街购物，或者所购买商品过大过重而不易搬运，或者商场营业时间过短等缘故，无法或不愿到商场购物。而网上购物方式具有全天候营业和依据消费者约定时间送货上门的优势，可以更好地满足消费者对购物时间和地点的要求。

实体交易环境下，由于某个品牌的精品专卖店只在经济发达地区或者旅游城市有实体店铺，而且精品是物以稀为贵，即使在同一个城市，每个店铺的商品也不尽相同，特别是对于一些限量款的型号，销售完就不再进货。消费者往往要逛很多家专卖店，甚至要到不同的国家去购买自己喜爱的款式，花费很多时间和精力。而在网络购物的环境下，消费者只要输入所要购买产品的相关信息，很快就能搜索到所有符合要求的产品，大大节约了消费者的时间成本和体力成本。

突破购物种类和数量的限制

传统的商场购物方式中，零售商是通过扩大商场营业面积、增加经营品种等方法，来满足消费者对花色、品种的要求。但是，商场经营的产品种类、营业面积不可能无限制扩大，消费者也要承担在茫茫商品海洋中搜寻产品信息的成本。而网上购物方式突破商场经营产品种类和地理区域的限制，不仅使消费者可选择的商品来源无限扩大，而且消费者只要移动鼠标即可方便快捷地找到所要购买的产品，实现产品信息搜寻的规模经济效益。

实现更低的成交价格

网上购物能为企业节省巨额的促销流通费用，使产品成本和价格的降低成为可能。而消费者可以在全球范围内寻找最优的价格，甚至可绕过中间商直接向生产者订货，因而能以更低的价格实现购买。

满足消费者个性化需求和理性购买

网络营销是一种以消费者为导向、强调个性化的营销方式，具有极强的互动性，是实现全程营销的理想工具。它能满足消费者对购买商品方便性的需求，提高消费者的购物效率，也能满足重视价格的消费者的需求。在网上购买精品时，消费者可以同时搜索到许多符合自己要求的商品，并对这些商品的价格、款式、颜色等进行比较，这样消费者就可以仔细挑选斟酌之后后再决定购买哪一件，由于网络商品信息查询不受外界干扰，选择商品的过程更为理智。网上商品信息查询不受空间距离影响，人们不用出国就可以在网上轻松地买到在其他国家销售的款式或者型号，大大增加了购买的选择范围。

7.3.2　线上零售为精品企业创造的便利

降低管理成本

利用互联网可降低管理中的交通、通信、人工、财务、办公室租金与成本费用，可最大限度提高管理效益。

降低销售成本

销售成本主要有销售人员费用、运输费用、销售管理费用、广告费用等。互联网的出现给精品行业带来了新的销售模式和管理模式，如网上直销（网上订货）和网上促销等新的销售模式和管理方式，大大降低了销售成本。网上购物最大的特点就是商家与顾客互不见面，以网络为中间媒介传递商品信息，所以不需要实体店面就可以直接与顾客进行交易。由于网上销售省去了开办实体店面部分的成本，一般网上销售产品的价格要比实体店便宜一些，这正是网络销售吸引消费者的原因之一。

提高企业的反应能力

精品首先是流行性很强的商品，具有流行周期短、变化快等特点，加之消费者对于商品的个性化需求日益明显，企业如何能根据市场行情的变化做出迅速反应显得尤其重要。通过网络销售，企业不仅可直接对网上销售数据进行统计分析，还可及时获得消费者的反馈信息，以此为依据调整产品分配，调整下一季的款式和各个型号的比例。

7.3.3　国际精品品牌线上零售存在的风险

中国市场网络消费发展很快，但对于高端品牌还不太成熟

目前，我国使用网络的人群和区域分布很不平衡，世界性的网络交易安全问题、网络信誉问题等还不能很好地解决，这些都成为制约网络营销开展的因素。

物流配送问题

一般网络营销的消费者非常关心网上购买的商品多长时间能收到，这就牵涉到物流配送系统。现在主要由邮局、快递公司等完成传统的配送任务。但是很大一部分国际精品品牌为保证产品质量及其高品质，坚持在品牌国生产，不在其他地方设生产点，而且各个国家的物流系统有较大的差距：一些国家利用的是成熟的计算机技术，采用国际通行交易方式，按价格优先、时间优先、系统资源优先的原则，由计算机自动撮合成交，完成异地和远程货物运输；一些国家利用的还是比较原始的技术，配送公司的服务还没有发展到对大众消费品客户和精品品牌客户的分类服务。目前，中国的快递业只在投送速度上加以区分，但投送服务上没有针对精品品牌的解决方案。例如：精品爱情信物品牌诺誓（Roseonly）的世界顶级玫瑰花产品由于需要考虑运输物流中的损耗问题，所以特别发明了方形透明盒子的保护包装，它也随之成了高端鲜花、永生花的行业标准。

网上支付问题

互联网上的交易双方只通过网络进行交流、确认，最后发生交易，在交易的最后，网上银行充当了一个重要角色。在网上直接进行交易，需要通过银行的信用卡进行网上支付来完成。而目前各国的专业银行网络选用的通信平台不统一，不利于各银行之间跨行互联和中央银行金融监管，以及宏观调控政策的实施。虽然在中国，支付宝和微信已经非常普及，但是主要是针对大众消费品和中小客户。国际精品品牌公司在采用新的在线支付方式上还比较慎重。

安全问题

安全问题是网络营销中最令人担心的问题。安全问题包括信息内容安全和网络系统安全两部分。信息内容的安全与否直接关系到消费者的个人隐私。现在，消费者若直接在网上购物，消费者的个人信息很有可能泄露，电子银行账号里的钱就有可能被不法分子通过破解密码盗取，个人资料有可能被出租或者出售给其他机构，消费者很有可能会面对无数的垃圾邮件和骚扰电话，这严重侵害了消费者的个人隐私。

诚信问题

许多人经常上网逛，但并不一定进行网络购物，人们从内心深处害怕网络营销的很大原因是网络上虚假的东西太多。基于网络的虚拟性和跨时空性，一些犯罪分子开始将阵地转向网络。如果企业和消费者之中存在一方故意欺诈，那么造成的严重后果可想而知，被欺诈的一方想要找寻欺诈者都困难。由于网络是虚拟的，用户随时可以在网上蒸发且不留下蛛丝马迹。

网络销售损失了精品的购物体验

精品作为一种特殊的商品，感官体验的消失是阻碍其网络销售的一个最大原因，这是因为对于精品的消费者来说，在购买时直接看到、摸到或者闻到产品是一个很重要的因素。这些感觉激发了消费者对品牌的认知度和购买热情。因此，高档成衣、皮具、珠宝、腕表等精品被定义为感官的产品。精品中很大一部分是高级成衣，作为衣物，传统的购买方式是“先试穿”，一般情况下，客户们总要先经过亲身试穿、触摸面料等来确定服装的款式、型号、风格等是否与自己的气质、肤色、体形等相称，而这正与网上不可试穿试用的商品购买模式相背。网络营销提供的是一个虚拟的市场，因此就网上销售而言，最突出的问题是消费者无法在网上体验精品。如果客户对网上的产品没有充分的信任度，他们就会对网上购买的方式产生一种抗拒心理，这就增加了网上销售的难度。

售后服务问题

售后问题主要体现在消费者退货和换货不方便。许多消费者不愿意在网上购买商品主要是因为担心购买的产品不合适，而退货或者换货会带来更多麻烦。虽然几乎所有的国际精品品牌都承诺退换货的服务，但由于尺码的问题给客户造成的不愉快体验对精品行业来说也是非常有害的。

7.3.4 精品品牌电商的不同类型

全价与打折

精品电商网站可以根据定价策略的差异分为两大类：一类是售

卖全价产品，另一类是售卖打折产品。

售卖全价精品的网站的零售价格和线下实体店的零售价格是一样的。这类电子商务网站为客户提供的是24小时全球购物，并在承诺的时间内将商品快递到客户指定的地点。产品基本上是品牌的当季和经典款产品。试图通过互联网找寻折扣产品的消费者对这类网站的兴趣不大，但由于这类网站往往是品牌的官方网站，产品信息都是真实有效的，所以往往成为消费者查找产品相关信息的可靠来源。

售卖打折精品的网站的零售价格是低于线下实体店的零售价的。这类电子商务网站除为客户提供24小时全球购物和在承诺的时间内将商品快递到客户指定地点的服务之外，在价格上具有一定优势。网站中所有产品都是折扣产品，但都是过季产品或库存。所以这类网站对那些对价格敏感而对时尚潮流款式要求不高的消费者具有非常大的吸引力。这类网站所针对的往往是支付能力有限，但对品牌和质量有较高要求的消费者。这类网站往往是一个线上购物平台，有众多品牌的产品提供给消费者进行选择。有些网站和精品品牌公司签有正式授权合同，产品的来源都是品牌公司，例如yoox.com和net-a-porter.com。有些网站售卖的品牌产品来源不是品牌公司，有可能是其他经销商或贸易商。所以，这类网站产品的情况较为复杂，消费者在购物过程中很难辨别和判断，只有体验过才能有进一步的了解。

授权与非授权

众多的精品零售网站又可以根据是否与精品品牌签有授权售卖

合同分为两大类：经品牌授权的精品品牌电商网站和没有经精品品牌公司直接授权的电商网站。

经品牌授权的精品电商网站中又可以分为经品牌授权的精品第三方电商网站和经品牌授权的精品品牌自营电商网站。

未经品牌授权的精品电商网站的产品来源比较复杂，由于没有与品牌商直接联系和签订合作合同，品牌对其所售卖的产品无法提供任何保证。所以消费者在挑选产品的时候，除了关注价格因素以外，还需要综合考虑其他因素。

第三方电商与品牌自营

精品品牌电商还可以根据是否是品牌自营的方式划分为两大类：品牌自营电商和第三方电商。

品牌自营电商可分为两类。一类是将全球的电商平台平行化，比如博柏利，它虽然早在 2011 年上半年就开通了中文网购，但其操作均在英国总部进行，在国内未做媒体宣传。品牌自身经营电商，优势在于它自身对品牌资源的利用、对货源的控制，以及可以为用户提供特别或额外服务。壁垒则是技术、物流体系及互联网营销经验，当然这些可以通过和专业、成熟的互联网合作者进行深度合作来解决。精品经营自身的品牌网店，如果没有利用法律手段进行品牌货源和渠道控制（即“授权销售”），那么对目前的精品电商格局不会产生大的影响。这样的方式相对来说成本比较低，而且更容易管理，可保证品牌形象的统一性。但对于本地化要求比较高的市场来说，消费者对这一方式的接受度比较低。另一类是在当地自建平台，比如巴利（Bally）和阿玛尼在国内的自建站，虽然更适合中国本土市场，但是耗费的人力和物力相当大。这两种模式有一个共同问题，就是目前在国内，大品牌并没有最好地发挥电子商务的作用。很多网站建立后，没有足够的人力来运营和管理，也没有计划任何市场资源投入来推动销售。因此这些品牌的电商网站就变成了空架子，销售情况并不理想。

第三方电商是指非品牌商自己的团队建立的电商平台。这种第三方电商平台所售卖的产品往往是多品牌、多品类的，也就是一个线上多品牌店。可供精品品牌选择的第三方电商平台可分为以下四类。

第一类是天猫、淘宝等综合平台上生存的以海外代购为主要方式的卖家。其特点是上线的国际精品品牌种类丰富，市场宽泛，价格偏低。但该模式弊端同样明显，如货品真伪难辨、服务质量参差不齐。

第二类是以京东、360、新浪奢品、网易尚品为代表的互联网巨头或大型电商平台自建的精品电商频道。但由于新浪与网易这样的门户网站电商基因的缺乏，其精品业务很快就萎缩了。

第三类是以优众网、尚品网为代表的仍然坚持做纯精品电商的独立B2C。这些网站的特点是，以国际一线大牌精品博得眼球，签约更多的中高端国际时尚品牌，客单价基本保证在2000元左右。但实际销售中贡献最大的却是促销和折扣商品。

第四类则是唯品会、yoox、俏物悄语、聚尚网、魅力惠、佳品网等彻底转型为品牌折扣或限时特卖的快消模式网站。其特点是，一线国际精品品牌的概念逐渐被淡化，更加突出“中高端”、“时尚”甚至“平民化”的路线。销售品类也扩展到服装、饰品、化妆品、皮具、家居、小家电等领域。价格上3~4折的商品居多，用户群体更为宽泛。

第三方精品电商主要存在以下问题。

第一，缺乏品牌授权，没有持续稳定的货源。得不到授权是因为国际精品品牌大多数远离第三方电商。国际精品品牌的定位是引领消费，过度的网络曝光有可能扼杀其神秘感，而这种神秘感才是国际精品品牌的精髓。国际精品品牌对待互联网的冷漠态度，还表现在与第三方电商渠道商的博弈。国际精品品牌拥有对渠道的绝对话语权，因此电商公司很难直接并持续从品牌商那里拿到优质的货源。即便是一线品牌愿意以开放的姿态与第三方电商公司谈判，但品牌商仍然设立了很多不可逾越的规则和门槛，比如产品形象、包装方式、用户体验、仓储条件、快递程序、品牌内涵呈现等，这都使电商平台叫苦连连。

第二，国内传统电商的基因和逻辑与国际精品品牌经营理念和商业模式格格不入。

首先，精品的营销思路不是以量取胜，而是营造资源的稀缺性，让消费者获得满足感。但国内的精品电商却违背了精品销售的商业逻辑，比如，用促销和特卖去吸引消费者，又或者以低价折扣去处理高端精品的尾货和库存。而正常情况下，品牌商在设计、生产、制造、销售等环节越合理，尾货理应越少。低价和尾货折损了品牌的高端形象，第三方电商对于国际精品品牌而言，不是加分，而是减分。其次，第三方电商没有找到真正的精品消费群体。深层用户会在国际精品品牌所覆盖的主要品类都有所涉及，也就是说，很少用除精品外的其他产品；中层用户对品牌的忠诚度较高，表现为只用某个品牌；而浅层用户通常只拥有一两件精品，比如古驰的眼镜、路易威登的包。国内大多数精品网购用户尚处在浅层阶段，浅层用户很难产生二次购买。再次，为了保证高昂的价格体系和品牌形象，国际精品品牌对于渠道的把控极为严格，最顶尖的品牌从来不在非授权渠道销售。这种成功的运作手段，迫使那些通过海外买手或经销商方式获得的商品即使通过网络销售也利润率有限。

第三，第三方电商竞争总是逃脱不了价格战，企业相互压低单品价格，同质化竞争导致利润越来越低。加上现阶段的精品电商基本扮演的是买卖型的渠道角色，在竞争中，无论产品还是服务，都很难存在差异化，几乎没有太多沉淀用户的能力。大多数精品消费者只对品牌存在归属感和忠诚度，而非平台本身。这使得消费者在网购精品时选择余地很大，转移的成本却很低。

另一种极端情况则是假货。国内第三方电商这种情况比较严重，有三大原因：首先，高毛利的诱惑；其次，精品的难识别、难鉴定性；最后，考虑到很多消费者“好面子”和“占便宜”的心态，精品电商在短期内拥有一个灰色地带，靠“打折”售假吸引消费者。

7.4　国际精品品牌的线上线下零售融合模型

随着互联网技术的飞速发展，新型的消费模式O2O（线上对线下）快速发展起来。虽然电子商务模式发展得已经很成熟，被普遍接受，但许多消费者仍然在实体店中消费，把线上的消费者吸引到线下实体店进行消费，这个部分有很大的发展空间。O2O营销模式又称离线商务模式，是指线上营销、线上购买带动线下经营和线下消费。O2O通过打折、提供信息、服务预订等方式，把线下商店的消息推送给互联网用户，从而将他们转换为自己的线下客户，这就特别适合必须到店消费的商品和服务，比如餐饮、健身、电影和演出、美容美发等行业。这种单向通过线上带动线下消费的模式有了新的发展，特别是在精品消费领域。

精品行业在电子商务上的发展是从接受社交媒体入手的。在电子商务飞速发展的背景下，国际精品品牌不断在全球进行分销和零售网络扩展的同时，也不断创新和使用新技术手段增强品牌价值和客户价值。社交媒体的应用已经成为国际精品品牌整合营销沟通中不可或缺的一部分。路易威登、博柏利、古驰都是精品领域里使用社交媒体作为沟通手段以增强品牌资产和客户资产的成功案例。但是其信息传播的方向是以线下实体店为依托，将国际精品品牌和产品相关信息通过线上平台和社交媒体向线上消费者进行传播。这和传统的从线上电子商务到线下实体体验的O2O模式方向相反。由于国际精品品牌为消费者创造的价值中包含购买过程中的独特体验，精品零售终端始终是高端消费品实现购买的主要渠道。随着国际精品品牌线上活动和社交媒体营销的发展，线上和线下的信息和体验不断联动和融合。线上新品发布和时装秀的直播让线上消费者同步了解到最新的品牌和产品信息，对其线下体验提供了重要的方向和依据。

因此，精品管理领域O2O的定义不是单向的线上到线下，而是线下到线上与线上到线下的双向结合。这一线上线下双向融合的零售模式使得营销人员通过整合营销沟通体系中的社交媒体营销把品牌管理体系与零售体系融合在一起，产生更加精准和深入的经营效果——增加品牌资产的同时增加销售收入。

这一部分介绍的是国际精品品牌如何在线上线下双向融合零售模式中不断通过社交媒体营销增加品牌资产。

7.4.1 品牌资产

品牌资产（brand equity）是与品牌、品牌名称和标志相联系，能够增加或减少企业所销售产品或服务价值的一系列资产与负债。它主要包括 5 个方面，即品牌忠诚度、品牌认知度、品牌感知质量、品牌联想、其他专有品牌资产（如商标、专利、渠道关系等），这些资产通过多种方式向消费者和企业提供价值。当品牌名称和标识确定之后，品牌资产的形成主要靠零售和整合营销沟通产生和形成。在各种营销活动中，消费者的品牌意识和品牌的知名度逐渐产生。消费者的产品经验是品牌资产形成的关键。一方面，产品经验会强化或修正基于营销传播建立起来的联想；另一方面，产品经验导致一些针对品牌的联想形成。这些联想就是消费者对品牌的认知和态度，是品牌资产的重要组成部分。

国际精品品牌资产由于品牌认知度、品牌感知质量和品牌联想等方面的高度和强度高于同类大众品牌，为消费者带来更多价值。国际精品品牌资产同样由产品体验、零售和整合营销沟通等营销活动产生和形成，由于品牌的高端定位使得对营销活动的精度和高度要求比大众品牌更加苛刻，对营销活动彼此之间的配合和融合要求更高，以便为消费者带来与产品和品牌形象相匹配的高端体验。这些体验包括品牌社交媒体营销在消费者心目中所树立起来的产品和品牌形象联想，线上线下零售体验对产品和品牌的联想，以及社交媒体营销、线上线下零售和品牌资产之间的相互影响。

7.4.2 社交媒体营销

社交媒体是指以各种方便互动、合作和分享内容为目的的各类线上应用、平台和媒体。社交媒体营销是指公司或组织使用社交媒体从事广告和营销活动。媒体、活动、表演、零售商和数字服务通过社交媒体合作与消费者进行商业信息交流和互动。社交媒体营销在品牌整合营销沟通中所占的比重逐年上升，目前已经成为品牌营销中不可或缺的一部分。社交媒体营销是利用社交网络、在线社区、博客、百科或者其他互联网协作平台媒体来进行营销、公共关系维护开拓和客户服务的一种方式。一般社交媒体营销工具包括微博、微信、推特、博客、领英、脸书和YouTube等，其内容都是由用户自愿提供的。

从2009年开始，国际精品品牌陆续开通了自己的社交媒体账户，产品不通过时尚编辑和产品陈列人员就直接呈现在消费者面前，直接刺激其产生购买欲望。通过社交媒体在消费者与国际精品品牌之间建立起来的互动，使得消费者对国际精品品牌产生友好的关注，甚至是喜爱，刺激了消费者对于精品的拥有欲望。随着科技的不断发展和完善，一方面社交媒体工具和品牌零售平台开始对接，例如品牌官方微博发布新产品信息直接与品牌官方网店相连或者与实体店活动相连；另一方面新的更有效的社交媒体工具不断涌现，基于智能手机的移动互联网应用，例如品牌官方微信平台和微店，使得品牌整合营销沟通中社交媒体营销可以直接与线上品牌网店相连互动，同时也可以与品牌线下实体店的新品发布和促销活动相连互动，从而产生相互之间的协同，正向提升消费者的品牌忠诚度、认知度、感知质量、品牌联想和零售渠道体验，从而从整体上提升品牌资产。

7.4.3 线下零售

品牌资产理论和本书阐释的国际精品品牌战略理论都指出，品牌零售店面是品牌形象的直接体现，是品牌资产的重要组成部分。消费者在品牌实体店体验的感受评估会对品牌资产产生直接影响，品牌资产中的品牌形象、认知度、忠诚度和联想会对消费者产生先入为主的影响。当消费者看到形象高大上的品牌实体店时，会产生进去近距离发现产品的意愿和冲动；当消费者进入一个不知名的品牌实体店时，通过对产品、服务及店面整体的感受会对品牌产生直接认知，当认知积极正面时，其对品牌形象的认可度会增加。实体店和品牌之间的相互作用机制已经获得了众多营销学研究的证实。

传统零售商实体零售和网络零售业务可以协同发展，但是关于消费者的线上网店体验和线下实体店体验的相互作用机制，以及在社交媒体营销驱动下的线下实体店体验对品牌资产的影响，还没有明确的研究结论。

7.4.4 线上零售

随着互联网和电子商务的发展，品牌线上零售作为新的一种分销渠道形式加入品牌分销体系中。大众产品和品牌可以在广阔的线上零售平台上进行大批量的销售，例如美国在线零售额 2017 年已经达到 1 万亿美元，其中亚马逊 1960 亿美元；同年，中国在线零售额也达到了 1 万亿美元，其中京东商城达到 9000 亿人民币。但是由于对零售环境和服务的高质量要求，国际精品品牌对线上零售形式始终保持谨慎的态度。一些线上零售商首先把国际精品品牌产品放到互联网上销售，例如 yoox.com、net-a-porter.com、优品网等。2009 年以后，国际精品品牌才开始在网上开设品牌官方网店。所以精品线上零售分为三种形式：品牌线上官方网店、线上授权网店和线上未授权网店。品牌线上官方网店为消费者直接提供线上零售体验，因此是可控的，这一点和品牌对线下零售店的控制是一致的。品牌对于线上线下的零售模式都是直接控制，当中没有其他第三方服务商因素介入，所以能够保证消费者对国际精品品牌线上线下零售的体验是直接的，对品牌资产的影响也是直接影响。

7.4.5　国际精品品牌O2O零售模型

在社交媒体营销和线上线下零售模式发展的今天，消费者对这些品牌运营具体形式的体验对品牌资产有着重要的影响，因为品牌资产的五个特性是在品牌运营过程中通过产品和服务，以及与消费者接触的所有过程和细节体现出来的。其中，消费者在品牌实体店的体验正向影响品牌资产已经获得研究确认和学术界的广泛认可。但是在社交媒体营销环境，与品牌线上零售店体验互动融合过程中，消费者在线下实体店的体验是否正向影响品牌资产，需要进一步检验。同时，消费者在品牌线上零售店的体验对于品牌资产也应该会有影响，基于之前实体店的体验对品牌资产产生正向影响的结论，推测消费者在品牌线上零售店的体验会正向影响品牌资产。在这一过程中，社交媒体作为品牌内容和形象的载体成为品牌推动和促进消费者进入线上和线下零售店体验的营销工具，消费者对这一品牌运营载体所组织的活动和内容也会有直接的体验和感受，这些体验和感受会直接影响以消费者为基础的品牌资产。

在消费者体验影响品牌资产的同时，品牌资产也正向影响着消费者体验。品牌资产越高，消费者对品牌线下零售店、线上零售店、社交媒体营销活动的感受就越好。因此我认为品牌资产会正向影响消费者对线上线下零售店和社交媒体营销的感受。

消费者在对品牌线下零售店有具体感受和认知之后，对品牌公司通过社交媒体驱动的营销活动会产生进一步的感受。一个对品牌线下实体店有非常美好体验和印象的消费者，当收到社交媒体驱动的品牌宣传和促销内容时（例如官方微博信息、微信平台信息等），会对信息产生较大的兴趣和较高的互动率。与此相反，一个对品牌线下实体店有非常不好体验和印象的消费者，当收到社交媒体驱动的品牌宣传和促销内容时，会对信息产生较低的兴趣和较低的互动率，甚至会产生负面评价。因此品牌线下零售店的体验对消费者对品牌社交媒体营销活动感受的影响是正向的。消费者的品牌线下实体店体验也会影响消费者对品牌线上零售店的印象。当消费者在品牌线下实体店有较好体验时，对品牌线上实体店的印象也很可能是不错的。同样，在线下实体店有不好体验时，消费者很难对线上零售店有很好的印象。

消费者对品牌社交媒体营销活动的感受会直接影响品牌线上和线下零售店的体验。因为如果消费者是通过社交媒体驱动内容认知和了解一个品牌，社交媒体所塑造的品牌形象和产品形象就对消费者有着先入为主的影响。当社交媒体在消费者心目中塑造的品牌和产品形象高大上时，他们对品牌线上和线下零售店的认知也是高大上的，当零售体验符合他们的期待时，他们对于品牌零售的体验就是更加高大上的。因此，社交媒体营销活动感受对消费者的零售体验有正向影响的作用。

消费者在品牌线上零售店的体验对品牌社交媒体营销活动和品牌线下零售店的形象也是有影响的。当消费者在品牌官方网店的体验是良好的，消费者对品牌社交媒体营销信息的好感度和好评度也会较高，对品牌线下实体店的感觉也会更好。当消费者在品牌官方网店的体验非常差时，那消费者对于品牌的社交媒体营销信息就不会产生太多的好感，在互动中吐槽、差评的可能性也会很高。因此消费者在品牌线上零售店的体验与其对品牌社交媒体营销活动的感受和在线下零售店的体验是正相关的。

7.4.6　理论模型

我们把消费者对品牌社交媒体营销的感受、线上零售体验、线下零售体验，以及品牌资产这四个变量之间的相互影响关系进行建模，可以总结成为下图的理论模型。

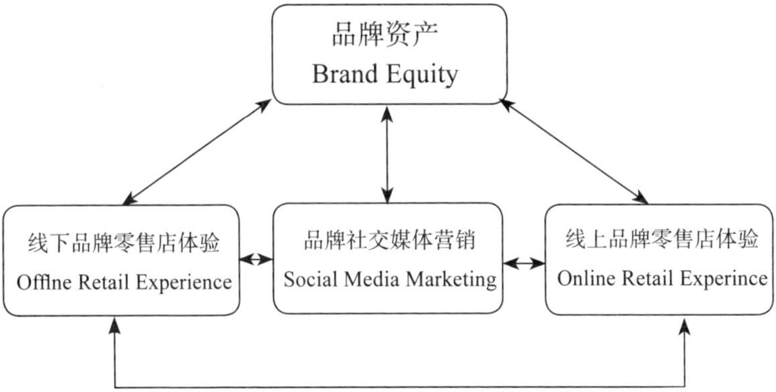

国际精品品牌O2O零售模式理论模型

这一理论模型具备以下几个特点。

第一，品牌资产在社交媒体营销和线上零售店两种新营销形式出现之后，有了新的内涵和表现形式。一方面，品牌通过概念和体系为社交媒体营销和线上零售店提供指引和内容；另一方面，社交媒体营销和线上零售店通过与消费者线上互动和消费者线上购买行为中的体验和感受加强消费者对品牌的多维度认知，从而加强或者减弱品牌资产。

第二，社交媒体营销和线上零售店与传统的线下零售店产生了互动和相互作用。如果它们之间的互动和体验是积极的，就会整体上提升消费者对品牌实力的认知，从而增加品牌资产；如果消费者对它们的互动和体验有负面和消极的评价和感受，就会对品牌产生疑问和负面印象，从而损伤品牌资产。因此，在这一模型中，变量与变量之间的关系是正相关的。

第三，品牌资产与线上线下零售，以及社交媒体营销之间的作用是相互的，而且是正相关关系。当品牌资产强的时候，对线上线下零售及社交媒体营销的影响和帮助是很大的，因为品牌在消费者心目中知名度高、感知质量高、具有美好联想，所以号召力大；与此相反，当品牌资产弱的时候，消费者对品牌的认知度、感知质量和美好联想都比较低，品牌对线上线下零售及社交媒体营销的影响和帮助是微弱的。例如，品牌刚刚开始创立或者刚刚进入某一新市场，在这种情况下，当社交媒体营销驱动的线上线下零售互动和融合给消费者带来好的体验和更多价值时，消费者就会对品牌产生良好的评价和认知，从而促进品牌资产的增长。

第四，社交媒体营销这一变量在这一模型中是处于中心地位的中间变量。社交媒体营销可以把线上和线下资源相互联通，通过与消费者的直接互动产生效益。这些效益可以是品牌销售的增长（线上和线下零售），也可以是品牌资产的增长（品牌忠诚度、认知度、质量感知、联想和其他因素）。

第五，通过线上线下融合模型提出了精品品牌的全零售概念，也就是一切适合品牌理念和战略发展的零售形式，不管是线上的、线下的，还是移动互联的，只要符合精品品牌的整体理念和精品定位，品牌公司都可以采用，并且将其整合成高效创新的零售体系，为客户创造价值。

这一模型可帮助国际精品品牌公司在互联网迅速发展和消费者生活方式变化的情况下，规划品牌发展的商业模式以应对挑战。品牌线上零售店面的设立并不是用以取代线下零售店，而是对线下零售店的补充，为消费者提供另一种通过正规渠道获得产品的可能性。在社交媒体营销的驱动下，线上和线下零售两种模式可以产生良性的互动和融合，从而为消费者创造出独特的体验和感受，提升和改变品牌形象。

例如博柏利（下面一节有具体的案例分析）为了在全球范围内改变老旧和一成不变的产品和品牌形象，通过以社交媒体为核心的营销策略，驱动整个品牌商业模式的变革，把年轻化、时尚化的产品形象和信息通过社交媒体进行宣传，形成与消费者的互动，从而引导消费者先从线上零售店感受不一样的博柏利。由于品牌知名度较高，老旧形象深入人心，改变起来非常不易，品牌公司不断突出年轻化设计和时尚化产品，不断通过社交媒体在全球范围内形成对消费者的刺激，让消费者直接点击进入线上零售店发现和了解喜爱的产品，同时推动消费者前往线下实体店亲身体验新产品、新形象所带来的不同感受。在线下实体店中，销售人员配备与无线互联网连接的电子设备（iPad），通过线上零售目录直接帮助消费者寻找他们想要的产品，并且告知消费者品牌线上零售店与不同形式的社交媒体的联通和融合，从而让消费者形成对品牌整体的全新感受，有效改变消费者对品牌的认知和对产品质量的感知，最终提升品牌资产。

7.5 博柏利在网络上呈现精品体验

英国皇室的御用品牌博柏利创办于1856年，是极具英国传统风格的国际精品品牌。过去的几十年，博柏利主要以生产雨衣、伞具及丝巾为主，其经典的格子图案、独特的布料功能和大方优雅的剪裁，已成为英伦气派的代名词。19世纪末到20世纪初，博柏利在户外用品界的声誉无人能敌。世界大战期间，英国军官们都穿博柏利专门生产的防风雨服，除了实用特性外，博柏利的设计也引领着当时的时尚风潮：与众不同的肩章、带皮条的袖口、领间的纽扣、深深的袋兜等。20世纪初，博柏利推出了多款适用于各种户外场合的运动装束。由于具备极佳的防风和保温功能，博柏利成为探险家与户外活动者的首选。1924年，博柏利注册了它的另一个著名标志：格子图案。这种由红、白、黑、浅棕四色组成的格子图案，后来几乎成了博柏利的同义词。进入21世纪，博柏利加快了其在全球的扩张步伐，开设了更多独具风格的专卖店。

但是，随着时间的推移，博柏利的品牌形象和产品都陷入老化的境地，必须改变现状才有可能续写辉煌。2009年以来，博柏利凭借其在信息时代的敏锐嗅觉，实现了新的飞跃，成为精品数字营销的领导者。

7.5.1 博柏利电子商务发展概述

用互联网重新定义传统精品，博柏利前全球首席执行官安杰拉·阿伦茨（Angela Ahrendts）和首席创意总监克里斯托弗·贝利（Christopher Bailey）是引领者。在这一过程中，电子商务发挥了不可替代的作用。纵观博柏利全球业务，发展中国家的高净值客户的平均年龄要比美国和英国等发达市场小整整15岁。对于这些年轻顾客来说，他们热衷于网上购物，“数字技术就是他们的通用语言”。安杰拉如是说：“对一个品牌来说，如果将这些顾客视为目标客户，那么我们必须使用他们的语言。”

2010年底，博柏利全球官方网站（www.burberry.com）在45个国家全新上线，通过6种语言满足不同国家的用户在线购物的需求。2013年第一季度，博柏利营业收入为3.39亿英镑，相比2012年同期增长了18%，而这18%的涨幅几乎全部来源于电子商务销量的增长。事实上，博柏利的官方网站并不仅仅是个简单的电子商务网站，而是一个集视听娱乐为一体的多媒体网站，用户除了购物还能享受和在实体店一样的购物体验：需要帮助时，呼叫工作人员，他们能全天候用 14 种语言提供咨询服务。统计显示，博柏利人性化的体验使得消费者至少会在网站中停留 8 分钟。安杰拉这样评价博柏利的世界："既是今日的报纸，又是全球性的网站，同时还是购物商店。网店内的产品同商店内 LED（发光二级管）屏幕上的产品一样，我们传递的是一种统一、纯粹的品牌信息。"

此外，博柏利积极地与社交媒体结合，推动其电子商务的发展。2009 年，博柏利推出了用户生产内容的网站"风衣艺术"（Art of the Trench），人们可以上传自己身着博柏利风衣的照片，并且分享或评论他人的照片。网站上线半年内就吸引了 700 万次之多的访问，大大提升了 Trench 系列风衣的网络口碑和销量。2011 年 9 月 13 日，博柏利在伦敦时装周开办 2012 春夏服装秀，"内部时装秀"一向被看作时尚名流的特权，这次却在名流们还没见到新品的情况下，博柏利的推特粉丝们就已一饱眼福。与此同时，时装秀上的多款时装和配饰已经在官网公开销售，消费者在网上订购后仅需 6~8 周就能拿到最新产品。此外，2012 年 6 月起，博柏利的中国官网的访客可以将网站共享到中国活跃的社交媒体平台，包括新浪微博、QQ（一种即时通信软件）等，实现二次传播，提升了品牌和官网的影响力。

在商业性和艺术性之间，在大众与小众之间，永远有一条线可以做到两边兼顾。左边是电子商务的大众覆盖度和便利性，右边是精品对精英性的要求，博柏利完成了国际精品品牌的终极挑战：在拥抱电子商务的同时，没有丢失在品牌个性和身份认同上的优势，成为国际精品品牌电子商务领域当之无愧的成功典范。

7.5.2　博柏利电子商务的成功秘诀在于在互联网上传承精品体验

通过网站设计、网销流程、个性化手段和贴心的售后服务等，博柏利成功地在线上复制了消费者在实体店的尊贵享受。依据精品的六大特性及电子商务的基本需求，对博柏利的中国官网进行案例分析，发现博柏利电子商务的成功秘诀是在互联网中传承精品体验。

彰显网站风格：传递品牌的高级美感和多级情感

网上购物者首先接触的是精品官网的主页。与对实体店的要求一致，网站首先需要打造身临其境的奢华体验，向客户传递品牌的价值，以及展示高贵典雅的产品。

首先，博柏利的主页营造了一种扑面而来的尊贵感和距离感，使品牌在距离中产生美，体现了博柏利的魅力。在多媒体技术方面，博柏利通过图片、视频短片、动画等多种形式刺激消费者的眼球，同时配以舒缓轻快的音乐，将精品的在线浏览变成一场感官嘉年华，带来了无与伦比的精品体验。

其次，博柏利官网的界面设计保持着与品牌风格的高度统一，传递了品牌的价值。

再次，博柏利从不同的角度拍摄每一个产品的全景及细节，每一张图片都能精美地反映出产品精致的做工和优良的材质。同时，通过模特展现产品的上身效果和搭配效果，还提供了放大观看商品细节的功能，完美地展示了博柏利产品优雅高贵的气质，刺激了消费者的购物欲望。

凸显品牌文化：展现品牌悠久历史和传奇故事

国际精品品牌多服务于贵族，甚至曾得到皇室的认证，历经几代传承，有着悠久的历史和浓厚的文化底蕴。作为一个善于利用历史与传统文化积累的产业，国际精品品牌在网络中也必须体现其特有的历史内涵。

博柏利就成功地将品牌历史和内涵复制到了网络上。在其官网中的“传统”（Heritage）板块有各年代的代表性图片，通过故事和图片详细描述了博柏利的悠久历史。这些历史和传统的展示使得博柏利与一个地方或一段时间联系在一起，让消费者产生了一种联想与情感，对品牌文化有了更深入的了解。公司历史板块展现了博柏利从 1856 年创始至今的里程碑事件，故事中的人的经历和品牌精神相结合，体现了品牌的文化价值。此外，网站用一个视频讲述了在每一件博柏利服装上凝结的精致做工，也增添了人们对品牌品质和制作文化的认同感。

可以说，精品的悠久文化历史不会随着时间的流逝而消失，它象征着时尚、个性、独特、稀有，象征着品位与身份、阶层，是给网络消费者带来奢华体验的基础。

实现O2O功能：保持绝对优秀的品质和高昂的价格

好品质是购买精品的第一考虑因素，精品消费者往往不会过于在乎价格。即使在电子商务环境中，质优品精仍然是成功的第一要素。

博柏利采用的O2O模式已经逐渐显现，让互联网成为线下交易的平台，实现线下旗舰店和互联网的无缝连接。首先，博柏利官方网站的产品与实体店的价格一致，也提供给消费者与实体店一致的服务，便于扩张到门店未覆盖的二、三线城市。其次，在博柏利首页就有店铺分布的链接，可以查询到世界各地的博柏利专卖店地址、联系方式和营业时间。此外，在博柏利的官网上，既可以选择快递寄货，也可以选择自行到最近的线下实体店取货，更加提升了消费者的购物体验。

因此，国际精品品牌的O2O模式购物平台，不是在进行低价销售，而是提供一种更为方便、周全服务的全新时尚购物方式。只要保持绝对优秀的品质和高昂的价格，精品即使搬到互联网中也不会“掉价”，要让消费者深信：官网和实体店的产品在各个方面都是完全一致的，精致的产品和体验都不会消失。

打造个性化服务：突出稀缺性和独特性

产品定制和个性化在当今的精品消费者诉求中遥遥领先。在网络环境中，国际精品品牌更应该提供这类服务，使之区别于大众品牌。

首先，在博柏利官网首次注册时，就要求消费者提供个人信息和喜好，以便日后提供有针对性的服务。最值得一提的是，博柏利还提供专属的Burberry Bespoke（博柏利定制）团队，支持风衣在线定制的功能。这一智能定制服务，帮助博柏利重新定义了亲身体验与电子商务的界限，提供了包括面料、颜色、配件等超过1200万个细节的组合，并配有每个用户独有的个性化名牌。在设计过程中，每位顾客均可与工匠视频沟通整个制衣过程，进行设计草图、工艺和个性化的改动，实现了每一名消费者独有的奢华体验。此外，博柏利官网提供了6种语言的选择，提供了针对不同国家和地区的个性化语言服务。如在中国地区登录就会直接跳转到cn.burberry.com，人工咨询也是以中文方式进行。

对任何国际精品品牌而言，努力保持自己产品的稀缺性和独特性有助于提高品牌的定位。个性化服务的打造，必然能帮助国际精品品牌牢牢抓住顾客的购买欲望，为消费者营造一种独一无二的尊贵感受。

延续尊贵服务：售前、售中、售后支持

精品官方网站应该和实体店一样，全程为消费者提供顶级的奢华服务，让精英消费者体会到奢华购物的乐趣。

售前：快速响应能力。博柏利官网会通过邮件提供最新的品牌资讯，吸引顾客关注它的新产品。而且，自从2009年9月推出“真实T台”（Runway To Reality）概念，所有消费者都可以通过博柏利官网在第一时间享受到博柏利伦敦女装秀上各种商品的购买体验。这种即时购物体验使得全球时尚潮流的领先者们可以在标准交付时间之前收到产品，真真切切地体会到网络购物的便捷性和及时性。

售中：网站实用性。网站可以通过导航和互动完成在线购物体验，其实用性对精品在线购物的氛围起到实质性的推动作用。比如，

博柏利的主页上就提供了网站地图的功能，帮助顾客拥有更快更好的浏览体验。而且，在浏览产品时，博柏利还提供了即时对话和电话联系两种方式，能够全天 24 小时通过 14 种语言为顾客提供咨询服务，让顾客体验到类似与实体店内私人顾问交流的尊贵感受。值得一提的是，在观看博柏利发布会的视频时，视频下方会同步显示出该时段视频内的模特的全身服饰造型，并提供产品介绍和购买入口，方便用户立刻进行挑选而不需重新查找。此外，在网站支付方式上，博柏利也针对不同国家用户的使用习惯，提供了多种支付手段，比如中国人可以选择使用支付宝进行付款。

售后：自建物流配送和免费退货服务。博柏利通过自建的博柏利分销体系实现快递服务，提供了完整的订单追踪系统与顾客实时交互，当未能在预计送达时间交付货物时，给予用户取消订单和全额退款的权利，因此在用户心中形成了专属、快捷、安全的形象，大幅提升了用户的购物体验。此外，在符合一定条件时，博柏利可以为购买于 30 天以内的全价商品和购买于 14 天以内的促销商品提供全球免费的退货服务，减弱了消费者对于网上购物的不确定性。

精品官方网站无论在售前、售中还是售后，都必须以消费者体验为关注重点，致力于打造与线下实体店一致的奢华体验，这样才能真正实现成功的国际精品品牌电子商务。

促进线上互动：采用多渠道的网络分享与整合

社交媒体与电子商务的结合也将成为精品新一轮的进化趋势。国际精品品牌可以通过与社交媒体的互动，促进电子商务的发展和壮大。

重视分享体验：用户不仅可以在博柏利中国官网上时刻了解品牌动态和最新讯息，还能通过当下最热门的各类社交类网络平台与朋友分享自己的最新体验和发现，包括新浪微博、微信和QQ等。对于中国的精品消费者而言，分享有时还带有“炫耀”的意味，而这种“炫耀”对于扩大国际精品品牌的传播也是有利的。

多渠道网络传播：在中国，博柏利在新浪微博、优酷、豆瓣、开心网等网站都开设了品牌主页，其中微博粉丝已超过了100万。这些主页的建立，使得博柏利能够在各类社交平台上分享官网上的最新产品和动态，与粉丝进行互动，进一步增加官网的流量。与此同时，博柏利整合已有的优势平台与百度合作，特殊定制专属于博柏利的品牌专区和知道专区，提升品牌的影响力。此外，博柏利通过与脸书合建的“风衣艺术”网站宣传公司的服装，通过与谷歌合作的“博柏利之吻”（Burberry Kisses）网站提升品牌的影响力，从多方面发挥了网络的价值。

不难看出，博柏利通过官方网站和其他社交平台互动，实现了与消费者更广更深的沟通，提升了品牌的影响力。

虽然博柏利官网的电子商务在营造客户精品体验上已经达到了一定的高度，但仍然存在着进步的空间。

首先，博柏利可以在其主页上加入一些优美的音乐，营造一种奢华尊贵的氛围。其次，虽然博柏利推出了中国官网，但文字还处于英文和中文混杂的状态，视频全为英文的状态；而且网页的字体普遍采用国外通行的小字体，在中国互联网环境下有时看不清楚。此外，当在博柏利账户中的“愿望录”板块加入更多的商品时，博柏利提供的产品建议并没有发生变化。也许博柏利需要利用分析软件，更准确地向潜在客户传递产品信息，实现精准营销。最后，由于博柏利通过大幅图片、动画、视频展示自己的产品，网站访问速度并不是很理想，因此可以采用新兴信息技术改变图片的打开方式，利用图片缓存等功能提高网页的访问速度。

随着消费者的年轻化和网络的普及化，精品开展电子商务线上零售已是大势所趋。然而面临着货源、信任、顾客体验等诸多困境，第三方电子商务平台的弊端昭然若揭。因此，国际精品品牌自建官网成为其发展电子商务的首选，博柏利的例子或许能给我们一些启示。

参考资料：

博柏利官方网站：www.burberry.com.cn。

常小芬，《国内奢侈品网络购物平台的发展研究》，北京服装学院，2012 年。

梁靖，《奢侈品在中国的互联网营销渠道建设研究》，吉林大学管理学院，2013 年。

卢晓，《奢侈品的六大特性》，《哈佛商业评论：奢侈品营销专刊》，2007 年第 6 期。

米歇尔·舍瓦利耶、热拉尔德·马扎罗夫、卢晓著，《奢侈品品牌管理》（第二版），上海人民出版社，2015 年。

穆峰，《奢侈品品牌开网店：Yes or No》，《时代经贸》，2011 年第 2 期。

赵敏，《奢侈品网上商店的设计要素探究》，《中国商贸》，2011 年第 6 期。

郑婷，《Burberry 英伦皇家的传奇》《绿色中国》，2011 年第 16 期。

本章小结

新的国际精品品牌在中国精品消费市场迅猛增长的形势下能否抓住机遇，迅速成长起来，是否采用国际先进的零售模式是决定其成败的重要因素。新建立的精品品牌或者想提升形象的品牌，要改变和摆脱目前在品牌定位和形象上被动的地位，需要用国际精品品牌战略思想武装自己。另一方面，采用选择性零售模式是在应用层面解决这一系列问题的重要环节，也是精品品牌在市场上获得成功所必备的要素。同时，在这一章里提出了全零售的概念，也就是只要符合精品品牌整体理念和战略发展的零售形式都可以发展成品牌零售体系的一部分，更好地为客户创造价值。

第八章

国际精品品牌的服务管理

精品的服务和精品的所有核心维度一样，都是重要的价值创造环节，是精品品牌整体理念在服务上的应用和落地，必须和品牌保持整体性的一致，甚至更加强化。

《华尔街日报》网站曾刊登一篇文章，称经过调研，发现精品门店的店员态度越恶劣，越能激发顾客的购买欲望。满怀渴望来到精品门店的顾客，如果不幸碰到态度恶劣的店员，往往会激发她们强烈的自尊心，非要一掷千金以证明自己的实力。

这项消费者行为研究报告出自加拿大温哥华的不列颠哥伦比亚大学尚德商学院（Sauder School of Business at UBC）教授达伦·达尔（Darren Dahl）和美国南方卫理公会大学考克斯商学院（Southern Methodist University-Cox school of Business）助教摩根·沃德（Morgan K. Ward）。论文的题目非常有趣，“Should the Devil Sell Prada?”（是不

是该让魔头来卖普拉达？)，发表在了《消费者研究期刊》上。他们是在调查了超过350名女性对店员冷脸做出的反应后，得出上述结论的。该项实验的场景被设置在了三家精品品牌路易威登、博柏利和古驰的门店，以及三家大众品牌美洲鹰（American Eagle）、盖璞（Gap）和H&M的门店。

调查发现，对于精品的粉丝，你越是暗示她不配买这么高贵的东西，她越是要证明自己是值得拥有的。文章指出，这种奇招只对精品有效，对于大众品牌，顾客对店员冷脸的反应则是掉头就走。尽管如此，两位教授仍然指出，虽然“恶店员”可以促进购买的短期行为，但从长期看，会在顾客心里形成负面印象，虽然消费者当时因为赌气买了东西，事后多半会后悔并怨恨这个品牌。

国际精品品牌店的服务真是这样吗？我对这一研究的数据收集过程及这本期刊的权威性和严谨性表示深度的怀疑。精品服务是精品品牌管理理念最重要的体现，销售人员态度恶劣往往是精品品牌公司零售服务管理缺失和不到位所致，并非精品品牌刻意为之。如果出现这种现象，客户可以直接向该店店长或者更高层面的负责人投诉，一定会得到合理的解决。因为优质高效的服务才是精品品牌为客户创造的价值。

精品零售的服务是精品品牌整体理念的一部分，服务所达到的精度和高度就是品牌所要达到的精度和高度。态度恶劣是精品品牌的销售策略，这种观点从理念到实践都是绝对错误的。这也是用大众消费品视角和研究方法研究精品品牌管理的相关问题经常出现的错误，这些错误结论往往从媒体和学术平台对外扩散，造成对从业人员的误导和品牌的巨大损失。

8.1 国际精品品牌的服务

在世界各地，服务业的规模都在不断扩大，今天服务业产值占全球GDP的三分之二以上。对服务的描述和界定可以追溯到两千多年前。在18世纪晚期和19世纪初，古典经济学家专注于研究财富的创造和占有。亚当·斯密在《国富论》中区分了两种不同劳动的产物，一种来自生产性劳动，另一种来自非生产性劳动。他声称，非生产性的劳动创造出来的服务都在其生产之时就消亡了，因此不会创造财富。但今天我们了解到，对于多种服务来说，生产和消费的确是不可分割的，并非所有服务行为都是可消亡的。非常重要的是，许多服务是为了给接受者创造持久的价值，但所有权和非所有权之间的区别仍然有效。

早期对服务的营销定义将服务与物品做对比，将广义的服务定义为“行为、事情、表现或努力”，并认为它们与物品相比具有不同的特征——物品被定义为“物件、器具、材料、对象或事物”。我们对服务的定义是由一方向另一方提供的经济活动，大多数是基于时间的行为，旨在使接受者或购买方获得期望中的结果。服务客户用他们的金钱、时间和精力作为交换条件，希望通过使用物品、劳动、专业技能、设备、网络和系统获得价值，但他们通常并不取得所涉及的任何实体因素的所有权。精品服务区别于大众消费品服务，具有高质量、高附加值的特点。也就是说，精品服务的准入条件也是第二章中关于精品的那六个前提条件。

营销人员通常并不需要知道实体产品的生产细节。然而服务产品的情形则大不相同。由于服务业的顾客常常介入服务产品的生产过程，并对服务提供方式有特定的偏好，因此，营销人员就必须了解生产和传递服务产品过程的本质。精品服务尤其如此，需要秉承精品品牌的整体理念，并应用在对服务的管理之中。

8.1.1　建立精品服务理念

建立服务理念是建立一个完整的服务模型的第一步。这一目标使我们的注意力集中于产品要素。所有的服务组织都面临向顾客提供何种服务和如何向顾客提供这种服务的选择。为了更好地了解这些服务的性质，我们需要将核心服务要素和那些能起附加作用并强化对顾客的有利作用的附加要素区分开来。

如何进行服务理念的设计呢？服务产品的价值体现必须包含并融合三大要素：核心产品、附加性服务和传递流程。

设计一个服务产品是一个复杂的过程，需要了解核心产品和附加性服务如何融合在一起，按照什么顺序进行，如何进行传递，以及如何进行时间上的安排，其价值体现才能满足目标市场的需求。所以说服务的流程管理和标准，以及监管措施是服务创造的价值，精品服务尤其如此。每一个服务细节都需要有明确的流程和标准，否则就会有服务下滑和得罪客户的风险。所以在精品行业的服务当中，根本就不存在故意以恶劣态度对待消费者以促销产品的逻辑存在，因为这是与精品品牌创造高附加值给客户的理念完全背道而驰的。

8.1.2 通过实体与电子渠道分销服务产品

何地？何时？以何种方式？对这三个问题的回答构成了服务分销战略的基础。消费者的服务体验是服务绩效与服务传递特性共同作用的结果。

“何地”当然是指消费者在何处获得核心产品、一项或多项附加性服务或者一个完整的服务包。运用分类思考的方式可以展现各种与地点选择相关的策略，从消费者亲临服务场所到服务人员拜访消费者，以至远程交易的各种选择，包括通过实体和电子渠道在国内和国际市场上传递服务。“何时”涉及有关服务传递时间的安排。消费者对于便利性的需求使得许多服务公司延长其服务时间和服务天数，以至最终出现了全年每天提供全天候服务的终极便利。“方式”指的是向消费者提供核心产品和附加性服务要素的渠道与流程。技术的进步对可供选择的替代性方案，以及这些方案的经济性有重要影响。针对消费者对于服务弹性的需求，很多企业现在同时提供多种服务传递渠道。

8.1.3 在竞争性市场中寻求服务定位

大多数服务企业都面临日益激烈的竞争，因此，营销者需要想办法为自己的产品创建有意义的竞争优势。在理想的情况下，他们应该以能够比竞争者提供更好服务的细分市场为目标市场，在那些目标顾客尤其看重的属性特征方面表现得比竞争者更好。服务的本质为竞争的差异化提供了一系列的可能性，其中包括服务传递的地点、进度和速度，服务人员的能力，以及生产过程中顾客的参与程度。

“定位”使我们清楚认识到各个不同的属性，这些属性构成了整个服务观念。同时，“定位”也强调了营销者必须了解什么样的属性决定了顾客的选择行为。

8.1.4 营造服务环境

服务环境对于塑造公司形象和地位起到重要的作用。服务质量很难客观地评价，顾客通常用服务环境作为重要的评价标准。设计良好的服务环境使顾客感到舒适，能够提高他们的满意度，从而提高服务行为的产能。

顾客对服务环境效果的理解理论上来源于环境心理学。服务环境的主要维度是周围的情境（包括音乐、气味和颜色）、空间布局和功能性，以及标志、符号和物品，每个维度都会对顾客的反应产生影响。因为顾客会衡量整个环境，因此不能光注重某个方面而忽略其他的方面。除了审美方面，如果目的是在服务流程中引导顾客，那么最好的服务环境必须根据顾客的需要来设计。

8.1.5 提高服务质量和生产率

提高服务质量和生产率往往是一个硬币的两面，为顾客和公司提高价值提供了巨大的潜力。服务业所面临的关键挑战是，按照对公司有效的方式达到令客户满意的效果。如果顾客不满意服务的质量，他们不会愿意为之付出过多，在竞争对手提供更好的服务质量时，甚至不会购买该服务。

顾客是服务流程和效果最好的裁判，这一理念被人们广泛接受。当顾客被当成是最重要的仲裁者时，营销管理者在确定顾客期望和测量顾客满意度方面就扮演起关键性的角色。然而，服务营销者需要与其他的管理部门紧密合作，进行服务设计和实施。

服务流程再设计是提高服务生产率的重要方法，无论这些措施何时会对顾客产生影响。因为顾客常常参与服务生产流程，营销者应该紧盯重新塑造顾客行为的机会，使他们按照有助于提高公司生产效率的方式做事。

总之，由于价值、质量和生产率直接关系到组织的可赢利性，以及在激烈的市场竞争中的生存问题，它们是高级主管最关注的问题。为提高价值而制定的战略在很大程度上取决于持续不断地提高服务质量和强化而不是抵消顾客满意度。

8.1.6　精品零售服务中成交的15种技巧

精品零售中，销售人员的销售技巧至关重要，这里总结了15种方法，需要针对不同的客户在适合的情景下灵活使用。但是不管你服务于多么高端的精品品牌，对于步入店面空间里的任何一个客户有所怠慢和态度恶劣都是不可接受的。

直接要求法

这一方法不仅在实体零售店中非常有效，在线上店面的销售中也是有效的。例如线上客服人员得到客户的购买信号后，直接提出交易。使用直接要求法时要尽可能地避免操之过急，关键是要得到客户明确的购买信号。例如“王先生，既然你喜欢的话，直接拍单就可以了。”当提出成交的要求后，就要保持缄默，静待客户的反应，切忌再说任何一句话，因为客服人员的一句话很可能会立刻引开客户的注意力，使交易功亏一篑。

二选一法

为客户提供两种解决问题的方案，无论客户选择哪一种，都是销售人员想要达成的结果。运用这种方法，应使客户避开“要还是不要”的问题，而是让客户回答“要A还是要B”的问题。例如：“您是喜欢白色的还是红色的？”“您是今天签单还是明天再签？”“您是刷卡还是用现金？”注意，在引导客户成交时，不要提出两个以上的选择，因为选择太多反而令客户无所适从。

总结利益成交法

把客户与自己达成交易所带来的所有的实际利益都展示在客户面前，把客户关心的事项排序，然后把产品的特点与客户的关心点密切地结合起来，总结客户所有最关心的利益，促使双方最终达成协议。

优惠成交法

此法又称让步成交法，是指销售人员通过提供优惠条件促使客户立即购买的一种方法。在使用这些优惠政策时，销售人员要注意以下三点。第一，让客户感觉他是特别的，此优惠只针对他一个人，让客户感觉到自己很尊贵、很不一般。第二，千万不要随便给予优惠，否则客户会提出更进一步的要求，直到你不能接受。第三，表现出自己的权力有限，需要向上级请示："对不起，在我的处理权限内，我只能给你这个价格。"然后再话锋一转，"不过，因为您是我的老客户，我可以向经理请示一下，给你些额外的优惠。但我们这种优惠很难得到，我也只能尽力而为。"这样，客户的期望值不会太高，即使得不到优惠，他也会感到你已经尽力，不会怪你。

激将法

激将法是利用客户的好胜心、自尊心而促使他们购买产品。举个例子，有对颇有名望的香港夫妇去大商场选购首饰，他们对一只 9 万美元的翡翠戒指很感兴趣，只因为价格昂贵而犹豫不决。这时，在一旁察言观色的销售员走了过来，她向两位客人介绍说，东南亚某国总统夫人来店时也曾看过这只戒指，而且非常喜欢，爱不释手，但由于价格太高没有买走。经销售员当众一激，这对香港夫妇立即买下了这只翡翠戒指，因为他们要显示自己比总统夫人更有实力。

销售员在激将对方时，要显得平静、自然，以免让对方看出你在“激”他。

从众成交法

客户在购买产品时，都不愿意冒险尝试。凡是没经别人试用过的新产品，客户一般都持有怀疑态度，不敢轻易选用。对于大家认可的产品，他们容易信任和喜欢。

比如，一个客户看中了一部最新的华为手机，却没有想好买不买。销售人员可以说：“你真有眼光，这是目前最为热销的手机款式，平均每天要销五十多台，旺季还要预订才能买到现货。”

惜失成交法

越是得不到、买不到的东西，人们越想得到它，买到它，这是人性的弱点。一旦客户意识到购买这种产品是很难得的良机，那么他们会立即采取行动。

惜失成交法是抓住客户“得之以喜，失之以苦”的心理，通过给客户施加一定的压力来促使对方及时做出购买决定。一般可以从这几方面去做：（1）限数量，主要是类似于“购买数量有限，欲购从速”；（2）限时间，主要是在指定时间内享有优惠；（3）限服务，主要是在指定的数量内会享有更好的服务；（4）限价格，主要是针对要涨价的商品。

总之，要仔细考虑消费对象、消费心理，再采用最为有效的惜失成交法。当然，这种方法不能随便滥用、无中生有，否则最终会失去客户。

步步紧逼成交法

很多客户在购买之前往往会拖延，他们会说“我再考虑考虑”“我再想想”“我们商量商量”“过几天再说吧”。

优秀的销售人员遇到客户推脱时，会先赞同他们：“买东西就应该像您这么慎重，要先考虑清楚。您对这个产品还是很有兴趣的吧，不然您不会花时间去考虑，对吗？”他们只好认可你的观点。此时，你再紧逼一句：“我只是出于好奇，想了解一下您要考虑的是什么，是我们的信誉度吗？”对方会说：“哦，你的店不错。”你问他：“那是我的人品不行？”他说：“哦，不，怎么会呢？”

你层层逼近，不断发问，最后让对方说出他所担心的问题。你只要能解决客户的疑问，成交也就成为很自然的事。

协助客户成交法

许多客户即使有意购买，也不喜欢迅速地签下订单，他总要东挑西选，在产品颜色、尺寸、式样、交货日期上不停地打转。此时，销售员就要改变策略，暂时不谈订单的问题，转而热情地帮助客户挑选，一旦客户选定了某一产品，你也就获得了订单。

对比成交法

写出正反两方面的意见。这是利用书面文字比较利弊，促使客户下决心购买的方法。销售人员准备纸笔，在纸上画出一张“T”字表格。左面写出正面即该买的理由，右边写出负面即不该买的理由，在销售人员的设计下，该买的理由必定多于不该买的理由，这样，就可趁机说服客户下决心做出购买的决定。

小点成交法

客户想要买你的产品，可是又下不了决心时，可建议客户少买一些试用。只要你对产品有信心，虽然刚开始订单数量很少，但在对方试用满意之后，就可能给你大订单了。

欲擒故纵法

有些客户天生优柔寡断，他虽然对产品有兴趣，可是拖拖拉拉，迟迟不做决定。这时，你故意收拾东西，做出要离开的样子，这种假装告辞的举动，有时会促使对方下决心购买。

订单成交法

在销售即将结束的时候，拿出订单或合约并开始在上面填写资料，假如客户没有制止，就表示他已经决定购买了。如果客户说还没有决定购买，你可以说：“没关系，我只是先把订单填好，如果你明天有改变，我会把订单撕掉，你会有充分的考虑时间。”然后可以说，“王先生，送货日期没有问题，其他条件也不错，而且我们也解决了付款的问题。既然这样，可不可以把您的大名填在这份文件上？”

特殊待遇法

实际上，有不少客户自认为是全世界最重要的人物，总是要求特殊待遇，例如他个人独享的最低价格。你可以说："王先生，您是我们的大客户，这样吧……"这个技巧，最适合这种类型的客户。

讲故事成交法

大家都爱听故事，如果客户想买你的产品，又担心你的产品某方面有问题，你就可以对他说："先生，我了解您的感受。换成是我，我也会担心这一点。去年有一位王先生，情况和您一样，他也担心这个问题。不过他决定先租用我们的车，试开半年再说。但是没过几个星期，他就发现这个问题根本不算什么……"强调前一位客户的满意程度，就好像能让客户亲身感受到一样。

8.2　巴黎雅典娜广场酒店：顶级服务的创新

服务创新是酒店业最重要的战略工具，因为这可以使酒店不断聆听客人所需和更好地满足他们所求。然而，"产品导向"领域不断包围服务业，特别是对于酒店业和航空运输业来说，服务程序的制定还是掌握得不太理想。主要原因在于只拥有最好的产品、最好的分销渠道、最好的沟通传播方式和最低的价格已经不能满足现在客户的需要了，还要有最好的客户服务。酒店业与生俱来就是客户服务冠军。因此，对于服务的创新就是在竞争中凸显自己，在市场上获得更有利的战略地位的制胜法宝。创新在雅典娜广场酒店的管理中占有特殊地位，成为这家酒店五个制度化价值观之一。这家酒店一贯是以其创新精神与各国顶级酒店竞争者相区别的。我们可以追溯到20世纪30年代，雅典娜广场酒店是巴黎第一家开设艺术装饰风格（Art Deco）餐厅的酒店。之后，年复一年，其创新措施的数量从来没有停止增长，涉及酒店所有部门，从客房部到礼宾部，从行政部门到公关部门。这些创新经常受到客人的好评，不管是新客户还是忠诚的老客人。与“产品”导向的创新相反，酒店不是只把这些责任赋予有限的几个部门，例如研发部门或者是市场部门，而是把创新的过程完全融入了日常运作模式之中，需要全体员工参与才能完成。他们的创新往往最终由客人做结束工作，如对酒店的创新表示认可。然而，我们要考虑的是，这种创新模式是不是和现有的关于创新方面的理论研究结果相一致？存在的不同之处在哪里？是否可以作为范例广泛推广？

雅典娜广场酒店服务创新的成功有五个主要因素：（1）深深植根于酒店价值观当中的创新战略；（2）动力十足的高级管理团队，能够鼓励和发动所有的合作者；（3）合理的支持体系和组织结构；（4）积极配合的员工“大家庭”；（5）开放和直接的沟通渠道，不管是针对哪个级别的员工。

8.2.1 企业文化和创新战略

我们把企业文化定义为“企业员工广泛认同和执行的价值观

和思维方式”。企业文化是企业运营方式的一部分，当企业文化强势时，能够产生让所有员工向同一方向努力的共同价值观。雅典娜广场酒店的企业文化鼓励员工不要依靠过去的辉煌和成绩，而是不断寻找可以改进的地方。为了能够真正将创新作为企业文化的一部分，酒店首先制定了企业创新战略，并得以传承。酒店现在的业主给高级管理层非常大自由度和投资进行服务创新，这大大地降低了创新项目管理的困难，同时允许管理层对创新建议做出更加迅速和敏捷的反应。雅典娜广场酒店是全法国第一家获得ISO-9001质量认证的酒店，在获得认证之后得以实施“进度卡体系”。这一体系可以让所有企业员工在任何时间将任何可以改进的服务内容直接上报高级管理层。员工可以对自己所在部门和其他部门的服务提出改进建议。这一举措使得部门员工之间更加了解各自的工作内容和状态。同时，当客人提出投诉之后，会立刻被系统记录下来，酒店必须予以解决。如果没有解决，则这一投诉在系统中始终处于“待解决”状态。这一体系让顶级服务业的管理更加规范，进一步提高了客户满意度。酒店每一个部门都能收到一个年度服务质量改进目标，这一目标是可量化的。例如，每天在房间内的早餐服务都会有一张客户确认卡，以保证早餐是在接到预定之后15分钟内送达的。这一服务至今世界上也很少有酒店能够做到。

创新战略同样在高级管理团队确定组织价值观这一过程中体现出来，不是管理层确定之后让员工们执行，而是对所有员工进行访谈，从而确定五个关键词——家庭、创新、慷慨、热情和服务。这五个关键词同时也成为酒店组织价值观。创新这一价值观很好地反映出酒店主动追求卓越服务的战略，并深深地渗透到酒店管理当中。一个与创造力相关的企业战略必须鼓励员工找到分析问题和解决问题的新方法，必须把创意作为日常必须考虑的东西。因此，所有希望发展创新的企业首先应该确立一个鼓励变化的战略。这一战略在雅典娜广场酒店创新过程中起到了决定性作用。也就是说，企业愿意为创新承担相应的风险。作为一个创新的企业，要知道如何承担和管理潜在的风险。“如果不承担风险就没有希望，不要怕承受风险”，酒店总经理这样表示。为创新承担风险是酒店服务创新每天都要面对的。

8.2.2　动力十足和魅力超强的高级管理团队

保证雅典娜广场酒店服务创新流程成功的第二个关键因素是动力十足和魅力超强的高级管理团队。理论文献指出，具有个人魅力的领导的出现对于保障服务创新流程成功、企业文化改变或者在企业内部实施改革具有决定性作用。对于雅典娜广场酒店来说，高级管理团队包括总经理、酒店经理、副经理和各部门主管。他们各自都有较强的个性但是相互配合，非常专业，同时平易近人，他们都有同样的激情——对他们从事行业的尊重和热爱。例如，酒店的经理与所有员工都保持非常亲近的个人关系，他们之间相互尊重和信任。他们当中的一部分人是创新发展小组成员（在下一部分中详细介绍），帮助其他员工把创新想法具体化并使之成为真正的服务创新结果。因此，所有人员都喜爱且感谢融洽的工作氛围，能够长期保持创新的动力和热情。

具有这一强烈创新动力的结果是酒店员工的流失率（30%）大大低于全法国这一行业的员工流失率（50%）。酒店业的长期问题就是员工缺少稳定性，因为重复性工作容易让员工厌倦，但是雅典娜广场酒店可以成功地留住员工，这一点是非常了不起的。有了员工的稳定性，企业可以保持珍贵管理经验和卓越质量的延续性。

8.2.3 合理的支持体系和组织架构

雅典娜广场酒店的高级管理层针对创新流程的推广，建立了独特的组织架构，包括“创意工作室”和“创新发展小组”。创意工作室是员工特别喜爱的地方，他们可以在这里自由地提出新想法和建议，通过不断讨论，让其成为成熟的创新项目，之后转变成真正的创新结果。创新发展小组由几个部门负责人组成：酒店副经理、客户关系经理、采购经理、保洁部经理和酒吧经理。其职责是帮助创新想法的提供者把初步想法转化成实际的提案，以便获得管理层的预算支持，同时帮助发展企业外部伙伴关系，例如与兰蔻（Lancôme）、巴黎CREAPOLE高等艺术设计与管理学院等合作。这一小组经常为实现新创新项目向他们的合作伙伴寻求帮助。一旦想法被管理层认可，不管提案者层级高低，都将成为这一项目的“负责人”，直到项目成功推出和实施为止。这种尊重“知识产权”的做法对于员工是非常有激励效应的，特别是对在日常工作中从来都没有过很大权力的员工来说。这一架构和服务创新保障机制使得酒店内部创新流程规范化，如下图所示。

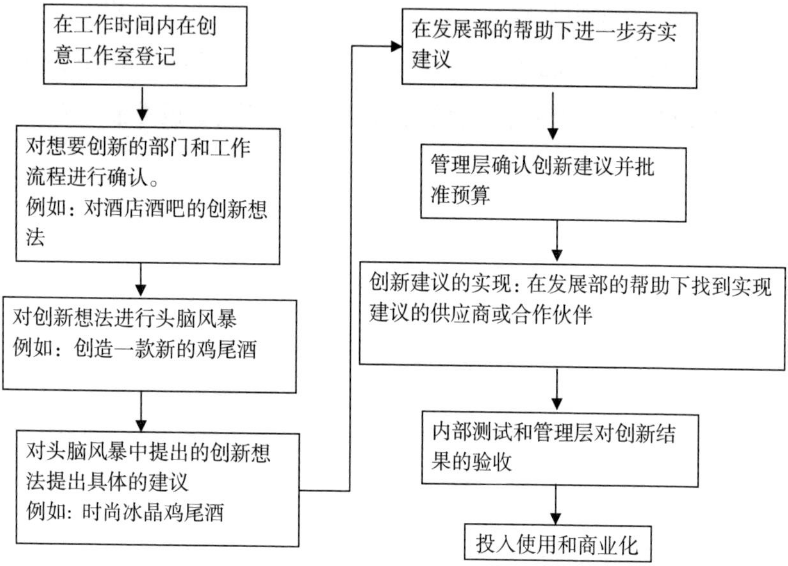

巴黎雅典娜广场酒店顶级服务创新流程

这一结果和理论研究相一致，证明组织架构必须灵活和给予员工一定自由度，以便让他们一起工作，保持一定的独立性以便做出决策。可以把这一支持机制细化到必须包括相应资源（时间、技术和资金）和回报成功创意的手段的程度。

虽然有这样的组织架构保障，但是雅典娜广场酒店的服务创新也不总是成功的。例如，一位常年住在酒店的女客人抱怨无法解决在房间上网时不能保护其个人隐私；泳池大小达不到国际统一的要求，但在酒店所处的巴黎市中心最黄金地段，对这样历史建筑物的任何扩展都是不可能的。然而，酒店正积极争取把地下室的一个走廊改成室内恒温泳池。

8.2.4　积极配合的员工“大家庭”

创新流程成功的第四个要素是积极配合的员工“大家庭”。酒店全体员工都全心全意、尽心尽力地投入酒店工作当中，对于自己从事的行业充满工作热情。例如，虽然工作时间非常紧张，但对于研究访谈，员工都非常配合，给予充分的时间和信息。创意工作室和创意发展小组的成员都是在日常工作之外干没有报酬的工作，即使如此，员工们也为酒店无私奉献。

企业员工在创新文化中起到非常重要的作用。新想法的产生和服务创新的实施都是需要员工的。如果员工缺少动力，会导致好的创新想法和措施夭折和失败。每个员工都可以为服务创新添砖加瓦，但重要的是企业要能意识到并且提供良好的实施氛围。

8.2.5　开放和直接的沟通渠道

雅典娜广场酒店服务创新流程的最后一个关键因素是所有员工之间开放和直接的沟通。他们的谈话态度都非常放松坦诚，但不过度亲密。所有员工都可以建议改善酒店任何一个服务部门。在企业内部，有一种相互信任的氛围，员工等级在工作中只占有非常小的位置。所有这些条件都对创意和革新起到促进和鼓励作用。

对于一般的服务业企业，可以从雅典娜广场酒店的案例中找到如何改善服务质量（提升客户满意率）和长时间保持竞争力的方法。重新考察工作方法是否妥当是改变的第一步。意识到服务创新的重要性，通过正式的组织架构在企业内部树立起创新意识，具体管理创新流程是第二步。要提高警惕，倾听客人、市场、竞争对手、其他相关行业和科技发展的声音，员工和外部供货商都可能是重要创新想法的源泉。

本章小结

精品品牌所创造出来的产品和服务的价值是多维度的，每一个维度都需要以品牌的精品宗旨为标准，这就是精品的六大特性中的非功能性所指的整体美感和感受。所以精品品牌的服务尤其重要，服务并不是产品的附属品，而是产品和品牌的一部分。由于精品行业和大众消费品行业的根本区别，精品行业对服务人员的要求是非常高的，因为他们要在服务环节创造价值。这也就是为什么同样是零售人员，精品店的店员和超市的店员是两种完全不同的状态。

第九章

国际精品品牌的整合营销沟通管理

一个成功的精品品牌企业只有具有世界领先的独特价值创造才有可能为世界人民所接受。

9.1　普拉达的三部电影

精品品牌的营销及提升，可以采取多种手段，如做大幅的广告，举行吸引眼球的时尚活动，或是请明星作为代言人以利用“名人效应”。如今，精品品牌正在越来越多地通过在电影中植入品牌广告，达到提升品牌知名度和扩大品牌影响力的目的。

在电影中植入品牌广告，是将品牌及产品或其代表性的视觉符号策略性地融入电影剧情中，通过场景的再现，让观众对品牌或产品产生印象，继而达到广告营销和提高品牌市场占有率的目的。其实这类手法很早就开始被一些品牌运用，它们以非广告的表现方式在受众无意识的情况下植入电影情境，将品牌信息悄无声息地灌输给观众，将产品服务、品牌形象和理念等信息与电影本身隐性化、人性化地融合，起到比硬性轰炸式的传统广告更好的效果。因其隐蔽性和间接性的特点，使其效用较传统广告更胜一筹，因此逐渐被电影制片方、广告主和观众所接纳。

9.1.1 植入式广告

最早的植入式广告可追溯至19世纪末，到20世纪50年代，植入广告常规化并开始进入新兴媒体行业。斯皮尔伯格是美国植入式广告发展中推波助澜的人物。1982年在电影《外星人E.T.》中，有艾里奥特用锐滋糖果（Reese's Pieces）吸引外星人进屋子的情节，随着电影热播，一时锐滋糖果成为孩子们的梦之糖果，销量猛增65%。

在这种情况下，一些专门负责联络电影隐性广告的公司成立了，如洛杉矶的“拍摄它”（Feature This）；全球一些知名广告集团纷纷涉足影视植入性广告业务，成立专门的公司；越来越多的广告主为加大植入式广告的投入成立专门代理公司，比如，福特公司2005年1月在好莱坞成立了专门的代理公司，其职责就是为公司品牌植入寻找机会。

2003年全球品牌内容营销协会（Branded Content Marketing Association）在伦敦成立，如今已在澳大利亚、德国、荷兰、美国等国成立分会，有100多个会员，包括全球性的广告集团、制造商，以及其他广告代理商、游戏发展商、电影工作者、电视节目制作与出版商等。全球品牌内容营销协会美国分会主席辛迪·开来普斯（Cindy Callops）说："我们正从一个营销沟通的打扰时代（age of interruption）进入到一个植入时代（age of engagement）。"

植入式广告的受众数量庞大。有报道称，只有上映 2 万场，上座率在 70%以上的影片才能吸引到电影广告（包括贴片广告和植入式广告）。

除了接触数量之外，植入式广告更大的优势在于其"接触质量"，也就是说，品牌可以争取到现有媒介下的稀缺资源——高度专注状况下的受众注意。隐性的广告由于其出现的不规律性，以及与情节的高度相关性，很少会遭到受众的抵触与拒绝。正如业内人士指出的那样，"电视频道掌握在观众手中，而当他坐进黑漆漆的电影院时，就不能不接受你的广告"，这反映出植入式广告本质上是一种强制性广告。

从消费行为的角度来看，植入式广告对受众消费行为产生一种光晕式影响，特别在电视电影这样声像俱全的媒介中，强烈的现场感对消费者形成一种行为示范。如成龙影片中的三菱汽车与"勇气与冒险"联系在一起，在深化品牌影响力的基础上，获得丰富的品牌联想，最终赢得广泛的认同与品牌价值的提升。这种潜移默化的影响力正是赞助商梦寐以求的。

9.1.2　普拉达品牌简介

1913 年，马里奥·普拉达兄弟在意大利米兰的市中心开设了一间普拉达精品店。因为当时美洲与欧洲的商业贸易与交通商旅频繁，他们看准商机，决定设计生产一系列旅行用的皮具产品，包括皮包、旅行箱、皮制配饰及化妆箱等旅途中使用的高档品。在交通运输尚称不上便捷的当时，为了追求最好的品质，兄弟俩坚持从英国进口纯银，由中国输入最好的鱼皮，从波希米亚运来水晶，甚至将亲手设计的皮具交给一向以严控品质著称的德国人生产。因此，普拉达很快就成为当时皮具产品及其他顶级豪华商品中的大牌，更使得很多欧洲皇室成员都成为它的忠实顾客。

1978 年，马里奥的孙女缪西娅·普拉达与丈夫帕特里齐奥·贝尔泰利（Patrizio Bertelli）共同接管普拉达并带领普拉达迈向全新征程。缪西娅担任普拉达总设计师，通过她的时尚天赋和才华不断演绎着挑战与创新的传奇。而帕特里齐奥是一位充满创造力的企业家，不仅建立了普拉达在全世界范围的产品分销渠道及批量生产系统，同时还巧妙地将普拉达传统包包的品牌理念和现代化的先进技术进行了完美结合。通过两人的默契合作，普拉达从一个小型的家族企业发展成为世界顶级的奢华品牌。尽管普拉达强调品牌风格年轻化，但品质与耐用的水准依旧，特别注重完整的售后服务，这也是以高级皮革制品起家的普拉达至今坚持的传统。普拉达亮眼的表现主要归功于它的设计与现代人的生活形态水乳相融，不仅在表现布料、颜色与款式上，其设计背后的生活哲学契合现代人追求切身实用与流行美观的双重心态，在机能与美学之间取得了完美平衡，它的产品不仅是时尚潮流的展示，更是现代美学的极致体现。

普拉达在全球的精品店并不算多，真正成为数一数二的超级名牌也是20世纪80年代以来才有的事情，它的女装始于20世纪80年代，男装更是在90年代才迟迟起步。但是，如今很少有人会意识到这些，因为普拉达非常成功地利用电影作为其广告的植入媒介，在潜移默化中完成了品牌形象的华丽转身，这一营销手段为其品牌理念的传播、品牌形象的提升、产品的推广及营销可谓立下了汗马功劳。今天当人们提到普拉达时，很有可能第一个想到的产品是因电影《碟中谍4》一炮而红的杀手包；而说起时尚女性希望拥有的第一件高档成衣，普拉达常常也是首选，电影《穿普拉达的女王》可谓功不可没；一部《了不起的盖茨比》上映，又让普拉达回归大众视线，让人们惊叹于它的复古成衣设计而忽略了其实普拉达设计成衣的历史不过短短30年左右。

9.1.3 《穿普拉达的女王》

2006年上映的《穿普拉达的女王》（*The Devil Wears Prada*，又译为《时尚女魔头》）是根据劳伦·魏丝伯格（Lauren Weisberger）的同名小说改编。该片讲述一个刚从学校毕业的女孩子安迪在时尚杂志总编辑助理职业生涯中的跌宕起伏。可能很多人知道普拉达这个品牌也是因为这部影片。

该电影在植入广告时，比较注重品牌形象与电影人物形象的统一。在电影中，主人公米兰达是时尚界最有权势的女人，像女王一般高高在上。她喜欢穿普拉达套装，每天让小助理安迪买热的星巴克咖啡，只使用苹果电脑。这些植入广告，使女王的形象和个性得到进一步的加强。

可能很多人看到影片的名字时，都会问，为什么是普拉达？因为普拉达就是最懂女人的王。洪晃在巴黎时装周做采访时说："我很理解为什么说魔头穿普拉达……它的设计中有非常含蓄的社会评论，是对当今社会、艺术、文化的评论，普拉达的所有东西都是很有学问的。所以，魔头穿普拉达的含义是在这里，归根结底，魔头还是一个非常懂穿衣的人。不是随便拿一个品牌，魔头就会穿的。""普拉达"在片中可以说是这个光鲜亮丽的时尚世界的一个代名词，因为普拉达的低调设计，总是给穿着这个品牌的人一种智慧型的高调骄傲。

该片的全球累计票房超3亿美元，应该说影片的成功和普拉达的合作也是密不可分的。由于服装方面的预算只有10万美元，服装设计师帕翠西亚曾说："这些预算，根本不够用。几件衣服和限量版的包就花掉了。我估计，整个影片的服装造价至少需要100万美元。"好在有了普拉达公司的赞助，在影片中，米兰达身上总是穿着普拉达，脚上的鞋子有40%是普拉达，可以毫不夸张地说，这个片子简直就是一部普拉达的全方位广告片。

虽然植入式广告是一种有效的信息传递方式，但是并不是任何一种产品用这种方式都会取得良好的信息传播效果。因此要先从产品自身的特点出发，来判断其是否适用于植入式广告。而本片的片名就是《穿普拉达的女王》，那么让影片中的女王真的穿上普拉达，岂不是对品牌最好的诠释和品牌营销？可以说这是一次非常完美的合作，品牌成就了电影，而电影也成就了品牌。

9.1.4 《碟中谍 4：幽灵协议》

《碟中谍》系列电影是美国间谍动作片，自第一部起，迄今已经跨越 20 余年。一部好的大片，不仅引发吸金狂潮，也引发了植入式广告的暗战。2011 年，《碟中谍 4》的上映引起了不小的轰动，除了阿汤哥精湛帅气的演绎之外，剧中不少精品的“助阵”也着实让它愈演愈热。从普拉达、欧克利（OAKLEY）及戴尔电脑的频频现身中可以发现，在热门电影、电视剧中植入品牌已然是个大热趋势。

普拉达 Saffiano BN2274，可以说是一款因为该部电影而走红的包，并将普拉达这个品牌推到了众人的视线中。该款包之所以得名“杀手包”，是因为在电影《碟中谍 4》中被杀手莫娜随身携带，掩得了手枪，装得了钻石，醒目的三角标多次堂而皇之地出现在大屏幕上，这款包瞬间爆红大卖！

说普拉达“杀手包”是 2012 年最火的一款包包，一点也不为过。凭借《碟中谍 4》里令人印象深刻的广告植入，普拉达又迎来了它辉煌的一年。

普拉达作为一个老道的国际精品品牌，在成功之后并没有放弃前进的脚步，于 2013 年在保留该产品经典黑色款式的基础上，新增了不少靓丽的颜色，添加了拼色元素，同时推出了一系列的“变异款”，给了消费者更多的选择余地，让经典包包有了另外一番味道，畅销款有了持续热销的动力。不得不说这是国际精品品牌一则非常成功的电影植入广告。

9.1.5 《了不起的盖茨比》

《了不起的盖茨比》出版于 1925 年，是美国作家弗朗西斯·斯科特·菲茨杰拉德（Francis Scott Fitzgerald）所写的一部以 20 世纪 20 年代的纽约及长岛为背景的小说，被视为美国文学“爵士时代”的象征。经常有人把它称为 20 世纪最伟大的英文小说之一。

在电影圈内，这部小说已经被数次搬上银幕，包括 1926 年遗存的 2 分钟默片预告在内，《了不起的盖茨比》已有 5 版影视作品流传，然而真正形成影响力的还是 1974 年的这个版本，时装设计在其中产生的推动作用不可小觑，是迄今为止唯一一部获得奥斯卡最佳服装设计奖的盖茨比电影。设计师的作品在银屏上大放异彩，而电影也因惊艳的时装造型在人们心中留下深刻的印象，甚至影响了时代的审美与流行。电影与时装就这样奇妙地绑定在一起，风靡一时，成就经典。

2013 年版的《了不起的盖茨比》还未在美国上映，戏中的“重头戏”已经一波又一波地吸引了众多眼球。先是放出了珠宝品牌蒂芙尼为电影特别定制的珠宝系列，紧接着，设计师缪西娅·普拉达为电影设计的 40 套戏服也隆重登场。有着如此强大的设计团队，让影片当之无愧成了最值得期待的电影。

20 世纪 20 年代的美国，空气里弥漫着欢歌与纵饮的气息，在这个纸醉金迷的大环境下，《了不起的盖茨比》的戏服也可谓华美动人。缪西娅·普拉达和富有传奇色彩的电影服装设计师凯瑟琳·马丁

（Catherine Martin）合作，从过去20年间的精选T台形象中汲取灵感，打造了40多套风格独特的鸡尾酒礼服和晚礼服的定制系列，许多灵感来源于普拉达之前的设计。影评人这样评价："虽然影片不够完美，但绝对值回票价，仅是布景和服装就已经足够。"

这不是最受欢迎的改编电影，从1926年到2013年仅仅被重拍了5遍，但却是最受国际精品品牌青睐的电影，普拉达选择了这样一部电影进行合作，无疑对于其品牌地位的提升具有举足轻重的意义。由莱昂纳多·迪卡普里奥主演的这一版电影，整个宣传期间只有两个关键词——奢华和时尚，恰好是电影掀起热潮的核心所在，而这一点可以说完美契合了普拉达希望传达给消费者的品牌理念。在北美上映后，电影以首日1940万美元、首周末5111万美元的成绩成为北美影史上首映票房最高的剧情片，受益者当然不只是片方，还有赞助商们——普拉达、蒂芙尼、布克兄弟……有人把这版电影戏称为"穿普拉达的盖茨比"。在这部电影宣传的前期，缪西娅通过一系列的访问宣传为普拉达赚足了名声和利润。

此外，普拉达还不遗余力地利用首映礼、展览等机会趁热打铁，借电影进一步进行品牌营销。就在电影纽约首映之际，普拉达举办了名为"凯瑟琳·马丁和缪西娅·普拉达打造盖茨比"（Catherine Martin and Miuccia Prada Dress Gatsby）的剧装展览，为影片造势。展览开幕不仅引来明星名流捧场，还延续至东京及上海进行展出，将一部电影可以引发的时尚效应升级到前所未有的高度。或许作为电影服装总监和导演夫人的凯瑟琳·马丁为影片戏装所倾注的心力远多于缪西娅，但正是通过普拉达品牌在时尚圈的影响力，才将2013版《了不起的盖茨比》的时尚风潮愈演愈烈，普拉达也与影片联袂完成了又一次里程碑式的创作。

普拉达通过和上述三部影片的合作，将品牌广告植入“情景场”，在感观层面和理解层面成功展示了品牌美学、品牌产品和品牌理念，达到了潜移默化的宣传效果，形成了强大的品牌渗透力，激活了消费者的购物潜意识，完成了品牌的华丽转身。

电影制造的话题、电影制造的体验，无疑会成为一种特殊的市场驱动力。如果这种魔力能够成功地被国际精品品牌拿捏、运作，那么通过搭载电影而获得的营销价值，将会产生出人意料的效果。

参考资料：

普拉达官方网站：www.prada.com。

9.2 整合营销沟通的体系

创新是国际精品品牌产品设计的灵魂，这种创新精神同样需要应用在整合营销沟通上。首先是广告形式的创新。以时尚和优雅著称的香奈儿五号香水自1921年上市以来，始终在香水榜上名列前十。它的成功在于持续不断的品牌形象更新，比如通过创新的短片广告形式让新一代消费者感受到其独特魅力。香奈儿五号曾推出的一支两分钟的电影短片，是由巴兹·鲁赫曼执导、妮可·基德曼演绎的一个华丽浪漫的香水爱情故事，以此拉拢35岁以上核心消费者的同时，也能引起更多年轻消费者的关注。一些时尚杂志的美容编辑总监更将此次广告活动称为里程碑式的合作，因为这不仅仅是一次广告活动，更是时尚界与电影界的联姻。它汇聚了跨界精英的力量，也为品牌传播创造了更为有利的条件。

与一般品牌所采取的传播策略不同的是，国际精品品牌除了通过广告来接触其目标消费群，还通过赞助体育活动和文化活动来宣扬品牌精神，塑造品牌形象，彰显品牌个性。艺术、体育在某种程度上与国际精品品牌的关系非常密切，因为它们都是在追求创造和完美，它们在很大程度上影响着人们的生活方式。著名的国际精品品牌宝珀表一直将赞助体育活动视为其重要的品牌推广手段，从高尔夫球到赛马，从帆船到F1赛车，都是一些高端的运动。宝珀表在解释选择这些运动种类时说，不仅这些运动本身能体现宝珀表的精神，这些高端运动项目的参与者和观赏者也是宝珀表的潜在客户。普拉达也一直积极参与文化艺术活动，曾举办多项国际化的展览及电影节，更在1995年创立了普拉达文化艺术基金，由缪西娅及帕特里齐奥担任主席，目的是支持当代艺术和业界精英，与世界各地的艺术工作者积极合作，举办展览会、论坛或特别活动。这些活动因其展出模式及主题极富弹性、题材广泛而往往成为城市热门话题，也体现了普拉达创新无边界的品牌精神。

成功的精品品牌的整合营销沟通是高度系统化和体系化的。整合营销沟通的整体目标和策略是要基于完整的品牌营销计划。这一营销计划是根据企业品牌发展战略（一般是三年一个阶段）和业务发展目标每年制订的。

营销计划的第一步是品牌的商业现状分析。这一现状分析是对品牌和商业模式的各个方面做360° 的调查和评估，同时包括行业和市场的现状和趋势分析，以及竞争对手的分析。第二步是针对自身企业和品牌制订本年度的营销计划，包括营业额的增长、利润率水平、开店的数量、库存的水平等具体营销绩效指标。在年度营销目标明确之后，第三步是确定年度营销方案和营销策略。营销方案策略包括品牌策略、产品策略、定价策略、分销策略、全零售策略、实体店铺策略、电子商务策略和整合营销沟通策略。第四步是营销方案的实施和执行。最后是对营销方案目标和实施情况及结果进行评估。所以说，精品品牌的整合营销沟通是精品品牌营销的一部分，从逻辑顺序来看处于营销体系的末端，与全零售配合，实现“空天一体”的进攻态势。

精品品牌的整合营销沟通是一个有机的体系，在年度营销目标和沟通目标明确，有了明确的整体预算之后，就可以制定整合营销沟通的方案了。

整合营销沟通的体系包括所有可以沟通的工具和途径，不管是传统工具还是创新工具，都可以放到整合营销沟通体系的考量之内。精品品牌的主要沟通工具包括：广告、促销、公关活动、B2B、VIP（贵宾）直销、新媒体等。每一年度根据营销策略和目标，精品品牌都要制定适合本年度整体营销目标的整合营销沟通策略目标和解决方案。这一体系性方案既有各个年度的连续性又有每个年度的特色和主攻方向。

在实施过程中，需要精品品牌的管理者在这个阶段结合品牌的整体理念、本年度主题和产品视觉等内容，做创新和重要的价值创造。实施结束后要对整个年度整合营销沟通的实施情况和结果做整体的评估和总结，保证每一年度的实施和执行都不断得到改善。

9.3　精品品牌的整合营销沟通模型

当国际精品品牌的整合营销沟通体系建立起来，具体年度沟通方案都制定清楚之后，就要面对具体沟通项目的实施问题了。

精品品牌的沟通必须符合在沟通中的传播学规律。其基础模型如下图。

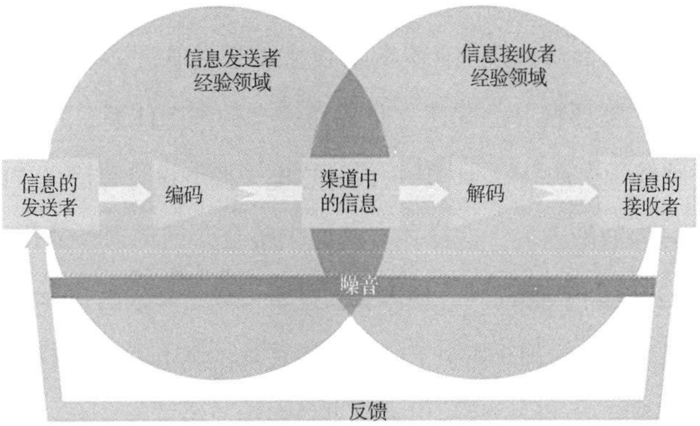

精品品牌沟通模型

在沟通过程中，一端是信息发送方，是精品品牌；另外一端是信息的接受方，也就是目标受众。品牌与受众的连接点就是品牌所要沟通的信息，例如视频广告、平面广告、新媒体的图文、公关活动等。当受众感受到品牌信息时，会通过自己的大脑对信息进行解码和解读，从而形成态度和判断，最终落地到对品牌的认知和产品服务的消费上。这时我们就能理解，精品品牌在各种沟通工具和渠道中所释放的信息尤其重要，如果消费者受众没有办法通过解码过程解读要让他们了解到的关键点是哪些，也就没有办法形成态度和判断，从而无法产生积极的品牌效应和销售。

在品牌形成最终在沟通渠道中释放的信息之前，有重要的编码过程，这就是整合营销沟通在沟通这个阶段的重要价值创造。这是一个创新的过程，需要把品牌和产品服务的内容，根据每一个营销沟通项目的目的进行编码。这个过程一般是广告公司的创意人员具体实施，但是需要品牌的沟通团队具有巨大的创新管理能力。

同时，需要精品品牌建立坚强而庞大的理念体系，并且将这一体系在品牌视觉、产品设计、店面设计、电子商务设计等诸多方面落地之后形成可沟通的内容，这样才有可能供整合营销沟通环节作为素材使用。所以从国际精品品牌管理体系的逻辑来说，高效的整合营销传播是建立在强大的品牌理念指引下的商业模式基础之上的，并不是简单粗暴地把品牌商标和宣传口号想出来就直接在沟通渠道中放大。使用资金来购买知名度，代价是非常巨大的，一般中小企业品牌无法承受，是大众消费品品牌的普遍操作手法，并不符合精品品牌的发展规律。

9.3.1 现代化与后现代化的问题

国际精品品牌整合营销策略中还有一个非常重要的问题，就是品牌发源地和国际市场发展阶段的差异问题。现代化和后现代化社会发展的研究和话题在社会学领域里已经讨论了多年，这一社会学、社会经济学的概念对国际精品品牌整合营销策略会有什么影响呢？

这一影响是非常巨大而且显著的。主要的国际精品品牌出自法国、意大利、瑞士、德国等欧洲国家，这些国家的社会发展阶段早已进入后现代化阶段。这一阶段的经济近乎零增长，消费者对一切持怀疑态度，真正关心的是自己的内心感受、休闲和感性的内容。个人层面的追求和愿望是享乐主义和享受人生。因为社会已经固化，个体无法在这个社会环境中发挥更重要的作用，关注点转而内化为个人的感受，以追求个人的喜悦为原则，在美学上的释放往往是巴洛克式的。

而国际精品品牌的消费市场却是全球化的，其中有很多新兴的经济体，例如中国。中国经济处于高速发展的阶段，社会还处在现代化的发展阶段，随着转型升级和城镇化步伐的加快，中国经济还将长时间持续增长。这种现代化高速发展的社会和经济体给每个人带来非常巨大的机遇，个人层面追求的是事业的成功和在社会中的成功。社会的发展给大家以希望，但现实中往往功利主义盛行，处处以现实为原则，在美学上的释放是经典的风格。

从以上分析我们就可以看出，精品品牌作为内容的创新者，所产生的环境是后现代的，因此在美学上的语言体现往往是后现代的风格，纷繁而婉约的伤感为其主要信息。这些品牌的最新内容和信息通过整合营销沟通体系在全球释放。如果不经过任何的加工，在现代化社会中，大部分人群对其的理解是有偏差的，社会精英人士作为成功者，追求的是更加直接而富有活力的价值观。所以，国际精品品牌在全球整合营销沟通的过程中势必要考虑这一重要因素，从而找到其中的平衡点。

9.3.2 标准化和本地化的问题

国际精品品牌在进入全球市场的时候不可避免地要遇到整合营销沟通的标准化还是本地化的问题。国际精品品牌的知名度在这一过程中至关重要，同时，所进入市场的文化强度是另外一个重要因素。当一个国际精品品牌进入某市场，其知名度并不高时，需要树立正确的品牌形象，那就要从品牌理念的本源出发，根据品牌的识别制定出标准化的整合营销沟通策略。例如百达翡丽虽然在世界腕表领域非常知名，但是在中国市场影响非常有限，进入市场的第一步就是把这一品牌的理念和产品原原本本地呈现出来。

当一个国际品牌在某一市场知名度很高的时候，有可能已经进入市场很长时间了，若当地市场的文化又是强势文化，消费者为品牌贡献良多，这时品牌需要考虑做一些本地化的工作，同时在全球层面融入这一市场的元素。例如路易威登在日本大获成功之后，与日本当代艺术家村上隆合作，推出创新产品，完善品牌整体形象，同时把品牌推向更高的发展阶段。在腕表领域，宝珀在中国市场潜心经营多年，成为瑞士顶级腕表中实力最强和知名度最高的一个品牌。在此过程中，宝珀的营销推广活动除了标准化的全球活动之外，还与中国精英消费人群的意见领袖合作，这些人包括与品牌理念和气质吻合的文化人士、电影演员等。

9.4 新媒体和网络营销

目前，互联网是仅次于电视广告的国际精品品牌灵感来源，据统计，使用互联网获取精品信息的中国用户比例达到 78%，互联网已经成为人们购买精品之前收集信息最常用的媒介。82% 的中国精品消费者认为，互联网是保持与精品时尚同步的有效途径。另有 80% 的消费者表示，在购买精品时，互联网能帮助自己做决定。官方品牌网站和搜索引擎成为消费者购买精品前最喜爱的信息来源。

面对互联网对消费者购买行为的巨大影响，许多国际一线品牌开设了中文版的网上官方购物站点。对于拥有数量庞大的网购用户的中国电子商务市场而言，精品上线销售已是大势所趋，而且必定势不可挡。伴随网络在全球影响力的扩展，国际精品品牌面临的已不再是该不该使用网络进行营销和拓展的问题，而是在保持精品独一无二的尊贵感的同时，如何用网络来进行营销的问题。

9.4.1 国际精品品牌的网络营销方式

互联网和其他技术提高了现有营销功能的效率，改变了许多营销策略，基本上改变了消费者的行为，并促成了增加客户价值和提高公司赢利能力的新商业模式。这种新的营销手段在国际精品品牌的整合营销沟通中已经广泛应用，具体有以下几种方式。

电子商务

电子商务是指整个贸易过程的电子化，交易各方以电子交易方式而不是通过当面交换或直接面谈方式进行的任何形式的商务交易，它所强调的是网络环境下实现的贸易过程的电子化，是计算机技术、网络通信技术与现代商业有机结合的产物，而非纯粹的技术问题。电子只是手段，商务才是根本。所以精品品牌不应该排斥这一新的零售和传播形式，主要是要根据精品的六大核心要素控制好精度问题。

网络直销

网络直销是指生产厂家通过直接分销渠道直接销售产品。目前常见的做法有两种：一种是企业在互联网上建立自己独立的站点，申请域名，制作网页，由网络管理员专门处理有关产品的销售事务，国际精品品牌大多采用这种方式；另一种是企业委托信息服务商在网站上发布相关信息，企业利用有关信息与客户联系，直接销售产品，虽然这一过程中有信息服务商参加，但主要的销售活动仍然是在买卖各方之间完成，大众消费品品牌大多采用这种方式。

病毒性营销

病毒性营销是指那些鼓励受众目标将市场信息像病毒一样传递

给他人，使之在曝光率和影响上产生指数级增长速度的一种营销推广策略，这种策略可以耗费较少的人力物力，将信息在短暂的时间内快速地、爆炸式地传递给成千上万的消费者。病毒性营销已经成为网络营销独特的手段，被越来越多的商家和网站成功使用。网络上常见的病毒性营销载体包括即时通信工具、电子邮件、电子书、情感故事、幽默故事、贺卡、动画、视频等。

病毒性营销的作用机理是：一般网络广告产生的受众数量成几何级数增长，而病毒性营销策略产生的受众数量则成指数增长。企业在实施病毒性营销策略时，吸引的第一批顾客通过各种方式将企业信息传递出去，每个顾客的每次传播都能产生一定的受众，若企业的产品或服务有足够理由让消费者继续传递信息，那么第二批的每位顾客仍能产生一定受众，如此产生的受众数量则成指数增长。一次成功的病毒性营销效果好于一般营销方法的效果。病毒性营销的案例证实了网络传播的力度之强，影响范围之广。但是在使用病毒性营销的时候需要注意，在法律和法规允许的前提下进行，品牌公司不可以利用互联网客户信息进行违法经营。此外，由于信息技术的发展，大数据使得客户信息进一步透明化，如何在法律法规允许的范围，又符合商业道德地使用这种方式，是目前品牌管理中特别需要注意的。特别是国际精品品牌，在考虑到传播性之前，需要考虑传播内容是否与品牌的理念和调性相匹配。精品品牌对于传播内容同样需要有精度、高度和美感的要求，所以不可以使用恶俗的内容，片面追求传播性，而忽略了受众对品牌的积极感受。

关系营销

关系营销是把营销活动看成是一个企业与VIP消费者、供应商、分销商、竞争者、政府机构及其他公众发生互动作用的过程，其核心是建立和发展与这些公众的良好关系。主要包括宏观和微观两个方面：在宏观上，市场营销会对范围广泛的一系列领域产生影响，包括顾客市场、劳动力市场、供应市场、内部市场、相关者市场，以及影响者市场（政府、金融市场）；在微观上，企业与顾客的关系不断变化，市场营销的核心从过去的简单的一次性交易关系转变为注重保持长期联系的关系。企业是社会经济大系统中的一个子系统，企业的营销目标要受到众多外在因素的影响，企业的营销活动是一个与消费者、竞争者、供应商、分销商、政府机构和社会组织发生相互作用的过程，正确理解这些个人与组织的关系是企业营销的核心，也是企业成败的关键。

关系营销的核心是维持顾客关系，为顾客提供高度满意的产品和服务，通过加强与顾客的联系，提供有效的顾客服务，保持与顾客的长期关系，并在此基础上开展营销活动，实现企业的营销目标。争取一个新顾客的营销费用是维护一个老顾客费用的五倍，因此加强与顾客的关系并建立顾客的忠诚度，可以为企业带来长远利益，实现企业与顾客的双赢。互联网是一种有效的双向沟通渠道，使企业与顾客之间可以实现低费用成本的沟通和交流，为企业与顾客建立长期关系提供有效的保障。一方面，利用互联网，企业可以直接接收顾客的订单，顾客可以直接提出自己的个性化需求。企业根据顾客的个性化需求可为顾客在提供消费产品和服务时创造更多的价值。企业也可以从顾客的需求中了解市场、细分市场和镇定市场，最大限度降低营销费用，提高对市场的反应速度。另一方面，利用互联网，企业可以更好地为顾客提供服务和与顾客保持联系。互联网不受时间和空间限制的特性能最大限度方便顾客与企业进行沟通，顾客可以借助互联网在最短时间内以简便方式获得企业的服务。企业也可以实现从产品质量、服务质量到交易服务等过程的全程质量控制。

互联网的这些特质为国际精品品牌的关系营销和服务创造了更多的便利。对于国际精品品牌来讲，关系营销中的客户关系管理显得更加重要。在网络营销过程中，为了能够给消费者提供更及时和优质的服务，企业需要为所有的利益相关者（消费者、员工、供应商）营造互助环境，以维持整个网络营销机制的有效运转，做到优质服务的良性循环。国际精品品牌通过互联网在公司经营管理上的应用可以加强对客户体验服务的价值创造。

9.4.2　国际精品品牌的网络营销策略

当人们对网络舆论寄予较高信任时，对于重视口碑营销和深度沟通的精品来说，利用网络培育市场的方式更直接，也更迅速。关于精品的网络营销策略，应该考虑如何让精品受到真正追求时尚的消费者的关注、喜欢，并让他们能够轻松地与品牌之间形成良好的互动。

注重用户体验的网络互动营销

利用智能搜索引擎，根据客户需求，增强搜索的智能引导，优化应用自有的资源力量，并整合国内其他搜索平台的优势力量，根据各搜索引擎用户群的不同特征，制定整合营销计划，根据市场变化，随时进行投放修正，实施监控关键词投放点击等。

利用各种最先进的IT技术手段，以杂志的形式来构思网站并与商务结合起来，赋予精品营销网站新颖的设计风格、丰富的文化内涵和创新的营销方式。

吸引目标客户群的关注，提高营销网站的访问量，可通过购买各种网络广告（横幅、画中画、弹出广告等），进行定期电子邮件直销，撰写带有某种动机的公关软文，让读者阅读到喜欢的精品的新闻故事。

通过精彩视频的视觉冲击让客户体验精品的风采，同时还可让客户模拟感受产品构造和性能，搜索最近的经销商，预约登记或直接下订单，也可以要求维修或投诉。

充分利用网络社交营销

与时尚博客写手合作推广精品，同时灵活运用微博、微信、推特和脸书等社交媒体。

通过会员制的形式建立一个相对高端的网站，在迎合潜在消费者的同时也为品牌商相对滞销的产品提供一个快速的、低成本的销售渠道。

通过明星博客树立产品的口碑，直接拉动网上促销礼包订购和整体销售额的直线增长。

通过论坛引发消费者对品牌的关注。据在线调查发现，55%的消费者在网购精品时最关注的是论坛上的口碑评价。

在品牌官网上播放网络短片进行病毒式营销，吸引更多的消费者。

多元化的网购平台

网络营销并不是单一的营销手段，而是需要整个营销系统从推广产品的选择、媒体选择与广告内容创作、广告效果管理，到终端的选择、生动化布置与培训管理等多方面进行系统调整。精品的主流仍然是引领潮流与创造时尚话题，可将自己的全新创意理论与独一无二的卖点融入多元化网络平台，不仅展示平面作品、摄影、插画和视频作品，还为企业搭建一个满足双向需求的平台，将精品的功能定义进一步拓宽，加速多领域覆盖模式的形成。对于精品网络营销，每一个环节都应富有技巧，既要保持高贵的姿态，又要竭尽全力地接近消费者。

实体与虚拟同步更新

不仅将最新的产品更新在精品官网上，而且把一些额外的优惠政策放到虚拟店铺进行，有意扩大品牌在网络营销上的影响力，让精英、富人阶层等精品消费群体的网络消费体验达到一个更高的层次。速度、效率、折扣、颇具观赏性的网络展示，都让实体店难以做到的多样化、便捷服务同时得到解决。而那些渴望领先一步购买精品的时尚买手，也能在虚拟店得到第一手资料，免去消耗在实体店的时间成本。

整合移动营销

由于移动市场细分，以商务人士为主的“全球通”用户是精品市场眼中的“肥羊”，而手机是最具备精准营销潜力的媒体，手机号码的归属可以精准到某一个城市甚至某一个人。通过采集用户的信息，可了解用户的喜好和需求，借由用户的搜索行为判定他们的特点，对用户资源进行分类，以便形成动态的数据库，开展有效的客户关系管理，并可以将最适合的广告推送到用户的手机上，进而做到有的放矢的“精准营销”。

建立客户关系管理系统

品牌需要一个清晰的定位和在客户心目中的正确形象，一个完整而有效的客户关系管理系统能够帮助精品品牌公司充分理解市场。无论消费者在全世界的哪个地方购物，数据的深入挖掘都能使精品品牌公司了解他们的偏好，即使尚未在某地开设门店，这些公司也能较好地进行市场运作。

准确获得效果测评以进行策略调整

网络媒体可以准确、及时地获得营销效果测评数据。通过网络监测，可以了解营销网站的访问者主要来自哪些渠道，是线上营销中心网站的直接访问者，还是来自设在其他网站的访问入口；甚至可以比较来自不同网站入口的访问者所带来的成交量，从而了解哪些网站推荐的访问者能够带来较高的成交率，并直接指导对这些网站的使用策略；还可以依据访问者数据或季节的变化，相应地对线上产品的展示内容进行调整。

9.5 绝对伏特加的国际营销

9.5.1 绝对伏特加品牌简介

绝对伏特加（ABSOLUT VODKA）是瑞典威恩仕（V&S）集团旗下品牌，是产自瑞典的世界十大名酒之一，是享誉国际的顶级烈酒品牌。

绝对伏特加的名字不仅指产品的绝对完美，也叙述了其品牌的来历。1879 年，拉尔斯·奥尔松·史密斯（Lars Olsson Smith）利用一种全新的工艺方式酿制了一种全新的伏特加，叫“绝对纯净的伏特加酒”（Absolut Rent Bränvin），这一工艺被绝对伏特加沿用至今。特选的冬小麦与纯净井水保证了绝对伏特加的优等质量与独特口味。绝对伏特加采用单一产地、当地原料来制造，使公司可以完全控制生产的所有环节，从而确保每一滴酒都能达到绝对顶级的质量标准。所有口味的绝对伏特加都是由伏特加与纯天然的原料混合而成，绝不添加任何糖分。

从 1999 年绝对伏特加的全新营销活动展开以后，绝对伏特加已渗入多种视觉艺术领域，例如时装、音乐与美术。无论在何种领域，绝对伏特加都能凭借自己的品牌魅力吸引众多年轻富裕而忠实的追随者。

绝对伏特加在世界范围内创造了辉煌的销售业绩。从 1979 年的 1 万箱（9 万升）到 2003 年的 810 万箱（7250 万升）。如今每天有超过 50 万瓶的绝对伏特加生产出厂并运往全世界。

对于广告和一系列市场活动，绝对伏特加也是持之以恒，不断创新，向消费者传递着绝对伏特加的核心价值——纯净、简单和完美。1999 年，绝对伏特加广告被《广告时代》列入世纪十佳广告。

9.5.2 绝对艺术

“我爱这完美的瓶子，我爱她的质感……我想为它做些什么……”

这就是波普艺术大师安迪·沃霍尔（Andy Warhol）对绝对伏特加瓶子的感受。正是因为这位传奇的艺术家对其瓶身充满幻想又生动有趣的描述，从 1985 年起，绝对伏特加踏上了它的艺术旅程，开始以一种全新的形式展现在世人面前——绝对艺术（Absolut Art）。至今，已有超过 400 位艺术家贡献了自己的得意之作，其中有很多作品已经在绝对伏特加的广告宣传活动中出现，其原作更是被世界各地的博物馆收藏并展览。

绝对伏特加与艺术的互动来源于灵感的相互激发。品牌的无限创意吸引众多当代艺术家创作出独具个性的艺术作品，诠释着各自心中对“绝对”的独特理解。无论艺术家来自何方，以何种形式，擅长何种风格，每一件作品都是他们的想象与品牌精神碰撞后，迸发出的智慧火花。

绝对伏特加不仅与绘画大师合作，还吸取各个领域艺术家的灵感，包括雕塑家、琉璃艺术家、摄影师、室内设计师、建筑师和珠宝设计师等。风格各异的作品集、世界各地的艺术展览，绝对伏特加与艺术家们一起诠释着绝对艺术。

绝对伏特加酒永恒的个性化包装，对它的每一个消费者来说都不陌生：短颈圆肩的水晶瓶，独创性地将所有标注绝对伏特加酒的文字信息用彩色粗体字体直接印在瓶身，而不用纸质标签。透过完全透明的酒瓶，消费者感觉到的是纯正、净爽、自信的绝对伏特加酒。它的包装以个性赢得消费者的认同，并很快传播到世界各地。而现在的绝对伏特加酒酒瓶形象已不仅仅是一种个性化包装，而是被同行视为一件艺术品。

绝对伏特加在平面广告上的表现，更是堪称广告创意与艺术的典范。比如说，绝对伏特加进入中国市场时就制作了一具鼻子似酒瓶状的中国京剧脸谱，将中国传统经典文化融入“绝对经典”的“绝对伏特加”里，并在广告的下方标注“绝对经典，绝对北京”的广告语，从而唤起了北京及其他地方的中国消费者对绝对伏特加的喜爱。这也是绝对伏特加的“绝对城市”系列经典广告之一。

9.5.3　绝对伏特加的“绝对”国际营销之路

绝对伏特加诞生于瑞典，但它的成长却是从走出国门开始的，这是一条相当艰难的路。因为伏特加是一种地缘概念极强的产品，在人们的印象中，只有俄罗斯生产的伏特加才是正宗的，产于瑞典的绝对伏特加要想走向国际，首先要打破人们对伏特加的固有看法，而改变人们的习惯看法往往是吃力不讨好的事情。

但绝对伏特加还是走了出去，而且非常成功。在美国的进口伏特加酒中有 40% 印着“绝对”商标，每年超过 1 亿瓶绝对伏特加被运往全球的 130 多个国家。而它的玻璃酒瓶也成为 20 世纪最受认同的视觉符号之一。

绝对伏特加成功阐释了一个本土品牌进军国际化，走向国际精品品牌的个性路径。

走向国际

1979 年，在“绝对纯净的伏特加酒”100 周年华诞之际，继承祖业的林德马克（Lindmark）决定出口一种新的伏特加酒 Absolute Pure Vodka，这就是后来闻名世界的绝对伏特加。

经过一段时间的考察，林德马克决定让 Carillon 公司代理绝对伏特加在美国的销售。后者专门投资 6.5 万美元在美国进行了一项关于绝对伏特加前景的调查，结果却令人大失所望：绝对失败。

当时美国人消费的伏特加占全球伏特加总销量的 60%，而其中超过 80% 出自美国本土制酒厂。市场上通行的观念是：既然所有伏特加喝起来都是一个味儿的，那当然是越便宜越好。

而且对于绝对伏特加的酒瓶，美国人也看不惯。绝对伏特加的酒瓶设计独特，酒瓶上没有纸质标签，字体和图案直接刻印在玻璃瓶身上，整体都是透明的。酒吧侍者抱怨说，顾客根本就看不见酒柜上的绝对伏特加。再加上酒瓶设计也打破了常规，瓶颈极短，这极大区别于一般伏特加的设计，让很多人无法适应。

面对现状，Carillon公司认为要想在利润率日渐下跌的伏特加市场中站稳脚跟，必须用高端的品牌形象与美国市场上的低价酒拉开差距，并据此名正言顺地抬高价格。该公司的总裁觉得绝对伏特加与众不同的酒瓶设计则成为区别于一般伏特加的特色，所以尽管市场调查不如人意，他还是坚定使用绝对伏特加的酒瓶，并决定用强劲的广告赋予品牌个性。

创意传播

Carillon公司将绝对伏特加的推广交给了TBWA广告公司。“品牌创建知名度和流行度的方法是建立在产品的瑞典传统文化上，广告创意着重对在热水澡桶中及类似布置中的瑞典人做描绘。”最初的时候，TBWA的创意总监杰夫·海斯（Geoff Hayes）这样设想。

但后来，杰夫还是放弃了这种打算，因为这样做和美国其他酒广告一样，没有冲击力。反复思考后，一个全新的创意从他的脑海里跳出。杰夫回忆道：“我一边坐着看电视，一边在纸上画瓶子。记得我在瓶子顶端画了个光环，并添了一行字‘这是绝对的完美’。第二天早晨，我把画好的东西给文案搭档看。他说，不用多解释，只需‘绝对完美’。我们在五分钟之内想出了十个创意，形成了系列广告。”

绝对伏特加推出了近2000幅平面广告，其中绝大多数都以绝对伏特加酒瓶的轮廓特写为中心，但酒瓶里装着的东西则千变万化。酒瓶下方写着 2 至 3 个英文单词，第一个总是“绝对”（ABSOLUT），后面接着的单词展现了广告创意人员天马行空的想象力——其中有的是带有特殊含义的数字，有的是妇孺皆知的单词，有的则是只可意会不可言传的生造概念。这种广告概念凸显了绝对伏特加与当时市场上的其他品牌的差异，清晰反映了产品的独特个性，“绝对”的巧妙处理则让消费者深深记住了这个名字，而且广告措辞的天马行空激发了人们丰富的想象力和好奇心。

在美国，烈酒广告主不能使用电视或电台作为媒介，为了让平面广告获得与电视广告同样震撼的效果，绝对伏特加聘请高水平的摄影师对广告的主角——独特的酒瓶进行完美的摄影。有时为达到理想的宣传效果，公司甚至可以不惜下血本。广告制作者曾在美国肯塔基州一块 15 公顷的土地上种上不同品种的庄稼，最后拼贴出绝对伏特加酒瓶的图案，庄稼成熟后由摄影师从飞机上进行航拍。

绝对伏特加的传播模式也极具个性化。第一，建立一种创意人员与媒介人员的有效合作关系。即先由媒介人员制定出媒体计划、媒介选择，然后由创意人员根据特定的媒介、特定的广告目标制作特定的广告创意。第二，在同一时间，针对不同的媒介，分别采用不同的创意素材。比如美国城市系列广告中的“绝对曼哈顿”（ABSOLUT MANHATTAN），创意取材于纽约的中央公园的空照图，并将其做成一个绝对伏特加酒瓶形状，以尽显绝对伏特加的时尚性。

经过几年发展，绝对伏特加以每年平均高达 20% ~ 30% 的增长率，成为美国市场上占有率第一的伏特加品牌。而一句“绝对完美”的广告语伴随伏特加酒的不断壮大，成为美国市场家喻户晓的广告经典。

与艺术联姻

作为一个有着超过百年历史的品牌，绝对伏特加本可以在这方面大做文章，但他们不这样做，只是偶尔提及历史。他们认为历史感只是该品牌文化中值得一提的一部分，但并不具有决定性，历史只能唤醒记忆，不一定能够影响当代生活。而影响当代生活才是塑造成功品牌的关键。

1983 年，Carillon公司总裁米歇尔碰到了波普艺术大师安迪·沃霍尔。“我十分喜爱你们的酒瓶，只可惜我并不喜欢喝酒。但我十分愿意将其视作香水。我能为你画一幅画吗？”安迪·沃霍尔说。米歇尔听后，十分高兴地答应邀请安迪·沃霍尔为绝对伏特加画一幅油画。

后来，这幅艺术作品被绝对伏特加当作广告刊登在杂志上，令米歇尔意外的是，广告一发布，绝对伏特加的销售骤然上升，仅用 2 年时间就成为美国市场第一的伏特加酒品牌。

米歇尔看到了艺术价值与酒文化价值的互动效应，便将绝对伏特加酒的传播切入点定义为艺术家、社会名流等，以加快绝对伏特加品牌的个性化、价值化传播进程。

绝对伏特加开始在全世界举办“绝对”主题的艺术展览，发掘培养有潜力的艺术家。1995 年，绝对伏特加资助了一项名为“绝对原创”的艺术运动，旨在打破不同艺术领域之间的界限，让思想和创意的表达不受形式的束缚，所有参与运动的艺术家作品在全世界巡回展出，这些艺术活动扩大了绝对伏特加的社会影响力。

通过与艺术的联姻，绝对伏特加大大提升了在消费者心中的地位，因为它不再仅仅是酒，而是一种有品位的生活方式。

本土化策略，求同存异

应该说，绝对伏特加从默默无闻的弱势品牌成长为国际知名精品品牌，与其成功的全球化广告战略息息相关。绝对伏特加全球化广告战略的成功经验可以概括为：以创新为灵魂，用修辞性的叙事手段演绎本土化、个性化和时尚化，与时俱进，通过商品艺术化和艺术商品化，引领和推动消费潮流。

但在一些重要的海外市场，绝对伏特加常在其广告中加入该地区的标志性建筑物、名胜古迹或其他物质或精神文化元素，从而使当地消费者对绝对伏特加产生强烈的身份和文化认同感。例如，针对纽约地区的广告“绝对布鲁克林”（ABSOLUT BROOKLIN）便以纽约著名的地标性建筑——布鲁克林大桥为背景，用一对绝对伏特加酒瓶代替了大桥的两个拱形桥洞，充满了想象力。此外，这一命名方式也符合了美国人名字在前、姓在后的习惯，当地居民甚至会将其视为纽约布鲁克林区的一位公民的名字，从而将这一舶来品视为本地品牌，一种归属感和亲切感油然而生。这则独具匠心的广告设计还有更深层次的寓意：绝对伏特加像布鲁克林大桥一样，能给当地居民提供便利，提高其生活质量。这样，绝对伏特加很自然地融入当地的文化和习俗之中，为当地消费者所喜爱。

碎片化时代的“窄众”传播

随着互联网的深入发展，消费需求呈现出明显的碎片化趋势。因此，在重视本土化的同时，绝对伏特加在广告制作上也高度重视个性化，将现实的和潜在的消费者看作具有不同人格、审美和消费偏好的个体，并在广告设计上凸显其个性。

一则名为“绝对的历险”（ABSOLUT ADVENTURE）的广告专为喜欢冒险、挑战的消费者设计。画面背景是一座高耸入云的冰山，绝对伏特加的酒瓶成为这座山的“峭壁”，一名身着红色运动服装的攀岩勇士奋力攀登到瓶子的肩部，由绝对伏特加酒瓶构成的“冰山”凸显了攀岩者的勇敢无畏。攀登雪山是一项极富挑战性的运动，它赋予这则广告特殊的含义：喝绝对伏特加就像参与攀岩运动一样充满挑战，只要突破瓶颈，就能体验无与伦比的滋味。

2005年，为了配合其最新产品，绝对伏特加在全球推出了名为“个就个味”（Find Your Flavor）的系列广告，其中有一则“绝对覆盆莓”（ABSOLUT RASPBERRI）的广告别具特色。画面以城市的交通要道为背景，马路中央摆放了一瓶覆盆莓味的绝对伏特加，四周散布着粉红色的鲜美水果，周围是些正在寻找和品尝它们的人。在瓶子上方的突出位置，“个就个味”（FIND YOUR FLAVOR）的宣传语格外醒目。这则广告似乎在告诉消费者：无论你的偏好如何，绝对伏特加都可以满足你。这则广告体现了绝对伏特加以顾客为中心的核心价值观。

绝对伏特加“瓶”（BOTTLE）系列平面广告则采取拟人的叙事手法，隐喻绝对伏特加酒能赋予人丰富的情感。在“绝对蜜月”（ABSOLUT HONEYMOON）广告中，所有元素都成对出现，画面中央两个白色的绝对伏特加酒瓶并列位于同一光系的地板上，瓶上印有两张创始人的头像、产品名称和产品说明，巨大的白色心形背景将两只瓶子连成一体。这则广告象征着绝对伏特加把一对年轻人的心连在一起，营造出一个温馨浪漫的二人世界。

游走在时尚之巅

追求时尚是人们现代意识的一种表现，也是追求奢侈的生活方式及一种炫耀性心理的表征。因此，时尚成为现代广告的叙事方向之一。英国学者马克·柯里（Mark Currie）指出：“叙述与重新叙述循环的加快，反映了商业生活中普通的时间压缩，而更新一种商品风格的压力则是更新市场过程的一部分。资本主义文化让我们与一切签订了暂时的合同，它以不断加快的淘汰速度强加给人们一种现代性的意识。”

近年，绝对伏特加不断在广告中注入时尚元素，引领着最新的消费潮流。随着可持续发展日渐深入人心，绿色消费逐渐成为一种时尚。为此，绝对伏特推出了“绝对香橼”（ABSOLUT CITRON）系列广告，满足人们对绿色、环保、纯正、天然的消费诉求。其广告词为“唯一正宗的柑橘属果汁，唯一绝对的香橼”（ONLY REAL

CITRUS.ONLY ABSOLUT CITRON)。广告画面中央是一个带着绿叶的香橼果，叶面和果实上挂着晶莹剔透的露珠，香橼果的上方有一瓶绝对伏特加。这则广告具有很强的视觉冲击力，暗指绝对伏特加的原料自然、新鲜、纯正。人们在看广告时仿佛能闻到香橼的气味，品尝到正宗的香橼果汁。

另一个广告则以蝴蝶为主题，一只绝对伏特加酒瓶上落满了橙黄和橘红色的蝴蝶，还有许多蝴蝶在空中翩翩起舞。在自然界中，蝴蝶喜欢吮吸天然香橼的果汁，对农药反应敏感。这暗示了伏特加酒的绝对环保、绝对天然，给人以回归大自然的愉悦感。

此外，绝对伏特加对流行文化也时刻保持关注。例如，公司注意到，嘻哈文化日渐流行，并已经从街头步入主流，其背后蕴藏着巨大的商业价值。为了迎合这一时尚文化，2006 年冬季，绝对伏特加以“绝对闪耀”(ABSOLUT BLING-BLING)为主题推出 2006 年圣诞限量新装——绝对黄金盔甲。bling一词最早出现在一个来自新奥尔良的饶舌说唱团体于 20 世纪 90 年代发表的一张专辑里。在最新版的牛津大词典里，它意为“穿名牌衣服与戴璀璨明珠”。bling-bling可以引申为“大又亮的璀璨珠宝”或“闪光浮华的元素”。

在这则广告中，经典伏特加酒瓶身披“黄金盔甲”，金牙、金爪、佩戴金索的黑狗威风凛凛地护于左右，画面上还印有一段调侃性的文字：“这瓶珍贵的伏特加产自瑞典南部金光灿灿的谷物生长地，经过数百次蒸馏，这些伏特加被冠名以‘绝对’。这款金色新装伏特加是为数不多的派对狂欢限量版。请不要怀疑，里面的伏特加是货真价实的绝对佳酿。”独特的包装设计和调侃性的文字使人觉得喝“绝对闪耀”就等于在享受嘻哈文化，体验既时尚又带有些许戏谑和张扬的生活方式。

综上，绝对伏特加品牌很快跻身世界顶级伏特加酒的行列，它的成功不仅是由于工艺精湛、味道纯正，更得益于造型简约特殊的颈短肩宽的酒瓶外形。不仅如此，绝对伏特加广告也悄然跨越和模糊了广告与艺术的界限，也许这就是安迪·沃霍尔这位波普艺术大师乐意为绝对伏特加绘制广告的原因。而且，这一切的发展和变化都始终围着绝对伏特加的品牌追求：纯净、简单、完美。

9.5.4 绝对伏特加的中国市场攻略

自从 2002 年进入中国后，绝对伏特加以其独特的喝法、优雅的感觉征服了第一批消费者，开始了在中国的征战。

长期以来，洋酒在中国拓展的主力渠道一直为夜场、酒吧，单一的渠道限制了洋酒的发展，同时“价格虚高、渠道受阻、推广风险”作为洋酒的“三疼”，越来越成为阻碍其发展的关键。而绝对伏特加却另辟蹊径，从几个方面快速完成了在中国的发展布局。

相似的创意土壤

“最具创意的品牌”是绝对伏特加系列营销活动的目标，也是其面对中国消费者提出的市场定位。问题是，虽然绝对伏特加的确凭借“创意”这一特性在欧美等成熟市场获得成功，但在许多消费者对于伏特加、威士忌等品类的认识模糊不清的中国市场，“创意”这一定位是否依然适用？

答案是肯定的。首先，绝对伏特加的目标受众具有小众、非主流的特征，他们一般比较年轻，大多数生活在主流群体之外，对饮品的选择和主流人群有所不同，他们喜爱时尚、音乐、电影等各种艺术形式，是新媒体、新艺术在中国爆发式增长的推动者。这一批随着中国消费力的增长、财富积累而成长起来的年轻一代，在国外酒类品牌认知度和接受度上高于普通消费者。

其次，随着新交流技术的普及，各种亚文化群体开始有了更大的生长空间，一个引人注目的现象就是“创意群落”的兴起。更多的年轻人开始对创意感兴趣，尤其是在网络世界中，他们聚集在一起，做音乐、舞蹈等他们自己喜欢的各种创意。

最后，随着购买力的上升，越来越多的中国消费者开始关注并购买精品和艺术品，开始欣赏真正的艺术，也有着非常高的艺术品位。消费者对艺术品的关注和鉴赏力，使得绝对伏特加有机会像其在欧美市场一样，借助和时尚、艺术界的良好互动形成金字塔式的口碑传播。

中国正在成为和欧美市场一样的成熟市场。

撬动本土文化圈

在过去的几十年间，绝对伏特加借助各种品牌活动，和世界各地的艺术家及时尚圈中的知名设计师合作，同时发掘培养年轻艺术家和设计师，营造了属于绝对伏特加的艺术和时尚文化圈，其舆论辐射力量不可小视，如何在中国延续这种文化圈效应，形成绝对伏特加的“创意”文化？绝对伏特加认为关键点是“和创意圈，以及所有对创意有兴趣的人打成一片”。

第一步就是和艺术家合作，推出限量酒瓶设计。限量酒瓶设计是绝对伏特加的经典营销手法之一，而在挑选艺术家进行酒瓶设计的过程中，绝对伏特加团队注意到一个有趣的现象，即中国消费者对待本土文化的态度在近几年发生了显著改变。

几年前，中国人对非本国的文化更感兴趣，比如流行一时的“哈韩”“哈日”等，而在北京奥运会之后，中国人的民族自豪感大大增强，对本土文化的兴趣也有了很大的提升。因此，绝对伏特加多次邀请中国艺术家高瑀和摄影师陈漫分别为其营销活动设计瓶身和拍摄海报，作为撬动本土创意圈的第一步棋。

绝对伏特加也借助新媒体平台，通过举办创意大赛等方式来接近创意人群。除了在传统的主要渠道终端酒吧、家庭式KTV进行宣传外，绝对伏特加将其余的主要宣传力量放在新媒体上，借助博客、论坛、社区及社交媒体等和目标创意群体及消费者沟通。

在中国的本土化和文化经营理念

2010 年 8 月，绝对伏特推出专为中国定制的限量版“72 变”，其设计灵感源于中国古典四大名著之一《西游记》中的齐天大圣孙悟空，其 72 般变化的能耐正是创新特质的极致表现。平面广告中，孙大圣化出三头六臂，口吐莲花，变出万千星辰。而点睛之笔更在于中国红的“ABSOLUT”和“72变”字样，使该款限量装充满了浓郁的当代中国味。

在“72变”活动中，绝对伏特加选择在创意人群最为聚集的平台之一豆瓣网发起海报设计大赛，吸引创意人群参加赛事、交流互动，共收到网友提交的海报设计377份，聚拢粉丝8312个；另一方面，选择艺术家博客和专业的设计博客作为推广平台，加上开心网和新浪微博等社交工具，形成“创意者–推广者–粉丝”的金字塔舆论领袖传播效应。

总的来说，绝对伏特加在中国大致有这几个主题路线：产品自身、社会主题、名人明星等。此外，他们还常常把文化理念融入本土化品牌战略，以此来打入中国市场，向消费者靠拢，使品牌形象深入人心。

参考资料：

绝对伏特加官方网站：www.absolut.com。

方培屹，《绝对伏特加：传奇是如何广告与营销的？》，广告门，2008年3月17日，http：//www.adquan.com/post-13-219.html。

本章小结

国际精品品牌的整合营销沟通体系是建立在品牌整体战略发展方案和强大的品牌理念落地到商业模式后产生的丰富内容的基础之上

的。没有精品的内容就没有精品的整合营销沟通体系存在。

整合营销沟通的体系是通过各个环节，针对不同产品种类，以不同沟通形式、不同沟通课题背后的沟通模型准确高效地达到目的的。盲目用广告预算砸知名度的做法是愚蠢的，造成极大的浪费，是没有掌握品牌整合营销沟通规律和精品品牌管理规律的表现。

后记

我从 20 世纪 90 年代末开始对国际精品品牌的创建、发展、壮大，以及其商业模式和商业体系、产业和生态进行系统研究，不久后加入法国高等经济与商业科学学院路威酩轩精品研究中心，从事国际精品品牌管理博士阶段的专项研究。该中心是为了解决法国精品品牌的发展壮大、全球化等问题，由法国高等经济与商业科学学院、法国精品协会、路威酩轩集团和欧莱雅集团共同发起成立的。

当时正值法国精品工业经历代际传承和行业整合之时，面临很多全新的课题。世界领先的精品工业首先在法国、德国、瑞士、意大利等欧洲国家形成，标志性事件就是路威酩轩、历峰、开云和瑞表等几个大的多品牌产业集团的形成。当时，学术界比较迫切需要解决的课题就是这一独特的商业领域没有经济学规律和管理学理论体系的支持。所以我也就自然而然地参与这一全新领域的理论创建过程了。

这一理论体系的主要基石是通过几部学术专著奠定的。从出版的时间顺序来看，首先是我于 2008 年在威利（Wiley）出版社出版了《中国精品消费者行为学》，同时将在法国做研究的同事米歇尔·舍瓦利耶介绍给威利出版社，使之在 2008 年出版了《奢侈品品牌管理》。巴黎高等商学院的巴斯蒂安和卡布费雷尔在2010年出版了《奢侈品战略》一书。我和舍瓦利耶在2010年合作出版了《奢侈中国》，2016年在巴黎出版了《中国精品品牌之崛起》。至此，国际精品品牌领域的理论开始建立起来，带动了一批国际学者在此理论框架下陆续出版或发表了关于零售、人力资源、电子商务等分学科领域的专著和学术论文。

本书是我多年研究和实践成果的总结。通过分析国际和国内各个产品种类品牌走国际精品品牌路线实现迅速成长壮大的成功案例，证明了这一理论的突破性、正确性和广泛的适用性。其中，国际精品品牌战略的气道术模型解决了品牌理念一元性还是二元性的问题。这个世界的自然规律是二元平衡的，也就是东方思想中的阴阳两极的平衡转化。在品牌理念的气的层面必然要明确和澄清品牌立意的思想本源，否则无法支撑和容纳一个精品品牌的所有体系性和技术性问题，更无法解决品牌和产品的独特性和原创性问题。国际精品品牌战略这一理论是东方学者在东方思想体系的基础上提出的独特的、区别于西方的、以先进的品牌战略为龙头的经济学和管理学思想体系。

本书对国际精品品牌战略的九个大方面，以及国内外数十个知名典型品牌两三百年的发展历史进行了深入研究，囊括了时装、钟表、珠宝、化妆品、汽车等产品种类，希望为中国的高端制造企业和品牌提供理论基础和实践指导，加速中国精品工业和中国的国际精品品牌集群的形成，引领代表时代风貌和具有先进性的精品生活方式，服务全世界人民。